カンボジア人の通過儀礼

アング・チュリアン
プリアプ・チャンマーラー
スン・チャンドゥプ

吉野 實 訳

めこん

著者から

　私たち3人がカンボジアの風俗習慣の重要な一分野である通過儀礼に興味を持ち始めてからだいぶ経つ。しかし、人の初めから終わりまで、つまり誕生から死にいたるまで、その一生すべてを議論する機会がいつかやって来ようとは思いもしなかった。以前は地方の村々へ調査に行くような研究は、ほとんど各自別々に行なっていた。何年かしてようやく諸般の状況が整い、様々な儀礼、特に通過儀礼における色々な事項を一緒に検討することができるようになったのである。

　2005年にたまたまフォード・モーター社が、カンボジアにおける文化、環境、遺跡・遺物の管理保存各分野の研究を対象として、補助金の応募を受け付けると発表した。そこで私たちもカンボジア人の一生に関する主要テーマをまとめるために、何とかしてこのチャンスを摑もうと考えた。幸いこの応募は通り、足りない資料を収集するために村々に行くことができるほどの資金を得て、この仕事を完成させることができた。こうして、満足のいく原稿に仕上がったので、期限内に後援者である会社に原稿を送ることができたのである。

　本稿は分量としてはそれほど多くはないが、要点を検討すればきわめて奥深いものがあるので、机の引き出しの中に眠らせておいたり、包んで縛ったままほったらかしにしておくのは惜しいと思われた。これは私たちが本稿の著者だから自画自賛しているわけでは決してない。正しく判断していただける方なら理解していただけるのではないかと思う。知ってのとおり、各種の新聞や雑誌は別として、今までカンボジア語で書かれたものの多くは、読者に様々なデータを提供する資料としては役に立つかもしれないが、世界では一般的となっている現代的な知識あるいは方法に沿った調査、分析、総合として言うなら、まだまだ貧弱だ。近年になって、歴史、文学、考古学などの分野における研究はちらほら目にするようになったが、人文科学の重要な一分野である人類学について言うなら、外国語で書かれたものは数えきれないほどあっても、カンボジア語で書かれたものはまだ極めて少ない。それで、何としてもこの原稿を本という形にして世に出し、多

くの読者に広めなければならないと思ったのである。誕生から死に至るまで、カンボジア人ひとりひとりの通過儀礼の意義を読者の皆さんにきちんと理解していただくことができたならば、カンボジア文化の重要な一分野への理解も少しずつ広まるのは確実だからである。

　幸いハヌマーン観光がカンボジア文化の普及に資すると理解して、この出版が申し分なく仕上がるよう援助を引き受けてくれた。この援助は上述したことを実現する上で大変有り難いものだった。

　もう1つ明らかにしておくべき大事な点は、各儀礼の意味をまとめるにあたって、分析、検討、解釈したものをどのように総合して要約するかは、それぞれ3人が自ら責任を負ったということである。資料については、他のカンボジア人研究者の同僚から提供されたものもある。例えば、第6章第3節で概観したチャン・ソク・キリー・ソート儀礼に関するいくつかの重要な情報は、シィーヨン・ソピアルット（ស៊ុន សុការិទ្ធ）氏の研究に負っている。さらに、誰よりも先に注目して調査に着手し、私たちが特にコホ・コング州スラエ・オムバル郡の暗い部屋（ムロプ）に籠る儀礼の研究に取り組む道を開いたのは、ピ・ポンニーン（ពិ ប៊ុន្នីន）氏である。これ以外にも、アンコール地域からの様々な重要資料があり、これらは実際に村で行なった調査が基になっていて、アプサラ機構▶1 の以前の「文化と研究部門」《2004年に合同解消》の「社会教育班」によってなされたものである。この本に掲載した多くの写真はこの班の調査によるものである。その名前をすべて記すことはできないが、班員の皆さんに深く感謝し、この仕事の一部は皆さんとの共同のたまものだと考える次第である。

◆ **訳註**

▶1 ………「アプサラ機構」（アイチニャトー・アプサラー អាជ្ញាធរអប្សរា）の正式名称は「アンコール地域遺跡保護管理機構」。1992年にカンボジア政府によって設立された。遺跡の保全修復、アンコール地域の環境保全など幅広い活動に取り組んでいる。

日本の読者の皆さんへ

　カンボジアの人類学について書かれたものが日本語に翻訳されるのは、恐らくこれが初めてだと思います。このような意義ある仕事を行なったのは吉野實氏だけでしょう。特に氏がこの仕事に取り組もうとしたのは、決して自らの利益のためではなく、カンボジアの風俗習慣を愛する気持ちからであります。

　世界において科学技術がどこよりも発達している国々の中で、自国の古くからある風俗習慣に最も配慮しているのは日本です。こうしたあり方は単に過去への郷愁から昔を振り返っているという意味ではありません。自らの拠って立つところへの誇りと、歴史における確かな文化的発展がそうさせているのです。そうであるからこそ、日本人は他の人たちの文化を愛することができるし、また理解したいと思うのでしょう。

　この本は分かりやすく写真を載せて、男女を含めたカンボジアの人々の一生を論じたものです。この中で述べた風習のいくつかは完全に過去のものとなりつつありますが、この論文をお読みになってくださる日本の読者の皆さんに満足していただけたら幸いです。

アング・チュリアン
プリアプ・チャンマーラー
スン・チャンドゥプ

日本の読者の皆さんへ

ចំពោះអ្នកអានជប៉ុន

តាមយើងខ្ញុំស្មាន នេះប្រហែលជាលើកទីមួយហើយដែលមានសំណេរអំពីនវវិទ្យាខ្មែរប្រែ ទៅជាភាសាជប៉ុន។ គឺលោក Minoru Yoshino តែម្នាក់ឯងគត់ដែលធ្វើឲ្យគុណប្រយោជន៍ នេះកើតឡើង។ ជាពិសេសទៅទៀត គំនិតដែលជំរុញឲ្យលោកធ្វើការងារនេះកើតឡើងដោយ ក្តីស្រឡាញ់ប្រពៃណីខ្មែរសុទ្ធសាធ ពោលគឺពុំមែនដោយការវែ្សងរកប្រយោជន៍អ្វីមួយ សម្រាប់ខ្លួនឯងទាល់តែសោះ។

នៅក្នុងចំណោមប្រទេសមួយចំនួនដែលបច្ចេកវិទ្យារីកចម្រើនដុះដាលលើសគេឯងក្នុង លោកនេះ ជប៉ុនជាប្រទេសដែលយកចិត្តទុកដាក់ជាទីបំផុតទៅលើប្រពៃណីដ៏ចាស់របស់ ខ្លួន។ តវិយាបទនេះមិនមែនមានន័យថាងាកមើលទៅក្រោយដោយសារស្មោយស្រណោះ អតីតកាលឡើយ តែគឺជាការលើកតម្កើងឧបសគ្គល់ព្រមទាំងការវិវឌ្ឍន៍វប្បធម៌នៅក្នុងប្រវត្តិសាស្ត្រ ពិតប្រាកដ។ ហេតុដូច្នេះហើយបានជាជនជាតិជប៉ុនអាចស្រឡាញ់ឬចង់យល់វប្បធម៌ អ្នកដទៃ។

យើងខ្ញុំសង្ឃឹមថាអ្នកអានជប៉ុននឹងមានចិត្តរីករាយក្នុងការអានអត្ថបទដែលវែលចទៅដោយ រូបភាពទាំងនេះ ហើយដែលបង្ហាញពីដំណើរជីវិតមនុស្សខ្មែរស្រីប្រុស ថ្វីដ្បិតតែទំនៀម ខ្លះដែលនិយាយនៅក្នុងសៀវភៅនេះកំពុងប្រឈមនឹងការបាត់បង់ជាស្ថាពរក៏ដោយ។

អាំង ជូលាន
ព្រាប ចាន់ម៉ារ៉ា
ស៊ុន ចាន់ដីប

目 次

著者から ……… 2
日本の読者の皆さんへ ……… 4
凡例 ……… 8
カンボジア語のカタカナ表記について ……… 9
地図、州名一覧 ……… 10

序——通過儀礼とは ……… 11

第1章 ▷ 誕生に関わる儀礼 ……… 19

第1節 ◈ 必要な物 ……… 22
第2節 ◈ 儀礼を執り行なう人 ……… 23
第3節 ◈ 儀礼 ……… 24

第2章 ▷ 大人になる準備の儀礼 ……… 37

第1節 ◈ 必要な物 ……… 41
第2節 ◈ 儀礼を執り行なう人 ……… 43
第3節 ◈ 儀礼 ……… 44

第3章 ▷ 成人儀礼 ……… 63

第1節 ◈ 暗い部屋に籠る儀 ……… 64
　1 ⊙ 娘の年齢と暗い部屋に籠る期間 ……… 66
　2 ⊙ 必要な物 ……… 67
　3 ⊙ 儀礼 ……… 69
　　バーティアイ地域の場合 ……… 72
　　スラエ・オムバル地域の場合 ……… 82
　　ソートレアニコム地域の場合 ……… 86
　　暗い部屋に籠る儀礼の一般的意味について ……… 88

第2節 ◈ 出家儀礼 ……… 91
　1 ⊙ ナーガとしての状態 ……… 93
　2 ⊙ 僧としての状態 ……… 97

第4章 ▷ 結婚儀礼 109

第1節 ◈ 必要な物 112
第2節 ◈ 儀礼を執り行なう人 118

第5章 ▷ 妻から母親へ 127

第1節 ◈ 妊娠中 128
第2節 ◈ 出産 130
   1 ◉ 産婦の敵 134
   2 ◉ 出産の世話をする人 136

第6章 ▷ 寿命を延ばす儀礼（長寿を祝う儀礼）......145

第1節 ◈ 儀礼の主役 146
第2節 ◈ パイチャイ・ブオン 147
第3節 ◈ チャン・ソク・キリー・ソート 148
第4節 ◈ チャーク・モハー・バングスコール 150

第7章 ▷ 葬送儀礼 157

第1節 ◈ 儀礼を執り行なう人 164
第2節 ◈ 葬儀の概略 165
第3節 ◈ 仏教の役割 176

まとめ 193

訳者あとがき 204
資料（月名、十二支、曜日、大方角、小方角）......208
著者の参考資料 210
訳者の参考・引用文献 212
索引 215

凡 例

* 本書はអាំង ជូលាន、ព្រាប ចាន់ម៉ារ៉ា、សុិន ចាន់ដឹប 著『ជំណើរជីវិតមនុស្សខ្មែរ មើលតាមពិធីផ្លូងវៃ』（2007 年、プノンペン）の全訳である。

* ◇ 原註 •1、•2、•3 …

  ◇ 訳註 ▸1、▸2、▸3 …

  いずれも章末にまとめた。

* 本文と訳註の中の《　　》は原文の説明、（　　）は訳者の説明。

* 儀礼全体を指す時は「儀礼」、儀礼を構成する個々の小さい儀礼は適宜「小儀礼」「式事」「式」などと訳した。

* 原文ではカンボジア国内の少数民族に言及する場合は具体的にその民族名を記しているので、訳文中の「カンボジア人」は特に断わらない限り、人口の 9 割以上の多数を占めるクマエ人（通称クメール人）を指す。（「クマエ（クメール）」と「カンボジア」の使い分けについて、詳しくは上田広美、岡田知子編著『カンボジアを知るための 60 章』第 1 章参照）。

* 地名、人名などの固有名詞はなるべくカンボジア語の発音に従ったが、既に一般的になっていると思われるものはその通称を用いた。

* カンボジア語（クメール語）の発音をカタカナやローマ字で正確に表記するのは難しいので、訳註にカンボジア文字の綴りも併記した。

* 訳註の中で「著者によれば」とあるのは著者の 1 人アンケ・チュリアンを指す。

カンボジア語のカタカナ表記ついて

　カタカナでカンボジア語を発音通りに表記するのは不可能に近い。人によって聞こえ方が違えば、その書き方も違ってくる。本書では辞書の発音記号を頼りに文字の綴りの違いをカタカナで書き分けようと試みた。ただ「ᴚ」(r) と「ᴕ」(l) の違い、有気音と無気音の違いなどは書き分けていない。

　子音の「ន」、「ង」、「ញ」はカタカナでは全て「ン」と表記されることが多いが、本書ではそれぞれ「ン」(コーン កូន)、「ング」(オングコー អង្គរ)、「ニュ」(ペニュ ពេញ) と表記した。また、末子音「ច」と「ជ」は「イチ」(クマオイチ ខ្មោច、リアイチ រាជ) とした。末子音「ស」は、その前にある母音の発音の違いによって、最後に小さく「ハ、ヒ、フ、ヘ、ホ」を付し、例えば「アーカ_ハ_ អាកាស のように表記した。同様に、母音の「アハ」は「プレアハ ព្រះ」、「オホ」は「コホ កោះ」のように表記し、それぞれ「プリア」や「コッ」のようにはしなかった。母音の「オム」も「プノム ភ្នំ」のように表記し、「プノン」とはしていない。

■本書に登場する固有名詞の通称名と、カンボジア語の読み方による表記 (本書の表記)

アンコール・ワット (遺跡) ▶ オングコー・ヴォアト (អង្គរវត្ត)

クメール・スリン (カンボジア系タイ人) ▶ クマエ・ソラン (ខ្មែរសុរិន្ទ)

クラチェ (州) ▶ クロチェヘ (ក្រចេះ)

コッコン (州) ▶ コホ・コング (កោះកុង)

コンポンチャム (州) ▶ コムポング・チャーム (កំពង់ចាម)

シェムリアップ (州) ▶ シアム・リアプ (សៀមរាប)

スラ・スラン (遺跡) ▶ スラハ・スロング (ស្រះស្រង់)

タ・ソム (遺跡) ▶ ター・サオム (តាសោម)

バイヨン (遺跡) ▶ バーヨアン (បាយ័ន្ត)

プチュン・バン (祭り) ▶ プチョム・バン (ភ្ជុំបិណ្ឌ)

プノンペン (首都) ▶ プノム・ペニュ (ភ្នំពេញ)

プリア・ヴィヘア (州) ▶ プレアハ・ヴィヒア (ព្រះវិហារ)

プリア・ポアン (千体仏) ▶ プレアハ・ポアン (ព្រះពាន់)

フンセン (首相) ▶ フンサエン (ហ៊ុនសែន)

ラージェンドラヴァルマン (王) ▶ リアチエーンヴォアマン (រាជេន្ទ្រវរ្ម័ន)

ネアク・ター (精霊) ▶ ネアッ・ター (អ្នកតា)

地図、州名一覧

州名一覧 ●通称名（カンボジア語の読み方による表記=本書の表記とカンボジア文字）《州庁所在地》の順。
●州庁所在地は州名と異なる場合だけ一覧に記入。

01：**バンティアイミアンチェイ**（バンティアイ・ミアン・チェイបន្ទាយមានជ័យ）《シーソーポンស៊ីសុផុន》
02：**バッタンバン**（バット・ドムボーンបាត់ដំបង）　　03：**コンポンチャム**（コムポング・チャームកំពង់ចាម）
04：**コンポンチュナン**（コムポング・チナングកំពង់ឆ្នាំង）　05：**コンポンスプー**（コムポング・スプーកំពង់ស្ពឺ）
06：**コンポントム**（コムポング・トムកំពង់ធំ）　　07：**カンポット**（コムポートកំពត）
08：**カンダル**（コンダールកណ្ដាល）《ター・クマウតាខ្មៅ》　09：**コッコン**（コホ・コングកោះកុង）
10：**クラチェ**（クロチェក្រចេះ）
11：**モンドルキリ**（モンドル・キリមណ្ឌលគិរី）《サエン・モノーロムសែនមនោរម្យ》
12：**プノンペン特別市**（プノム・ペニュភ្នំពេញ）
13：**プリア・ヴィヘア**（プレアハ・ヴィヒアព្រះវិហារ）《トバエング・ミアン・チェイត្បែងមានជ័យ》
14：**プレイヴェーン**（プレイ・ヴェーングព្រៃវែង）　15：**ポーサット**（ポー・サットពោធិ៍សាត់）
16：**ラタナキリ**（ラタナ・キリーរតនគិរី）《バーン・ルングបានលុង》
17：**シェムリアップ**（シアム・リアプសៀមរាប）
18：**プレア・シハヌク**または**シアヌークビル**（プレアハ・サイハヌព្រះសីហនុ）
19：**ストゥントラエン**（ストゥング・トラエングស្ទឹងត្រែង）　20：**スパイリエン**（スヴァーイ・リアングស្វាយរៀង）
21：**タケオ**（ター・カエウតាកែវ）
22：**ウッドーミエンチェイ**（ウッドー・ミアン・チェイឧត្ដរមានជ័យ）《ソムラオングសំរោង》
23：**ケップ**（カエプកែប）　　24：**パイリン**（パイルンប៉ៃលិន）
25：**トボンクムン**（トボング・クモムត្បូងឃ្មុំ）《スオングស្ទោង》

序

通過儀礼とは

人間の年齢というものは、誕生して太陽の光を見てから死ぬまで、自然の時間に従って規則的に前に進んで行く、と普通には考えられている。しかし、社会はそうは考えない。特定の時間、特定の日が過ぎたら一定の年齢に達したと決めるのである•1。だから社会によって決められた時間は、実際の自然の時間に従った一生とは一致しない。例えば、一人前の年齢になった男女が一緒に暮らしたとしても何ら自然に反することではなく、子供を持つことも可能であるが、社会はこのようなことを認めない。男性も女性も自分の伴侶を誰にするか、勝手に決めることはできないからである。もし妊娠したら、社会はそれを「野合の妊娠」(パアム・プレイ ធ្វើបាប) と呼ぶ。この「プレイ」▶2 という語は分かりやすい。社会の外にいる、決まりから外れているという意味だからである。人間社会の領域は「霊界・社会の外」(プレイ)ではなく「人間界・社会の内」(スロク) ▶3である。この短い例が示しているのは、自然のままの状態というのは社会にとっては不完全だということであり、社会の決まりに従い紆余曲折を経て初めて、きちんと一人前になったと認められるのである。

　要するに、「通過儀礼」という語で理解しなければならないのは、年齢は儀礼を通じてある段階からある段階へ移るということであり、儀礼を実施する時期は、自然の時間に任せるのが必ずしも正しいわけではないということである。通過儀礼というのは社会が個々の人間（ボッコル）•2に要求したり強いたりする義務であり、そしてその同じ人間のために社会が負う義務でもある。先ほどの例でさらに言うと、結婚式に至るまでには、多額の出費を強いる数えきれないほど多くの手順を経なければならないが、社会が結婚させなければ、1組の男女はその困難を前にしてなすすべもない。できることといえば、せいぜい一緒に暮らすぐらいである。

　2点目は、単に個人にとって都合がいいから社会がこのやり方を要求するのか、ということであるが、そうではない。人が社会規範を守らなければ、その社会は不安定になる。個々の死者がこの世に来て自分のために儀式をするよう社会に要求することはできないが、社会は必ず行なわなければならないのである。そうしなければ、その死者はきっと自分の家族や村人を苦しめるかもしれない、と考えるからである。だから社会の要求は個人に

とっての利益だけではなく、社会それ自身が死者による苦しみから逃れるためでもある。

　3点目は、年齢を通過するということは単にその社会が仮定したことにすぎないので、その儀礼に応じて決められた年齢は、自然における人間の年齢とぴったり一致しない。例えば、赤ん坊の年齢が早くて生後3日、時には何ヵ月あるいは何ヵ年も経って初めて社会は、その子供はこの時から命が授かったとみなす儀礼をする。死ぬのも同じであり、人の最後の呼吸が絶えたちょうどその時に葬式をすることは誰にもできない。それより後になってからである。それで通過儀礼は、自然の時間に比べたら、少しあるいはかなり遅れて行なわれるのが普通である。

　通過儀礼が社会にとって面倒なことだという理由は、社会がそれを要求しているからであり、特に地方では通過儀礼がある度に忙しいのは村人たち全員もしくはほとんど全員である。この儀礼というのは純粋に儀礼だけということはなく、実際には軽い食事や飲み食い、娯楽としての踊りなど社交性を帯びた事項が多々あるので、個人や様々な集団には必ずそれぞれの役目がある。これらの社会的役目は、準備したり、それぞれの得意とするところによって割り振りする必要があり、さらに経済的支出も避けることができない。この最後の点が興味深いのは、困窮している家族が、無理をしてでも儀礼を行なおうとするのは何故かということである。それは、各個人または各家族の義務は社会にとって非常に重要である、と人々が理解しているからである。自分たちが儀礼の施主でない場合でも、必ず一働きぐらいの手伝いはしに行くし、また他の人たちも自分たちに対して同じようにするのである。

　本稿では儀礼そのものが主要テーマになっているので、経済・社会活動の分野など、家族や社会に関わる様々な事項には重きを置いていない。もう1つ、カンボジアは近代化に向かって進んでいるところなので、日々変化する事項は取り上げない。近頃では、少年や若者が勉強したり知識を得たりするのに、出家することだけが唯一の方法ではなくなった。暗い部屋に籠る儀礼にしても、ほとんど行なわれていない。出産に関しても、伝統的出産方法で行なう人もまだいるにはいるが、この分野の進歩は著しく、

ちょっと多くの事例を見れば、伝統と近代医療が結びついているのが分かる•3。まだ大きな変化がないように見えるのは葬式だけである。一部に変化が見られるものの、大筋や基本的な考え方は依然として守られている。これらのことは全て、社会あるいは小さな共同体の進歩に関連しているのは事実であるが、要は国全体がどんどん変化しているということである。それで再度申し述べておくのは、本稿ではこのような社会に関連する事項については取り上げないということである。

　もう1つ、本稿では必要がない場合は儀礼の全てを事細かに説明することはせず、もっぱら各儀礼の中で行なわれる小儀礼の「意味」を明らかにすることに努めた。例えば、何故「ポプル」を回すのか、何故せっかく作った身の丈ほどもある「バーイ・スライ・ダアム」を最後には家から持ち出して捨てるのか、等々である。

　本稿で取り上げた地域に関しては、調査はあちこち色々な地域で行なったのだが、それでも私たちが持っている資料の多くはアンコール（オングコー）地域のものばかりのように見える。だがこれは、風俗習慣が最も良く守られているのはアンコール地域だけだという意味ではない。実際は、暗い部屋に籠る儀礼のように、儀礼によってはアンコール地域でもほんのわずかしか行なわれていなくて、逆にコホ・コング州スラエ・オムバル郡やコムポング・チャーム州バーティアイ郡で多く行なわれているものもある。それで、この暗い部屋に籠る儀礼については、スラエ・オムバル地域とバーティアイ地域で詳しく調査した。

　ここで確認しておきたいのは、儀礼を行なうのが大変なのはどの地域でも同じだということである。暗い部屋に籠る儀礼を見た場合、スラエ・オムバル郡、バーティアイ郡、ソートレアニコム郡の間では基本的なやり方が違う。このように念を押すのは、本稿で述べたどの事項をとっても論を尽くしていると胸を張って言えるものではない、ということを理解していただきたいからである。要は、人文科学の研究は絶えず継続していかなければならないし、批判もしていかなければならないのである。これが研究を前進させることになるのである。

　私たちはカンボジアに暮らす様々な民族の風習にも多少手を付けたのだ

が、詳しくはできなかった。しかし、視点を変えて他民族を見ることが自分たち自身への理解をさらに深める助けになるので、その成果のいくつかにも言及してある。この「他民族」というのは遠方から来た外国人ではなく、全てこの我々の国土周辺にずっと暮らしている民族のことである。その人たちの中にはカンボジア人と同じ語族に属する人たちもいる。クルング、プラウ、トムプオン《以上ラタナ・キリー州》、プノング、スティアング《以上モンドル・キリー州》、ポア《コムポング・スプー州とポー・サト州》、クオイ《いくつかの地域、特にコムポング・トム州》などの「モン‐クメール」語族の人たちである▸4。本稿ではチリアイ（ジャライ）やカーチョク等のオーストロネシア語族に属する人たちには言及していない。いずれにしても、これらの資料が、カンボジア人の通過儀礼について一般的な認識を持つのに役立つことを願っている。

　数えてみると通過儀礼は7つある。これにもう1つ儀礼を加えることができると考えられるが、それは様々な名称が付いている「寿命を延ばす儀礼」、つまり「長寿を祝う儀礼」である。よく考えれば年齢が通過するのは同じだが、その通過は逆になっているだけである。子供や中年の人の寿命を延ばすというのは聞いたことがなく、延ばすのは全て年寄りの寿命である。年齢は将来に向かって高くなるので、子供たちや近親者たちは、その年寄りが子供に戻るよう、実際の年齢とは逆の方向に通過させることにするのである。こういう意味で、「寿命を延ばす儀礼」を通過儀礼の1つと数えるのである。

　以上により、カンボジアでは通過する年齢段階は8段階まである。最初の段階は人の誕生に関係する。2番目の段階は大人と呼ぶ年齢に入る準備である。大人になるとさらに重要な2つの儀礼があるが、その内容と意味は同じではない。男には男の儀礼が、女には女の儀礼がある。ここまでで4つの儀礼になる。5番目の儀礼は結婚式である。6番目の儀礼は女性だけに関係する出産であり、特に重要なのは初産である。この段階は女性が妻の状態から母親の状態に移るからである。寿命を延ばす儀礼は7番目の儀礼ということになる。人生の最後の段階は8番目の儀礼で、それは遺体に関する儀礼である。

これまで順次列挙した儀礼の基本的考え方は、東南アジアの他の国々の人たちとは異なるカンボジア人特有の考え方ではない。カンボジアからタイ、タイからラオス、ラオスからマレーシア等々にかけて、儀礼によっては仏教、イスラム教、キリスト教《フィリピン》からの影響があるとはいえ、大筋の考え方には何ら違いはない。違いがあるのは行なう方法、準備する道具、期間などに関してだけである。東南アジアの他の民族との比較は今後の研究と理解を深める上で役に立つが、紙幅の都合上、本稿ではカンボジアの風習だけを取り上げて論じた。

◇ 原註

● 1 ……… まだ価値のある過去の研究として Van Gennep.1909.

● 2 ……… 「ボッコル បុគ្គល」という語の一般的意味は個々の人間のことであるが、地方でボッコルと言う時は火葬しなければならない遺体のことである。

● 3 ……… この結びつきは数十年来のものである。1970年代に始まる戦争以前の時代については Meas.1987 参照。

◇ 訳註

▶ 2 ……… 「プレイ ព្រៃ」という語の本来の意味は「森、野生」という意味で、「サト・プレイ សត្វព្រៃ」といえば「野生動物」のことである。本稿では霊的存在が棲む霊界、しきたりに反する社会的に認められない状態（社会の外）を表す概念となっている。

▶ 3 ……… 「スロク ស្រុក」という語の本来の意味は「国、村」という意味であり、また「サト・スロク សត្វស្រុក」といえば「家畜」のことである。本稿では「プレイ」とは逆の概念、つまり人間が暮らす現実世界、社会的規範やしきたりを守った状態（社会の内）を表す概念となっている。

▶ 4 ……… ここに記された少数民族について、人口と居住地（2002～05年の統計）を以下に掲げておく。出典：ហ៊ាន សុខុម『ក្រមជនជាតិភាគតិចនៅកម្ពុជា』. なお、名称はカンボジア語の発音による。

【モン・クメール語族】

◎ クルング គ្រឹង：28,142人（ラタナ・キリー州）。33人（モンドル・キリー州）。

◎ プラウ ព្រៅ：7,479人（ラタナ・キリー州）。303人（ストゥング・トラエング州）。

◎ トムプオン ទំពួន：27,336人（ラタナ・キリー州）。154人（モンドル・キリー州）。154人（ストゥング・トラエング州）。

◎ プノング ភ្នង：441人（ラタナ・キリー州）。20,163人（モンドル・キリー州）。472人（ストゥング・トラエング州）。10,836人（クロチェヘ州）。

◎ スティアング ស្ទៀង：1995年の調査で3,300人（クロチェヘ州、モンドル・キリー州）。

◎ ポア ព័រ：1,979人（ポー・サト州）。

◎ クオイ គុយ：18,391人（プレアハ・ヴィヒア州）。1,996人（ストゥング・トラエング州）。5,392人（クロチェヘ州）。

【オーストロネシア語族】

◎ チリアイ（ジャライ）ជារយ：16,431人（ラタナ・キリー州）。564人（モンドル・キリー州）。8人（ストゥング・トラエング州）。

◎ カーチョク កាចក់：3,165人（ラタナ・キリー州）。10人（ストゥング・トラエング州）。

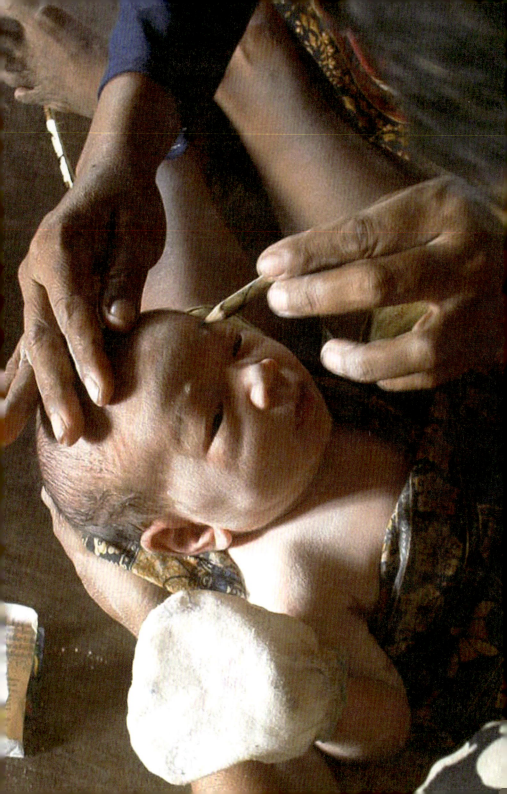

第1章
誕生に関わる儀礼[4]

誕生に関わる儀礼として必ず行なわれるのは、新生児の髪を切ることだが、実際にきちんと執り行なうなら、さらに2つの小儀礼が付け加わる。1つは火の上にいる母親のための小儀礼、もう1つはその子の出産に尽力した産婆のための小儀礼である。多くの人は短く「髪切りと産婆への御礼」（カット・ソッ・ボンコッ・チモープ）と言うが、縮めないで全部言う時はさらに「炉の火を落とす」（トムレアッ・チャーング・クラーン）を付け加える。これは、儀礼の主役は3人ということである。髪切りは新生児の髪を切ってあげること、産婆への御礼は産婆にしてあげること、炉の火を落とすのは炉の火で熱せられている母親のためである。生後3日でこの儀礼が営まれるのが最も早いが、生後1週間で営まれることもしばしばある。

　新生児の産毛は「霊界の髪の毛」（ソッ・プレイ）と呼ばれ、この髪の毛を子供から切り離す必要がある。霊界であるプレイの領域との関わりから解放し、完全に人間の領域あるいは人間界に存在させるためである。特に、「前世の母」（マダーイ・ダアム）▶5 から子供を切り離そうと色々手を尽くす。つまり、子供の母親は前世にいるわけである。産婆への御礼とはその産婆の汚れを洗い落として清潔にすることである。出産の時に母体の腹部の血液に触れていたからだ。炉の火を落とすというのは、母親が火で熱せられている間に守っていた種々の禁忌を解くために、熱せられていたその火を消すことである。火を一度消してから寒いと思って再び燃やしたとしても、その禁忌はもう切り離されているので、その火は単なる普通の熱い火にすぎない。

　私たちが新生児に関わる特有の儀礼に何度も出会っているのは確かである。しかし、その儀礼の方法に間違いや欠けている点があるのかどうかに関しては、「通過儀礼」という観点から見ても、それを指摘するのは難しいことだ。新生児に特有の儀礼には、ひとりひとりの人間が人生を歩み出す、その最初の一歩を決めるという意味があるのである。

　説明を分かりやすくするために、伝統的方法で行なわれるいくつかの風習を参考にして、ここでは新生児に関わる儀礼に重点を置き、母親のための儀礼は「妻から母親へ」の章で述べることとする。

　まず最初に理解しておかなければならないのは、カンボジア人であれ他

の民族であれ、小国であれ大国であれ、東南アジアの国々には「アニミズム」•5という共通した信仰の土台があり、それによると、個々の人間は誕生儀礼が行なわれた時に生まれたと考える。カンボジアに古くから浸透しているインドの考え方も同様であり、何もおかしなことではない。

　人間とは「名前と身体」•6であり、この切り離すことができる2つの要素からできている。もし切り離したら人間ではなくなる。「身体」は分かりやすい、つまり触れることができる私たちの容れ物のことである。自己は他者とは異なるから、「名前」は人間ひとりひとりが自己を特定するものである。この名前によって、人間Aは人間Bとは異なり、人間Bは人間Cとは異なるのである。このことを理解すると、なぜその儀礼で新生児に名前を付けるのかが分かる。名前を付けた時から、人々はその子を人間として受け入れ、家族の一員、社会の一員として受け入れたことを意味する。風習に厳密に従えば、固有名詞としての名前は好き勝手につけたものではない。「名前をつける手引書」というものがあり、それは子供の生年月日を合算し、その子の性別を加味して使う。もう1つ、その身体に付けられた名前なので、後に何らかの特別な事情によって名前を変えることもある。例えば、治療困難な病気になった場合に、その子を他人に売ったり▸6、分かれ道に捨てたり▸7など、実際にそうするわけではないが、そのように見せかける儀式をして、母親はその子を買い戻してくる。その子を買った人が名前を変えてあげたので、これ以降、その子はもう1つ別の身体を持つこととなる。つまり、その子はもう1つ別の身体の名前になったことを意味するのである。

　ここで、アンコール・ワット遺跡の千体仏（プレアハ・ポアン）のある十字中廻廊に刻まれた、16世紀の石碑文について少し触れておく•7。この長い碑文の中で、大暦▸81501年《西暦1579年》に生まれたばかりの、サッター王（在位1579～95年）▸9の息子について述べた個所がある。生後12日目にこの誕生に関わる儀礼を行ない、石碑文では「チアテカム」▸10という言葉を使っている。その時その王子に「ソムダイチ・プレアハ・ボロム・リアチアティリアイチ・ボプト」▸11という名を付けている。

22

【第1節】必要な物

　一般的にこの儀礼のために用意する物は、どの地方でも大差はない。注意しなければならないのは、祭具である、籾米の入った笊がパアーウ地域では2種類あることである。

——普通、この籾米の入った笊のことを「スラウ・コニョチャー」と言ったり、「スラウ・ポンレイ」（ポンツクショウガ[12]の薄片を串に刺し、それを笊に入った籾米に立てたもの）と言ったりすることもある。こう呼んではいるものの、あまりポンツクショウガの根茎を目にすることはなく、コムポング・チャーム州のバーティアイ郡のパアーウ市場周辺地域で見かけたことがあるくらいだ。その地域では、このポンツクショウガを小さく切って串に刺し、笊に入った籾米の中に置く[図1]。どういう意味があるのかはっきりせず憶測は控えるが、ポンツクショウガを搗いて、新生児の前頭部[13]に何日も何ヵ月も貼り付けておくというのも興味深い。新生児に関連するポンツクショウガが使われるという点を考えてみる必要があるのは、他の通過儀礼で、特に葬式でもスラウ・ポンレイがあるからである。著者自身は他の通過儀礼でこのような形のポンツクショウガを実際に見たことはない。パアーウ地域では、スラウ・ポンレイはなくてはならない必需品として置いてあり、さらに「スラウ・ボングクイ」（座らせるための籾米）という、新生児の髪を切る時に新生児を坐らせるための、籾米の入った笊がもう1つ置いてある。**図2**では、新生児の尻を傷つけないように、籾米の上に盆が置いてある。これ以外の地域では、入れる物が違う笊が2つあるというのは見たことがない。籾米の入った笊は1つだけであり、やはり新

生児を坐らせるために、必ずサロン（腰に巻いたりする布）などの布で覆ってある。アンコール地域では、掘り棒▶14 の刃を笊の中の籾米に刺してあるのを必ず目にする [図3]。

――髪を切る道具：鋏、櫛、剃刀、鏡、髪の毛を入れるバナナの葉で作った容器など《このバナナの葉で作った容器を、掘り棒の刃の中に挟み込んでおくこともある》。

――人間らしく整える道具：鑿(のみ)、木槌、顔に塗る白粉、眉墨など。

――この儀礼の中で、ポプル▶15 回し（ボンヴル・ポプル）をすることになっている所では、ポプルとろうそくがさらに必要。

――産婆のために、チョム▶16 という御礼の贈り物。アチャー▶17 がいる時は、アチャーの分も用意する。

【第2節】儀礼を執り行なう人

「髪切りと産婆への御礼」など本来の儀礼以外に、他の通過儀礼でも見られるような祝宴、祝いの会もよく目にする。ノム・ボニョチョク（▶46参照）など、施主が客へ料理をほんの少ししか出さない場合もあれば、親類縁者たちが音楽の演奏付きで夜まで飲食することができる場合もある。

【第1節】必要な物　【第2節】儀礼を執り行なう人

後者の場合は参加者が大勢でもかまわないということである。

　誕生儀礼を執り行なう人に限って言うと、少なくとも産婆は欠かせないが、その他に男が関わることもあり、その場合は呪医 [18] または寺のアチャーである。

【第3節】儀礼

　アンコール地域では太陰暦の1ヵ月が30日ある月《大の月》[19] に、この儀礼を執り行なうのが一般的で、これは母親を炉から下ろすこととは別にこの儀礼を行なうことも可能という意味である [20]。良い日を選んでこそきちんと行なうことができるからである。この儀礼を行なう日も、新生児の誕生年の曜日 [8] と同じ日に行なうべきではない [21]。もう1つ、この儀礼は、実際に新生児である子と、もう新生児とは言えない子が一緒に行なうこともある。これではっきりするのは、新生児の通過儀礼を行なうのは生後3日でも7日でも、もっと後でも特に決まりはないということである。しかし、いずれにせよ、新生児の胎盤は早く埋める必要があり、遅くとも母親を炉から下ろす時には埋めなければならない。後者の場合は埋めるまで日にちがあるので、溶けて腐らないように胎盤に塩をまぶしてバナナの葉に包み、近くに吊るしておく。埋める方法は、蟻が集まらないように適当な深さに埋めるだけの人もいるが、しきたりにうるさい人なら、「胎盤を埋める手引書」 [22] に書かれている日にちを選んで埋める。というのは、その中で生気（ドンクハアム・ロホ）[23] について述べているからだ。人々は胎盤を埋めるということは重要なことだと信じている。「胎盤を埋めて村に残せ」という言葉があるように、その人がこれから先、決して自分の生まれた場所を捨てたり忘れたりしないようにするためである。

　誕生に関わる一連の小儀礼は、必ず祖霊に供え物を捧げることから始める。それで料理や甘い食べ物、魚肉料理などが付きものとなっている。酒の方は、まるでその祖霊がねだっているかのように、欠かすということはまずない。この点は少し考えてみる必要がある。というのは、この一番最初の通過儀礼では、仏教は何の役割も担っていないからだ。アチャーが儀礼を行なうことはあっても、僧侶を招くというのは聞いたことがない。仏

教とは違って、酒はアニミズム信仰で一番重要であるということが分かる。

祖霊に供え物をする儀礼は2つの部分から成り立っている。まず、供え物のいくつかを分け、食物に飢えて常に人々にまとわりついてくる様々な霊魂に対して供える。アンコール地域では、呼びもしないのに集まってくる悪霊を「ミア・カー」[24]と呼ぶ。食べ物を分け与えるのは、ただ単に悪霊からの危害を避けるためである。その食べ物は、きちんとした状態で供えられることはあまりない。地面に刺したり、窓からまき散らしたりすることが多い[図4]。それがすんだら本当の祖霊に供える。アチャーがいる時はアチャーが告知者となり、アチャーがいない時は産婆が告知者となって儀礼について祖霊に知らせる。そして、祖霊から家族の新たな一員に対して祝福をお願いする。バーティアイ郡では祖霊に供え物をして、それが終わったらすぐに村の長老[25]、つまりその村のネアッ・ター[26]にも供え物をして知らせる。これはとても興味深い。この儀礼の主役である新生児は、単に家族の新しい一員として認められるだけではなく、共同体の新しい一員としても認められるのである。大きな声でこの告知をする時に、必ず一緒に酒を注ぐ[図5]。この儀礼でポプルを回す場合は、この時に1回目を回し、それから2回目としてもう1度回す。コムポング・チャーム州で見たのは、母子の周囲を回すものだった[図6]。このポプルを回す小儀礼は、身体にある霊魂が全部ばらばらになってどこかへ行ってしまわないようにするのが目的である。それで、2回目のポプル回しの小儀礼で

は19周回す。19というのは霊魂が全部揃った数だからだ（▶61参照）。この時にアチャーはチェアヨアントー▶27を唱える。

　しかし、欠かすことのできない最も重要な小儀礼は髪切りである。これは、上述したように霊界の髪の毛を切るということであり、ただ切るだけではなく剃る。大人の髪を切る時のように、新生児が自分で鏡を見るようにさせる。その新生児にまだ髪の毛が生えていない場合でも、切る真似事をする［図7］。こうするのは、霊界の領域から子供を切り離して、人間の領域に存在させるということである。実際に切ったり、切る真似をした髪の毛はごみ屑にすぎないので、バナナの葉で作った容器に入れ、埋めて捨てる。パアーウ地域ではこの時、

子供と一緒になってヒヨコ1羽を脅かす真似をし、身体の状態を交換してヒヨコに移してしまう。こうされたヒヨコは、まだ霊界の状態から抜け切れない新生児の身代わりに他ならない。なぜなら、新生児が男の子なら雄のヒヨコを、女の子だったら雌のヒヨコを用意しなければならないからだ。そうしてからヒヨコを捨てに行くのだが、これは、新生児から霊界の状態が抜け出て消え失せたということを意味するのである。

　人によっては母乳を子供の瞼に塗り、その子の「目を開けてあげる」こともある。これは、その子には確かに命が備わったということを示すためである。目を開けるのは、その子の命がカンボジアという文明世界の中で長らえるように、という意味である。仏像の入魂式を行なう前にも、まずその仏像の目を開ける必要があるのは、命を吹き込んで初めて仏像の入魂がなされるからである。上述したことは仏像に限らず、シヴァリンガの入魂式▶28でも同じであり、カンボジアではずっとこのようなやり方をしてきたのである。昔は仏像の開眼式のことを、カンボジア語訛りのサンスクリット語で「ウンミーリット・ヴレア ឧនមីលិតព្រះ」と言った。

　命が備われば全てが揃ったと考えるのだろうか。答えは否だ。人は獣を超えなければならないから教育が必要である。つまり文化を持たなければならない。それで鑿と槌で穴をあける真似をして、新生児の「口を彫ってあげる」。産婆は彫る動作をしながらその子に話しかけ、おとなしくして、良い言葉、優しい言葉、意義のある言葉だけを話し、後になってこの口が乱暴な言葉を話したり、人の陰口をたたいたりしてはいけないよと教え諭すのである［図8］。これとは違って、新生児の顔に手を加え、生まれたままの状態よりは少しましな顔にする人もいる。その子の顔に白粉やクリー

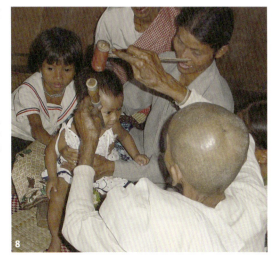

【第3節】儀礼

ムを塗ってやるのである。これには、その子を自然の状態以上のものにする、あるいは、人間の領域に存在させるという意味がある[図9]。バーティアイ郡の場合は、この後、産婆自身が「前世の母」の役をして新生児を腕に抱き、それを伯母や叔母などに手渡し、次にこの人たちがその子の実母へと順繰りに手渡す。この動作は新生児を霊界《前世の母》から切り離し、人間社会《伯母、叔母など》に存在させ、さらに自分自身の家族の輪の中《実母》に存在させるという意味がある。

　欠かすことができないと思われるもう1つの小儀礼は、新生児の手に紐を結ぶことである。そうしながら新生児の霊魂を短く呼ぶこともある。この紐は新生児の手から母親の手に結ばれ、母親と父親はさらにこの紐を産婆の手に結ぶ。炉の火を落とす時にこの小儀礼を行なう場合でも、その時にもう一度「産婆への御礼式」を行なってもよい。産婆の汚れを清めるというのは、どのようなことを行なうのかはっきりとした決まりがあるわけではないが、ソムブオ（マメ科ネムリグサ属）の実を浸けておいた水で産婆の手を洗うこともある《この点に関しては第5章第2節「出産」参照》。時にはこの後すぐに、産婆が新生児を自分の手に抱いて、この儀礼に参加している女性たちに手渡し、女性たちの手から手へと次々に渡したのち、最後に母親に返すこともある。この動作は分かりやすい。人々はその子をその社会の完全な一員として受け入れたということである。

　儀礼の最後に、両親が産婆に合掌して許しを請うのが普通である。産婆はその子を出産させるために様々な汚れをものともせず、母親である女性の「腹に触れ下腹に触れ」たからである。笊に入った籾米も、謝礼として産婆へうやうやしく贈られる。

◇ 原註

- 4 ………Ang.1994. 参照。
- 5 ………仏教やヒンドゥー教など大きな宗教には必ず名前がある。しかし、カンボジアや昔から交流関係にある近隣の古い民族では、その古い宗教体系（「アーラッ អារក្ស」や「ネアッ・ター អ្នកតា」などの信仰）については、今まではっきりした呼び名がなかった。ヨーロッパの研究者はアニミズムという語を充てて用いているので、近年では我々もその考えに倣って、アニミズムのことをカンボジア語で「チヴェアチョル ជីវចល」と言っている（訳註：「ラッティ・プロルング・ニヨム លទ្ធិព្រលឹងនិយម」という言い方もする）。
- 6 ………Au.1968. 参照。
- 7 ………16世紀から18世紀まで石碑文は41あり、それらはアンコール・ワット遺跡の千体仏（プレアハ・ポアン ព្រះពាន់）がある十字中廻廊と第3廻廊（バーカーン បាកាណ）とに彫られたものである。フランスの研究者は Inscriptions modernes d'Angkor と名付け、No.1, 2, 3 などを一括して略して IMA と呼ぶ。ここで言う石碑文は IMA3 のことである《Pou.1970. 参照》。石碑文の多くは、施主は王族ではなく、在家や出家者など一般人である。（訳註：石澤良昭『〈新〉古代カンボジア史研究』によると、「これらは後世の篤信の上座仏教徒たちが、アンコール・ワットの参詣と仏像献納を済ませ、同時にその功徳、善行、篤信の事跡を伝えるため壁面に彫り込んだ碑文である」）
- 8 ………「tgai ogsaa ថ្ងៃអង្គារ」を「tgai onsaa ថ្ងៃអន្សា」と言い間違えることが多い。（訳註：「onsaa」は「死期」という意味）

◇ 訳註

- 5 ………新生児は霊界から生まれてきたとみなされているので、母親も実際の母親とは別に霊界つまり前世にいると信じられている。この「前世の母」（マダーイ・ダアム ម្ដាយដើម）は子供を愛するあまり、あらゆる機会、方法を通じて霊界に連れ去ろうと企んでいる。実の母親は自分の子供が死んで前世の母の下に行かないよう手を尽くす。生まれた時にすでに生えていた、いわば霊界の髪の毛を切るのは、前世の母との縁を完全に断ち切って子供を護るという意味がある。儀礼の名前「カット・ソッ កាត់សក់」（髪の毛を切る）は「カット・ソッ・プレイ កាត់សក់ព្រៃ」（霊界の髪の毛を切る）を縮めた言い方である。これ以降の様々な通過儀礼で髪の毛を切る小儀礼が必ずあるのも、同様の主旨からである。親によっては前世の母から子供を護るために髪を切るだけでなく、生まれたらすぐに呪術師（この呪術師のことをクルー・ソムドホ គ្រូសម្ដោះと呼ぶ）に呪文を吹きかけてもらい、子供が大きくなるまで護ってもらうこともある。（គង់ វីរៈ「សក់」『កម្រងអត្ថបទក្នុងបណ្ណាញពត៌មានវប្បធម៌ខ្មែរ លេខ៦』, មៀច ប៉ុណ្ណ『កម្រងឯកសារស្ដីពីប្រពៃណីនិងទំនៀមទម្លាប់ខ្មែរ』）
- 6 ………「子供を他人に与えたことにする儀式」（ピティ・ウパカイ・ソム・

コーン ពិធីឱបកិច្ចសុំកូន）と言い、方法は様々だが、あくまでも他人に売ったり与えたりする真似をするだけである。治療困難な病に罹った子供のために、親がこの儀礼をするのは、子供の年齢が 1 〜 3 歳ぐらいまで。儀式で売ったり与えたりする相手役は今まで子供を死産したことがない夫婦に限る。また、友人縁者であっても互いに見知らぬ同士というふりをする。キンマの葉に石灰を塗りビンロウジを包んだものを 3 つに折り畳み、一端を実の両親が、もう一端を片手に子供を抱いた仮親役の人がつかむ。そして、仮親役の人が「子供を手離すか」と問い、実の親は「手離す」と答える。これを 3 回繰り返してから、鋏でその包みを 2 つに切り離す。この時に、仮親役は新しい名前を子供に付けるのだが、コング គង់（不死身の）、ソク សុខ（健康な）、チョムラアン ចម្រើន（繁栄する）など験（げん）が良い名前を選ぶ。病院で診てもらっても治る可能性がないような場合、このような儀式を併せて行なえば効果があると信じられていた。（មៀច ប៉ុណ្ណ『កម្រងឯកសារស្តីពីប្រពៃណីនិងទំនៀមទម្លាប់ខ្មែរ ភាគ២』）

▶7 ……… 前世の母親（マダーイ・ダアム）は子供を病気で死なせて、霊界に連れ去ろうと常に企んでいるが、分かれ道に子供を置くと、前世の母親は道に迷い、子供の後を辿って家に着くことができなくなると信じられている。捨てられた子供を拾う役をする人は誰でもいいが、自分は育てられないからと言って、実の母親の所に連れてきて代わりに育ててもらうという設定になっている。このような事を行なうのは、死産したり生後間もなく死なれた経験を持つ母親や、病気がちの子供を持つ母親である。これ以外にも、四つ辻や分かれ道というのは「迷う」「迷わせる」に関連して、民間信仰では重要である。分かれ道に食べ物を入れた容器を捨てるのは、害をなす霊魂が食べ物につられて道に迷うからである。また田舎で、火葬場に向かう葬列が四つ辻で水瓶を落とすのは、撒きちらした水で死者の霊魂を道に迷わせ、家に帰って生者に害を与えないようにさせるためである。（អាំង ជូលាន「ចតុមុខ」『កម្រងអត្ថបទក្នុងបណ្ណព្ញាតពត៌មានវប្បធម៌ខ្មែរ លេខ៩』）

▶8 ……… カンボジアで使われている、あるいは使われていた暦法は以下の 4 つである。①仏暦（プッテアサッカラーイチ ពុទ្ធសករាជ）はインドの暦法に由来し、釈迦が入滅した年を元年とし、西暦に 543 年を足した年である。カンボジアでは陽暦 4 月の中旬が新年となるので、西暦の年が改まっても仏暦では 4 月の新年が来るまでは年が改まらない。同じように仏暦を使っているタイでは 1941 年以降は仏暦年の改まりは西暦年と一致させているので、カンボジアとタイの仏暦年が一致するのは陽暦 4 月の中旬以降から 12 月末までである。②大暦（モハサッカラーイチ មហាសករាជ）と③小暦（チョルラサッカラーイチ ចុល្លសករាជ）もインドの暦法に由来し、大暦は西暦から 78 年を引き、小暦は西暦から 638 年を引く。この 2 つは今ではほとんど使われない。④西暦（クルフサッカラーイチ គ្រិស្តសករាជ）。面白いことに参考資料の 1 つ『សារៈសំខាន់នៃក្បាលម៉ូរបស់ឧបករណ៍និងសំការៈប្រើប្រាស់ក្នុងជីវភាពខ្មែរ』という本は、出版

年が仏暦 2552 年、西暦 2008 年、大暦 1930 年、小暦 1370 年と、上記 4 つ
の暦法全部で書かれている。（ឈិនយ៉ួន編訳『ដំណើរផ្សេងៗនៃជនជាតិខ្មែរ』、小島麗逸・
大岩川嫩『「こよみ」と「くらし」』、岡田芳朗『アジアの暦』）。

▶9 ⋯⋯⋯「サッター王」はカンボジア語「ព្រះបាទសត្ថា」。この王の呼び方は「ソ
ター」（『カンボジア史再考』北川香子）、「サータ」（『西欧が見たアンコール』
B.P. グロリエ著　石澤良昭、中島節子訳）など研究者によって異なるので、カ
ンボジア語の発音に従った。この王については『西欧が見たアンコール』51 ペー
ジ以下参照。

▶10 ⋯⋯⋯「チアテカム ជាតិកម្ម」とは誕生を祝福する儀礼の 1 つ、あるいは
命名式のこと。（វង់ សុធាវ៉ា『សិលាចារឹកនៃប្រទេសកម្ពុជាសម័យកណ្ដាល』）

▶11 ⋯⋯⋯「プレアハ・ボロム・リアチアティリアイチ・ボプト
ព្រះបរមរាជាធិរាជដបពិត្រ」という名前は、▶9 の中の『西欧が見たアンコール』の
訳文では「プラフ・パラマ・ラージャデラージャ・パビトラ」となっている。

▶12 ⋯⋯⋯「ポンツクショウガ」（ポンレイ ពន្លៃ）はショウガ科ショウガ属ポ
ンツクショウガ Zingiber cassumunar（S）。ショウガによく似た 60cm〜150cm
ほどの草。根茎は太く内部は淡黄色。樟脳の香りと苦みがあり、辛味を欠く。
カンボジアでは根茎の薄片をビンロウジと一緒にキンマの葉に包んで噛んだり、
黄色の染色材としたり、酒に漬けて薬用酒にしたり、民間薬として虫下しや傷
薬に使う。赤ん坊の前頭部に貼る場合は、土器のザラザラした表面を下ろし金
としてポンツクショウガの根茎をすりおろし、それを丸めて貼る。こうすると
赤ん坊の前頭部が早く硬くなるという。母親は赤ん坊の軟らかな前頭部を傷つ
けたり陥没させたりするのを恐れ、毎日新しいものに貼りかえる。これを赤ん
坊の身体に塗るといい匂いがする。農村では各家に必ず植えてある植物の 1 つ。
（熱帯植物研究会編『熱帯植物要覧』、ឌី ផុន『រុក្ខជាតិប្រើប្រាស់ក្នុងប្រទេសកម្ពុជា』,
ម៉ៅ ច បុ៉ណ្ណ『កម្រងឯកសារស្ដីពីប្រពៃណីនិងទំនៀមទម្លាប់ខ្មែរ ភាគ២』）

▶13 ⋯⋯⋯乳児の「前頭部」（ボングハアイ បង្ហើយ）は日本語で「ひよめき、
おどりこ」とも言う。頭頂の前方にある軟らかい骨の隙間の部分。

▶14 ⋯⋯⋯「掘り棒」（チロニーク ជ្រនីក）とは、長い柄の先に細い刃がつい
た掘る道具。刃の部分は細く縦長で、その上部は柄を差し込むために筒状になっ
ている。各通過儀礼ではこの掘り棒の刃の部分を使う。

▶15 ⋯⋯⋯「ポプル ពពិល」とは青銅や銅など金属製で木の葉の形状をした祭
具。シヴァ神の妃ウマー神のヨーニー យោនី（女性器）の象徴。各種儀礼の場
において、シヴァ神のリンガ លិង្គ（男性器）の象徴とされるろうそくをポプル
に張り付け、それに点火して儀礼の関係者の間を順番に手渡していく。これを
カンボジア語で「ボンヴル・ポプル បង្វិលពពិល」（ポプルを回す）と言う。（លឹម
ក្លីវៃ『ពពិល』កម្រងអត្ថបទក្នុងបណ្ណាគារត៌មានវប្បធម៌ខ្មែរ លេខ៣』）。

▶16 ⋯⋯⋯「チョム ជម」とは儀礼や何かの式で一定の役割を果たした人へ報
酬として贈る、お盆に載せた品々のこと。お盆の上に用意するものは、一般的

には籾米、米、ろうそく、線香などであるが、それに干し魚、豚肉などを加えたり地域によって様々だ。儀礼が終わってからお金を渡すこともある。

▶17 ………「アチャー អាចារ្យ」というこの言葉の本来の意味は「何らかの学問・知識に秀で、それを弟子に伝授する能力のある人」である。カンボジアでもこの本来の意味で使われることもあるが、一般的には寺の行事や儀式の準備・進行、信徒の仏教上の世話にいたるまで、寺院活動を支える重要な役目を担っている人。寺によっては複数のアチャーがおり、僧侶経験者が多いが、出家している僧侶と違って結婚して家庭を持つことも可能。いわば在家に身を置き寺の活動に携わっている人たちである。寺の活動以外にも、結婚式や葬式など様々な儀礼や行事で祭司のような役目をする者もいるが、それぞれの活動分野が明確に区切られているわけではない。日本ではこの「アチャー」という言葉と語源が同じ「阿闍梨（あじゃり）」という言葉が、密教系宗派の僧職の称号あるいは高僧の敬称として使われている。（アチャーについては小林知『カンボジア村落世界の再生』に詳しい）

▶18 ………病気の原因が霊魂、悪霊の仕業である場合、呪術や薬草、生薬などを用いて治療したり防いだりする人を「呪医」（クルー គ្រូ）という。この「クルー」という語は、学校の教師をはじめ、各種師匠、医者（呪医も近代医学教育を受けた医師も）、ある役割をする僧侶、呪術師、占い師など、様々な職業や役割を担う技能者、知識人を指す。ちなみに、呪術師の中で他人に害を与えると恐れられているクルーには「アープ អាប」と「トモプ ធ្មប់」がある。アープは元々は「誰かが誰かを好きになるようにさせるという術」（ダック・スナエ ដាក់ស្នេហ៍）を学んでいた女性である。長年その術を用いてきたために、知らぬ間にアープという悪霊に取り憑かれてしまい、自分自身がアープになってしまった女性である。アープは第5章の第2節1産婦の敵で述べているようなことをしたり、気分を害すると誰かを病気にしたりする。トモプはアープとは逆に男の呪術師である。その呪術は①金、銀の鋏を呪力で飛ばし、目的の被害者に到達したらハエや小昆虫に変えて口から侵入させ、腸を切って苦しめる。②乾燥した牛皮や水牛の皮を呪力で縮めて蜂にして飛ばし、被害者の腹中に口から入れる。数日後、その牛皮はどんどん大きくなり、被害者の腹がぱんぱんに膨れ、呼吸も困難になって死んでしまう。③ピン、針、釘を被害者の腹や胸や頭に見立てた軟らかい物に刺すと、被害者は苦しんで死んでしまう。④呪術用に作った小さな牛を被害者に見立てた物に衝突させて、牛の角で殺す。または、小さな洋弓で被害者に見立てたものに射込むと、その人は矢に当たって死ぬ。アープやトモプの術から被害者を救うには、それ以上の呪術力を持ったクルーに術を解いてもらわなければならない。（មៀច ប៉ុណ្ណ『ប្រពៃណីនិងទំនៀមទម្លាប់ខ្មែរ』ភាគ១, ២）

▶19 ………カンボジアの太陰暦（チャンティアケアテ ចន្ទគតិ）、正確には太陰太陽暦は新月（ダアム・クナアト ដើមខ្នើត）の翌日→上弦（カアト កើត）→満

月（カエ・ペニュ・ボラマイ ខែពេញបូណ៌មី）→下弦（ローイチ រោច）→新月＝晦日（トガイ・カエ・ダイチ ថ្ងៃខែដាច់）と続いて1ヵ月になる。新月の翌日から15日（満月）までを白分または上弦期（カエ・プルー ខែភ្លឺ、クナアト ខ្នើត、ソパッ សុបក្ខ）と言い、満月の翌日から晦日（新月）までを黒分または下弦期（カエ・ゴグト ខែងងឹត、ロノーイチ រនោច、カーラパ កាឡប）と言う。白分は常に15日あるが、黒分は15日ある月と14日ある月とに分かれる。白分と黒分を足して1ヵ月が30日の月（2、4、6、8、10、12月）を大の月（カエ・クルップ ខែគ្រប់、カエ・チョムネニュ ខែចំណេញ、カエ・ニー ខែញី）と言い、晦日が黒分の14日となり、白分と黒分を足して1ヵ月が29日の月（1、3、5、7、9、11月）を小の月（カエ・クヴァハ ខែខ្វះ、カエ・ポート ខែផត、カエ・チモール ខែឈ្មោល）と言う。ちなみに、僧侶が髪の毛を剃るのは布薩会の前日、つまり、満月の日の前日と新月の日の前日（大の月では黒分の14日、小の月では黒分の13日）である。それで、これを縮めて、大の月のことを「カオ・ブオン ការបួន」（4の日に剃る月）、小の月のことを「カオ・バイ ការបី」（3の日に剃る月）という言い方もある。月の1年は太陽の1年に11日足りないので、8月（アーサート អាសាឍ）の次にもう一度8月（この場合、1番目の8月をパタマサート បឋមាសាឍ、2番目の8月をトゥテヤサート ទុតិយាសាឍ と言う）を入れるという方法で19年に7回の割合で閏月（アティカミアハ អធិកមាស）を入れる。（ペジュ サル『ក្រមជំនុំទំនៀមទម្លាប់ខ្មែរ ពិធីប្រចាំដប់ពីរខែ』、小島麗逸・大岩川嫩『「こよみ」と「くらし」』、岡田芳郎『アジアの暦』、岡田芳朗・他『暦の大事典』）

▶20 ‥‥‥‥一般的に太陰暦の大の月は縁起の良い月、小の月は縁起の悪い月とされる。小の月に出産した場合、母親をいつまでも炉で熱しているわけにはいかないので、先に母親を炉から下ろし、大の月になってから誕生儀礼を行なうこともある、という意味。ちなみに、結婚式も大の月に行なうのが好まれるが、僧侶の雨安吾の期間（訳註186参照）と重なるため、10月は避けるのが普通だ。

▶21 ‥‥‥‥「誕生年の曜日」（トゥガイ・オングサー ថ្ងៃឆ្នាំ）とは人の誕生年の干支を各曜日に割り当てたもの。日曜日は子と未年生まれ、月曜日は丑と申、火曜日は寅と酉、水曜日は卯と戌、木曜日は辰と亥、金曜日は巳、土曜日は午。人は自分の干支の曜日に死ぬことが多く、その次に、その前後の日が多いと信じられている。また、自分の干支の曜日に発病すると重くなるとも言う。つまり、自分の干支の曜日は縁起が悪いと信じられているのである。（干支のカンボジア語の呼び方は巻末資料）

▶22 ‥‥‥‥「胎盤を埋める手引書」はカンボジア語「ドムラー・コップ・ソックトムラクプスック」。

▶23 ‥‥‥‥「生気」（ドンハアム・ロホ ជន្លើមរស់）とは著者によれば、家を建てたり儀式をしたりなどする時に、どの方角に建てたり、どの方角に従って

訳註17〜23

行なうのが最も適していて、良い結果が得られるかという考え方。逆に縁起の悪い方角を「死気」（ドンハアム・スラプ ដង្ហើមស្លាប់）と言う。生気の方角は各月、曜日、場所によって違う。これはアチャーまたは呪術師が判断する場合もあれば、各種手引書に一覧表となって記されていることもあるが、占いではない。「生気」はインド（アタルヴァ・ヴェーダなど）や中国（風水思想）の重要な考え方であるが、カンボジアの「生気」が外国からの影響なのかどうか、詳しいことは不明とのこと。また ញាណ រឿន、ម៉ម ថៃ『សំអាងទំនៀមខ្មែរបុរាណ』によれば、上記の一覧表の中に、ナーガの頭の向きも記してある。これは、12ヵ月を4つに分け、各グループに属する月ではナーガの頭がどの方角になっているかで、例えば結婚式の前に用意する新郎用の小屋プカー・スラーを建てる位置を知るなど。陰暦の1～3月はナーガの頭は南なので良い方角は南と西。4～6月は西なので西と北。7～9月は北なので東北。10～12月は東なので東。

▶24 ……… 「ミア・カー មារកាវ」とは、あてもなくさまよい、人が善をなすことを常に妨害する霊魂、悪霊のこと。この「ミア មារ」は仏教では釈迦が悟りを得るのを邪魔しようとした魔王「マーラ」のこと。またこの語は、日本の僧侶の隠語では「魔羅」、即ち仏道修行の妨げとなる陰茎を指す。

▶25 ……… 「ネアッ・ター」のことを「村の長老」（チャハ・スロク ចាស់ស្រុក）と呼ぶこともある。

▶26 ……… 「ネアッ・ター អ្នកតា」はカンボジアの最も重要な霊魂・精霊信仰で、土地にまつわる守護神のこと。古くは「ネアッ・テプダー អ្នកទេពតា」と呼ばれていたが、「テプダー ទេពតា」が「ター តា」に変化して、「ネアッ・ター」となったらしい。「ネアッ អ្នក」は「人」、「テープダー ទេពតា」は「神」、「ター តា」は「祖父、老人、長老」という意味。ネアッ・ターとして祀られているのは村を開いた先人、その地域に貢献した恩人などその土地に関連する人や動物、ヒンドゥー教の神々に由来するものなど様々で、各ネアッ・ターには必ず名前が付いている。この名前は当初から現在まで変わることはなく、「ター・ソク តាសុខ」（幸せなお爺さん）、「クロホーム・コー ក្រហមក」（首が赤い）、「ドムボーング・ダエク ដំបងដែក」（鉄の棒）等々の名がある。一方、「ネアッ・ドーン អ្នកដូន」（お婆さん）、「イアイ・テープ យាយទេព」（神様のお婆さん）などと呼ばれる女のネアッ・ターもあり、「イアイ・マウ យាយម៉ៅ」（マウお婆さん）、「クロポム・チューク ក្រពុំឈូក」（ハスのつぼみ）等々の名がある。しかし、一般的には性別に関係なく総称してネアッ・ターと言う。祀る場所も村の道端、大樹の下、田畑の隅、寺の境内、川辺や海辺など様々である。祠の中に安置されているネアッ・ターの姿形は石だけ置いてあるもの、木彫の像、シヴァ神の男根など様々で、何も安置されていないものもある。ネアッ・ターは子孫や人々の暮らしを守護し、地域の農業や産業を護ってくれると信じられているので、旱魃や水害、病気など日常生じる心配事があるたびに供え物をして祈る。また、

住民同士揉め事が生じて仲直りできない場合に、ネアッ・ターの前で誓わせることによって争いを収めることもある。ネアッ・ターを侮辱すると罰が当たって病気になったり精神に異常をきたしたりすると信じられている。呪医の見立てで病気の原因がネアッ・ターであると分かれば、供え物をしてその怒りを解いてもらう。村や或る特定の場所で信仰されているネアッ・ターの他に、郡単位、州単位、全国的に信仰されているものもある。全国的に信仰されているネアッ・ターは以下の3体だけ。「ドーング・カア ជងគ្រី」（「国旗の旗竿ネアッ・ター」、プノム・ペンの王宮前）、「ナウ・プノム・チャー・カイ នៅភ្នំឈើកាច់」（「チャー・カイ山のネアッ・ター」、プレイ・ヴェーング州バー・プノム郡チャー・カイ山域）、「クレアング・ムアング ឃ្លាំងមឿង」（「クレアング・ムアング将軍のネアッ・ター」、ポーサット州バーカーン郡）。（ឈិន យួន『ជំនឿផ្សេងៗនៃជនជាតិខ្មែរ』、មៀច ប៉ុណ្ណ『កម្រងឯកសារស្ដីពីប្រពៃណីនិងទំនៀមទម្លាប់ខ្មែរ ភាគ៣, ៨』。なお、ネアッ・ターの名前や由来については『カンボジアの昔話集第8巻 ប្រជុំរឿងព្រេងខ្មែរ ភាគ៨』、その姿形については អាំង ជូលាន『មនុស្សនិងដី』に多数の写真がある。ネアッ・ターについて詳しくは三浦恵子『アンコール遺跡と共に生きる』参照）。

▸27 ……… 「チェアヨアントー ជយន្តោ」は上棟式や開校式など、様々な儀式の時にその成功や幸運を祈願して、僧侶あるいはアチャーが唱える経文から引用した呪文のこと。

▸28 ……… 「シヴァリンガ」（ルング・プレアハ・アイソー លិង្គព្រះឥស្វរ）はシヴァ神の男根のこと。ヒンドゥー教では信仰の対象になっている。インド神話によると、どちらが高い尊敬に値するかヴィシュヌ神とブラフマー神が論争しているところに、宇宙を焼き尽くすかのような1本の灼熱の柱が現れた。2神は驚き、その柱の源を確かめようと、ヴィシュヌ神は猪の姿になり1000年にわたって柱の下方を探り、ブラフマー神は白鳥の姿になって1000年にわたり柱の上方を探った。しかし、どちらも柱の端に達することができず帰還した。その時、シヴァ神が彼らの前に現れたので、柱はシヴァ神の男根であることが明らかになり、シヴァ神が神々の中で最も偉大で尊敬に値することとなった（ヴェロニカ・イオンズ『インド神話』、ស៊ុយន សុភាវិទ្ធ「ព្រះខ្លឹមវជ្ជ」『កម្រងអត្ថបទឯកសារ ញ្ញាត្តិមរតកវប្បធម៌ខ្មែរ លេខ៥』）。カンボジアの遺跡で石製のリンガ លិង្គ とヨーニ យោនី（女陰）が結合した形を見ることがある。これもインド神話によると、シヴァ神が裸で現れたので仙人たちは不快に感じ「リンガよ落ちよ」と呪詛した。落ちたリンガはあちこち移動しながら出会うもの全てを焼いて、人々を恐怖に陥れた。人々はシヴァ神の妃パールヴァティーのヨーニがリンガの台となれば、リンガがそこに鎮まるのを知って、シヴァとパールヴァティーに祈り、恐怖から解放してもらったという。（定方晟『インド宇宙論大全』）

___

訳註24〜28

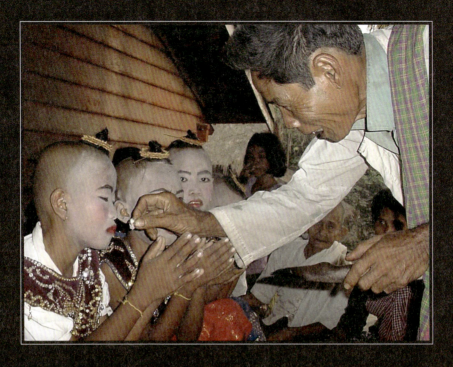

第2章
大人になる準備の儀礼

この儀礼は、カンボジア国内のいくつかの地域を除いてほとんど失われてしまった。残っているのはアンコール地域と北部または西北部の地域ぐらいである。これらの地域以外でも、完全になくなってしまったわけではないが、滅多に行なわれない。出自はカンボジア系で、現在住んでいる土地がタイ国領になっている人々の中には、まだはっきり記憶していたり、ずっと続けて行なっている人々もいる。これは、人々が以前から重要な儀礼であると考えていた証拠である。王族の場合は7日間にもわたって行なわれるので、極めて盛大なようである。

　この儀礼は正式には「カオ・チュク」と呼ばれるが、地方によっては「カオ・ソッ」あるいは「カオ・コムパオイ」とも言う▶29。このチュクまたはコムパオイとは、3歳ぐらいから大きくなって剃るまで、男の子や女の子が頭の上に残しておいた1束、多くても3束分の髪束(かみたば)のことである。常に髪を切って頭をきれいにしておくのが普通だが、残してある髪のまわりの部分だけを剃り、その残してある髪は長くしたり短くしたりして束にしておく［図10～11］。

　この儀礼は主役である子供に大人になる心構えをさせる儀礼である。したがって、必ず大人になる前に行なわなければならない。もう1つ、外見

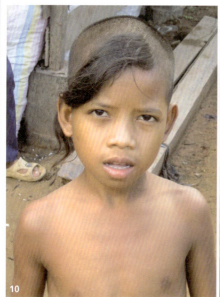

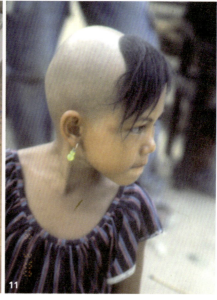

的特徴を整える儀礼なので、例えば、儀礼の主役がまだ幼過ぎるなど、年齢的に早すぎてもいけない。原則や理屈の上では、11歳から13歳までに行なうべきである。いずれにしても、その年齢は奇数でなければならず、偶数では不可である [30]。この年齢を超えて、特に女の子の場合、初潮を過ぎてしまう可能性があるなら、その前に行なう。男の子の場合は15歳までに行なうこともある。周知のように、自分の子が5、6歳になったばかりなのに、他の家族の儀礼に便乗して、そこの子供と一緒に我が子の髪を剃るということもある。この場合、儀礼を一緒に行なうのを認めるかどうかは、それぞれの家族の経済状態または生活水準に左右されるようだ。多くは村内の異なる家族同士が一緒になって、それぞれの子供に行なう。平均すると、よく目にするのは5人ぐらいである。年齢の方は、これもよく目にすることだが、ひとりひとりかなり違う。この合同儀礼は、各家族が多大の出費を避けるためであり、自分たちだけで行なうとしたら負担しきれないほど費用がかかる。

　もう1つ重要な点は、男の子と女の子が一緒に行なうことができるということだ。男女別々に行なうべきだとか、女の子だったらこうすべきだ、男の子だったらああすべきだ、などとこだわらない。

　年齢と同じように、髪束を剃る子供の人数も奇数でなければならない。子供が4人だけの場合を見たことがあるが、奇数にするために、1歳になるかならないかのような子をもう1人連れてきて、その子を適齢の子であると仮定し、その儀礼に加えて一緒に行なっていた。

　儀礼の時期としては、陰暦の3月、4月、6月に行なうようである。期間は、色々な儀礼用具の準備や菓子作りなども含めると、3日もあればよい。いずれにしても、村人は3日間忙しいことになる。

　この章の最初で、王族では以前からかなり盛大に行なわれていたと述べたのは、フランス人研究者（Adhémard Leclère）の説明や写真によれば、ノロドム王 [31] の息子の1人でムチャハ・トーと呼ばれていたチャンテアレカー親王の髪束を剃る儀礼のことである [9]。**図12** は20世紀初めに子供時分の髪束を残しているある王女の写真である。

　いずれにしても、この風習はヒンドゥー教 [32] の時代からカンボジアに

12

13

あったことは確かだろう。なぜなら、「リアン・カオ」あるいは「リアン・マー」と呼ぶこともある髪束を剃る台は、家から離して作らなければならず、その形は中央に山が1つあり、その周囲を別の山が取り囲んでいるという深遠な宇宙を模したものだからである。山がこのような形をしているので、時には家よりも高く作ることもある [図13]。さらに、田んぼに作る場合は、その台（リアン）を儀礼用の建物より高くする [図14]。この台が家と同じくらいの高さであっても家から離して作り、その間に歩いて渡るための橋を作る。

　王の風習では、その台はシヴァ神の住む山「カイラーサ山」▶33 と呼ばれているので、あれこれ考察する必要はないだろう。加えて、髪束を剃らなければならない儀礼の主役を、シヴァ神の息子であるガネーシャ神▶34 に例えているのである。シアム・リアプ市のボー寺院本堂内に描かれているリアム・ケー物語▶35 の一場面は、ヴァーリー▶36 が我が子オンコット▶37 の髪束を剃るところを物語っている。この儀礼を執り行なう祭司は行者であり▶38、ヒンドゥー教のしきたりと同じようである。

14

　髪束を剃る台に何の象徴性もないとしたら、確かにこれほどきれいには作らないだろう。外観だけを見ると疑問なのは、このように大きな建物、バナナの葉柄を彫って作った飾り模様 ▶39、過度に飾りたてた装飾、これらをたった一瞬の使用のために作るというのはいかにももったいない気がする。使うのはただ終了式の時だけ、つまり翌朝に髪束を剃り次第そこから退出するからだ。一方、夜に行なわれる長時間の多様な儀礼は、この台を使わず家の中で行なう。ということは、この台には明らかに何らかの意味がある。それはつまり、髪束を剃る場所は、我々の宇宙世界において、大海の中央に存在する或る山を意味しているのである。

【第1節】必要な物

——バーイ・スライ・ダアム ▶40：このバーイ・スライ・ダアム ●10 は儀礼の主役と同じ高さにすることになっているが、多少高過ぎたり低過ぎたりすることもある。一番よく目にするのは、7段になったものである《ある場所で見たのは19段もあった》。この供え物は大きすぎるので、まっすぐ

立つように縛る必要がある。バーイ・スライ・ダアムの足下の周囲には何種類もの菓子類やバナナ、サトウキビが置いてあり、1つ1つの段にもこれらの菓子が結び付けてある。このような準備ができたら、処女のバナナの葉、つまり破けていないバナナの葉で周囲を覆って縛り、さらにその外側から上等の布で一重に包む［図15〜17］。この各段は、ある人によれば、耳や目、手足など人間の様々な身体部位であるという。しかし、後述するが、重要な点は、バーイ・スライ・ダアムは儀礼の主役である子供の代わりを務める祭具だということである。ただ、複数の少年少女たちが一緒に儀礼を行なう場合であっても、バーイ・スライ・ダアムを作るのは常にただ1つであり、それが子供たち全員の代わりを務めることになっている。

——バーイ・プロルング（霊魂ご飯）▶41：当事者ひとりひとりがバーイ・プロルングを1つ持たなければならない。このバーイ・プロルングは、バナナの葉を折って作った円錐形の器にもち米のご飯を入れたもので、それを1つの水汲み容器（竹笊の場合もある）の中に置いてある。バーイ・プロルングにはバナナ、砂糖キビ、芋なども入れてある。バナナの葉の先の部分を、水汲み容器から突き出るようにまっすぐ立てておく［図18］。

――子供ひとりひとりに笊1杯分の籾米。

――オンケコー・リアｯ（布などの上に米を平らに広げた祭具。後述）に関連するもの：ココヤシの殻で作った升・小さな笊▶42・梭▶43・船▶44など各種計量器、米、薬の包み8種類、イネ科の植物チガヤの断片。

――ポプル（▶15参照）。

――霊魂を呼び戻す道具：霊魂を掬ったり手招きしたりするための小さな笊と柄杓など。

――髪束を剃る道具：各種剃刀、鋏、バナナの葉で作った容器（コントーング）、水を掛けるための法螺貝など。

――聖剣（プレアハ・カン）：サトウヤシの若葉で作る。それに呪文が書いてあることもある［図19］。合同で行なう時は、それぞれ自分の剣を1振り持たなければならない。

――装身具：身に着ける物から髪に挿す簪まで多種多様［図20］。

――色々なチョム（▶16参照）：職人や楽士、着付け師（クニャエ）などのように、はっきりと何らかの役割を担う人たちに贈る。

【第2節】執り行なう人

――目にした限りでは、大体2人以上のアチャーが執り行なっているが、子供の人数が多ければアチャーの人数も多い。儀礼では各アチャーの仕事が色々あって大変だからである。アチャーが1人だけの場合は、老練な人が付き添って仕事を手伝う。

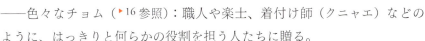

──着付け師（クニャエ）▶45 とは子供の身支度に責任を持つ 1 人あるいは
それ以上の女性のこと。

──霊魂を掬って集める小儀礼を行なう場合には、屋外で霊魂を呼び戻す
女性たち。

──僧侶：普通は 5 人か 7 人。

【 第 3 節 】 儀礼

　ここで取り上げる一連の小儀礼は何も特別なことではなく、単に髪束を
剃るという儀礼に関することであり、これは他の儀礼においても見ること
ができる。

　各儀礼の説明でも述べたように、どういうことを行なうかについては詳
しく触れない。必要に応じて重要だと思われる事項の意味を説明すること
としたい。ただ、その意味も全て理解できたわけではなく、分かった部分
は分からない部分と比べたらほんのわずかなのかもしれない。

──1 日目は準備の日と言っても間違いではない。この日、女性たちは色々
なノム（粉で作った軽食）作りで手が離せないからだ。例えば、ノム・クロー
イチ、ノム・クニャイ、ノム・コントロアム、ノム・トロチアッ・プノンケ、
ノム・コング、ノム・クロート、ノム・クロイ等々。村人が言うには、ノム・
チアルが一番重要だとのことだ▶46。

　1 日目でもう 1 つ重要なのは、職人の親方と徒弟、村人たちが髪束を剃
る台を作ったり、バナナの葉柄に模様を彫ったりと準備に取りかかること
だ。女性たちは料理を作って客を迎える準備をする。ここでヴィシュヴァ
カルマン神 ▶47 は職人にとって重要な役割をしている。ヴィシュヴァカル
マン神は職人と職人の仕事すべての総帥なので、職人たちがこの神に対し
て特別のチョム（▶16 参照）を供えなければならないからである。

──2 日目も引き続きノム作りをするが、この日作るのはノム・オンソーム、
オンソーム・パアーウ、オンソーム・パアオプ、ノム・ボニョチョクである。

　もう 1 つ、実際の儀礼はこの日の夕方から始めるので、「バーイ・スライ・
ダアムの組み立て」（第 2 章第 1 節）もこの日である。昨日から作り始めた
髪束を剃る台は、大方この日で終わらせる。全てが終わり次第「バナナ浄

第 2 章　大人になる準備の儀礼

め」▶48 をしなければならない《このバナナとは飾り模様を彫ってその台の骨組みに取り付けてあるバナナの葉柄のこと》▶49。これは、アチャーが台のまわりに打ち水をして浄める。

　一番最初の小儀礼が実際に始まるのは夕方になる頃、遅くとも夕方の終わり頃（17時頃）である。地上に建物を建てたので、まず初めは大地に対して供え物をする儀礼である。人々は「プロング・ペアリー ប្រុងពលី」（お供えの準備）と呼び、よく目にするのは、髪束を剃る台に隣接した南側の地面でアチャーが執り行なう。この「お供え」とは、大地の象徴である女神ニアング・コングヒーング▶50 [図21] を供えることである。米粉で作ったニアング・コングヒーングの形代（かたしろ）が入れてあるバナナの葉で作った容器を、およそ親指と中指を広げた長さ▶51 以上深く地中に埋める [図22]。誰に供え物をするのかというと「クロング・ピアリー ក្រុងពលី」•11 に対してである。髪束を剃らなければならない子供たちは、この儀礼の主役としてここに来て坐っていなければならない。要するに、プロング・ピアリーは重要な儀礼があるたびに、とりわけ地上に建物など何かを建てる時に、「始まりの儀礼」となっているのである •12。

　たそがれ時になる頃、僧侶を招き呪文を唱え始める《僧侶の人数は 5 ～ 7 人ほど》。子供たち全員は右肩に聖剣を当て、耳には木綿糸の輪を掛け▶52、合掌して平伏したまま経を唱えるのを聞く。夜の 8 時頃になると祖

【第2節】執り行なう人　【第3節】儀礼

霊に供え物をする。この供え物は食べ物である。しかし、祖霊に供え物をする前に、誕生に関わる儀礼の章で述べたように、まず悪霊ミアカーに供え物をしなければならない。

それからすぐ、「ポプルをオンゴー・リアプの周囲に手渡しで回す」と呼ぶ小儀礼を行なう。このポプル回しの中央に儀礼の主役たち人間はいない。あるのはただ祭具のオンゴー・リアプだけである。

オンゴー・リアプとは様々な方法で量った米の包みのことで、これは地方によって決まりや風習が異なり、どういうものか述べるのが難しい。この米の量り方は、ココヤシの殻で作った升、小さい笊など、この章の第1節で挙げたいくつかの計量器を使う方法以外にも、両手ですくったり、掌で握ったり、指でつまんだり [53]、指先で弾いたり等々アチャーが手を使って様々な方法で量る。一方、数え方、つまりそれぞれの計量器で量る回数は、これも地方によって異なり、どのような決まりがあるのか確かなことは分からない。ここでは、多種多様なオンゴー・リアプの量り方の中から1つだけ例を挙げておく。小さな笊で米を量って、1枚の白布《白布の上に蓮の葉を敷く》の上に21回あける。この21という数は、インドの考え方によれば、父親から受けた恩の数だそうだ。次に、同じ笊で12回量るのは母の恩 [54]、9回量るのはシヴァ神の恩 [55]、7回量るのは兄姉の恩、そして儀礼の主役である子供たちそれぞれの年齢と同じ回数を量る。さらに、子供の年齢が偶数の場合は、奇数にするために笊1つ分をさらに足さなければならないが、このようにするのは笊で量る時だけである。笊が終わったらココヤシ殻の番になる。量る回数の順序は同じだ《図23では計量器として茶碗を使っていた》。続けて船の形をしたものや梭など様々な計量器で次々と同じように量っていく。計量器で量り終えたら、次に、今述べたように両手ですくったり、掌で握ったり、指でつまんだり等々、1回1回手で量る番になる。全ての方法で量り終えたら、両手の人差し指で色々な魔除けの図 [56] を描いてその米を整える。この図は描いては消し描いては消しを3回繰り返したら正しいとみなされる。ここまで来てもまだ終わりではない。イネ科のチガヤ [57] を短く切ったものをその米の上に並べて、家などの形を作る。格子模様にすることもある [図24]。しかし、ど

のような形にするにしても、必ず薬も一緒に並べる。小さな包みに入れた8種類の薬を、インドナガコショウ▶58は東北に、漢方薬は南に、チョウジ▶59は西にというように、各方角に従って置く▶60。このように全てすんだら、アチャーは薬の包み、チガヤを切ったもの、全ての計量器を量り終わった米の中に埋める。それから、敷いてある白布の中にその米を平らに広げてからしっかり閉じる。これが、オンゴー・リアプと呼ぶもので、その夜、子供がひとりひとりその上に寝るのである。一言付け加えると、子供は10歳以上になったら初めてオンゴー・リアプに寝かせる。

以上のように、1包みのオンゴー・リアプを作るには非常に時間がかかるということがよく分かる。それで多数のアチャーが必要とされ、10歳以上の子供が大勢いる時は、アチャーたちが同時に仕事をこなしていくのである。

オンゴー・リアプを作ってその上に寝るという小儀礼にどのような意味があるのか、全てはっきり分かっているわけではない。一般的な意味についてはおおよそ次のように言うことができる。幸福繁栄をもたらすこれらの祭具の霊力が、その上に一晩寝ている間に少しずつ子供たちの身体に浸透していくということである[図25]。

オンゴー・リアプの上に寝かせる前に、もう1度ポプルを子供たちの周囲に回す。ポプルを回し終えると、どれか1種類の薬を子供たちの口中に含ませ、一晩寝ている間は口から出すのを禁ずる。

【第3節】儀礼

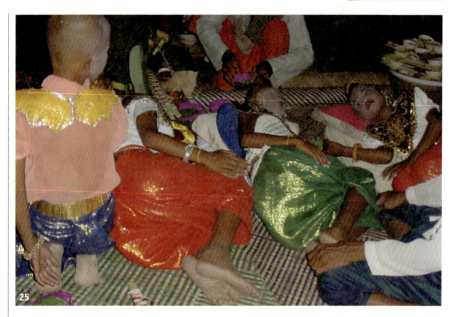
25

　子供たちが寝始めると、アチャーたちは経本を見ながら霊魂を呼び戻す
▶61 文句を唱える。この経本の文句は普通に読めば 10 分ほどで終わるが、声に抑揚をつけてゆっくり読めば約 1 時間かかる ●13。さらに、これを唱えるのはアチャーたちだけではなく、周囲にいる人たち、特に女性、年寄り、子供が多数加わる。この文句は哀調を帯びるように唱えなければならず、ちょうど「プレアハ・ルンゲ」●14 という言葉を口にするたびに、1 人が銅鑼を打つ。女性たち全員も大声で合いの手を入れ、子供たちの髪の毛の霊魂が円く集まって身体に戻ってくるよう、経本の文句を唱和する。まるで霊魂がいくつか身体から遊離してしまったかのようである。
　これらの文句は例えば以下のようである。
　「おーい、おいでよ、髪霊よ。サギが見える、ペリカンが見える、河の曲がり角が見えるよ。他人の後に付いて行ってはだめ、家に帰っておいで」。時にはさらに、「私たちの大きな家に居ると楽しいよ。バナナやオムボク▶62 を食べ、サトイモやイモを食べるよ。バナナを食べて一眠り、サトウキビを食べながら楽しく歩く。他人が呼んでも知らん顔するんだよ、後ろを振り向かないでね。自分の身体を大切にするんだよ」。
　これはほんの 1 例である。繰り返し大声で唱える言葉は、その人の好み

や味付けの仕方によって違うが、一般的な意味内容に違いはない。

　風習によってはさらに「霊魂掬い」の小儀礼が加わる。これは女性たち一団の役目だ。彼女たちは、霊魂ご飯（バーイ・プロルング）（▶41 参照）、霊魂を掬うための小笊、霊魂を手招きするためのしゃもじなど、多種多様な道具を手にして、森に見立てた家のすぐ脇の暗がりを歩く。しばらくすると、小昆虫や色々な小さな木の葉を手にして家に上がってくる。掬ったり手招きしたりして呼び戻した霊魂が、森から帰ってきたと仮定するのである。これで2日目の儀礼は滞りなく終了ということになる。

　──3日目は、まだ日が昇らないうちに、人々は急いで「ロング・ペリア」（日が昇るのを待って拝する）をしなければならない。それで、子供たちを起こして「オングコー・リアプの中を手探り」させる。これは子供たちに、寝たまま背中を横向きにさせ、腕を下に曲げて米の中から何か1つ品物を探って摑ませるのである。アチャーはその探し当てた物で、ひとりひとりの子供の将来を占う。この占いは、これまでの調査によると、それほど重要だとは見なされていない。

　ここでもう1度子供たちの身支度を整える。特に、簪をしっかりと挿し、髪束をきれいに結ぶ。その時一緒に、1人のアチャーが歯を整える薬を煎じる。各種の薬は全部、この時のために採取しておいた本物の薬用植物だ。薬を煎じる道具類も特別である。鍋や焜炉はほとんど新品で、小さなものばかりだ。つまり、日常使用するものではない。薪でさえ、ター・トラウ▶63 という木を使わなければならないから特別である。この木は珍しい木で、普通は仏像彫刻用として使うので崇拝の対象となっている。ここで使う小鍋の中には掘り棒の刃が1つ浸けてある。

　この時間になると、ほんのわずかに日が射し始める。アチャーは、子供たちひとりひとりを、家の露台に置いてある籾米を入れた笊の上に並んで坐らせる。この時、髪束を剃る台の方を向くように坐らせるが、それは同時に太陽の方を向くことにもなる▶64。子供たちの「歯を整える」▶65 のはこの時だ。歯を整えるというのは、様々なもので歯を擦ったり、磨いたり、きれいにしたりする真似をするだけだ。終わったら、薬を縛っていた掘り棒の刃を鍋から出し、煎じた薬を綿に染み込ませ歯の表面に塗る [図26]。

掘り棒の刃を使うのはこれだけではない。そのあと、子供たちの顔形を掘り棒の刃で整える真似をする [図27]。これは、「髪切り」と「産婆への御礼」の時に新生児の「口を彫る」のと同じである。

　歯を整え次第、アチャーは子供たち全員を引き連れて橋を渡り、髪束を剃る台へと向かう。右回りに3周 ▶66 してから子供たちをそこに座らせ、それから僧侶を台の中央の部屋に招く。この僧侶が子供の髪束を剃って完全に切り離す役目をする。見た限りでは、僧侶は剃って最後まできれいにしないで、ただ髪束を切り離すだけの時もあれば、切り離す真似をするだけの時もある [図28]。実際に剃ってきれいにするのはアチャーである。僧侶にとって重要な務めは、子供たちの頭に水を掛けることである。水を入れた托鉢用の鉢で直接頭に掛けることもあれば、ヒンドゥー教の儀礼と同じように法螺貝を使うこともある。この水は、王族の風習では、天上から流れ落ちてきたガンジス河と同じだと考えられている。河となって流れ落ちる時に、水の重量が大地を陥没させないように、シヴァ神が自分の髪の

毛でいったん水を受け止めたとされる、そのガンジス河である▶67。**図29**を見ると、その水の象徴性が分かる▶68。

　髪束を剃る台の上で行なう儀礼はこの時だけである。剃って水を掛けたらすぐにアチャーは子供たちを連れて家の中に戻り、1ヵ所に並んで坐らせる。この時に、バーイ・スライ・ダアムを開く。その外側に巻きつけた布を取り去り、布の内側にくるんでいたバナナの葉も外し、挟み込んである菓子類を全部取り出しておいて、もったいないので後で分け合って食べる。次に、そのバーイ・スライ・ダアムを横にして担いで持ち上げ、子供たちの頭上に3回かざす[**図30**]。3回目が終わったら、要らないのでどこかへ持っていって捨てる。これは、バーイ・スライ・ダアムは子供たち全員の代わりを務めるが、髪束を剃ったばかりの子供たちではなく、未だ髪束を剃っていない子供たち、つまり、この儀礼を通過するちょっと前の子供たちの代わりを務める、ということを示している。髪束を剃ってしまった後は、このバーイ・スライ・ダアムは新しい年齢段階に入った子供たちの代わりは務めない。つまり、子供たちひとりひとりの古い身体なので捨ててしまうのである。

　この通過儀礼は、子供たちに各自のバーイ・プロルングの中に入ったバナナを食べさせることで終了する。

　午前10時頃に儀礼の終了式として、托鉢用の鉢に食べ物を入れて僧侶に献上する。托鉢用の鉢に食べ物を入れるというのは仏教上の日常行為であり、通過儀礼に関連する特別の意味は何もないが、何か重要な儀式や祭りがあるたびに人々は必ず行なうのである。

◇ 原註

• 9 ⋯⋯⋯ Leclére.1901. 参照。

• 10 ⋯⋯⋯ 「バーイ・スライ បាយស្រី」という語は正しいが、今日では北部地方、つまり、シアム・リアプ州の北部やウッドー・ミアン・チェイ州、プレアハ・ヴィヒア州の住民ならびに現在タイ国のスリン県、ブリーラム県などに住んでいるカンボジア人の間でのみ使われているようだ。カンボジア中央部や南部では変化して「バーイ・サイ បាយសី」と言うのが一般的。

• 11 ⋯⋯⋯ 「クロング・ピアリー ក្រុងពលី」：昔のカンボジア語で「コルング ក្រុង」《クロング ក្រុង》という語は、名前として使う時は「王」という意味である。ここでは、阿修羅の王の1人で、名前を「ピアリー ពលី」と言う。この物語は「トライ・ヴィクロム ត្រីក្រម」（3歩）というナーラーヤナ神（ヴィシュヌ神の別名）の物語に関連している。この阿修羅の王であるピアリー王は、自分が全世界の主人であると大威張りするので、神々や人間たち、それにありとあらゆる生きものたちは、これから先の居場所がなくなってしまった。そこで、ナーラーヤナ神は小人に変身してピアリー王のところへ行き、3歩分の土地をくださいとお願いした。この阿修羅の王は、3歩分の土地なんて微々たるものだ、小人にくれてやってもどうってことはなかろうと考え、願いを叶えてやった。すると、ナーラーヤナ神はとてつもなく巨大な身体に変身して、たった3歩歩いただけで世界を取り巻いている縁まで達してしまった。こうしてピアリー王はすっかり居場所がなくなってしまったので、ナーラーヤナ神はピアリー王に大地の下に潜り込んで住むよう命じた。それで、粉で作ったニアング・コングヒーング នាងគង្ហីង（大地の女神）を供えることで、女性の捧げものという特徴がある供え物を大地に捧げることになった。つまり、地面の中に埋めて供えるのである。（訳註：អ៊ូ តុង្គា、ឯម គឹមស្រៀង「ឧទាហរណ៍មួយនៃកិច្ចដែលទាក់ទងនឹងសាសនាឧស្គ្គ」「កម្រងអត្ថបទក្នុងបណ្ណាញពត៌មានវប្បធម៍ខ្មែរ លេខ៩」によれば、阿修羅の王ピアリーとナーラーヤナ神の話はヒンドゥー教の物語、大地の女神ニアング・コングヒーングが登場するのは仏教の物語である。そして、橋や建築物を造る時あるいは何かの儀式などの時に、人間特に女性を生贄として捧げるというのはカンボジアに限らず世界各地に見られたアニミズム信仰の風習である。阿修羅の王ピアリーに女性としてのニアング・コングヒーングを捧げるというのは、カンボジアの信仰を形成している上記3つの信仰が混じり合って1つの儀式を形作っているのである）

• 12 ⋯⋯⋯ Porée-Maspéro.1961.

• 13 ⋯⋯⋯ Thompson.2005. の唱える文句についての研究参照。

• 14 ⋯⋯⋯ 今日「プロルング ព្រលឹង」（魂・霊魂）と書く語は、恐らく「プレアハ・ルング ព្រះលិង្គ」（聖なる男性器＝シヴァ神のリンガ）という語から来ている。（អាំង ជូលាន.2004.171-172）

◇ 訳註

▶ 29 ……… 「カオ コ」は「剃る」。「ソッ ស់ក់」は「頭髪」。「チュク ចុក」と「コムパオイ កំប៉ោយ」は「周囲を剃り一部分だけ残しておいた子供の時の頭髪」。

▶ 30 ……… 奇数と偶数について。カンボジア語の奇数「サエ សេស」は、サンスクリット語では「余る、超える」という意味で、「死を免れる、死を超える」に通じる（អាំងដួងលាន「ក្បាលជណ្ដើរ」『កម្រងអត្ថបទភ្លើងបណ្ណញាគតិមនវប្បធម៌ខ្មែរ លេខ២』）。それで、生者に関わること、つまり日常生活や各種めでたい儀礼では奇数が使われ、逆に死者に関することには偶数（コト・クー គត់គូ）が使われる。

▶ 31 ……… ノロドム នរោត្តម 王（1836 ～ 1904 年。在位 1860 ～ 1904 年）の治世はタイ、ベトナム、フランスとの関係が複雑化し、結局フランスが権限を強め、カンボジアをフランス領インドシナに編入するきっかけを作った時代だった。首都をウドン ឧដុង្គ からプノム・ペニュ（プノンペン）へ移したのもこの王である。アン・ドゥオン អង្គដួង 王（1796 ～ 1860 年。在位 1848 ～ 1860 年）の息子。

▶ 32 ……… 祭祀に重きを置くバラモンを中心とした古代アーリヤ人の宗教をバラモン教、バラモン教を継承して大衆化したものをヒンドゥー教と呼ぶが、両者を教義的にも年代的にも区別するのは難しい（森本達雄『ヒンドゥー教——インドの聖と俗』）。原文では全て「バラモン教」（サスナー・プリアム សាសនាព្រហ្មណ៍）になっているが、石澤良昭『新古代カンボジア史研究』などでは「ヒンドゥー教」となっているので、訳文でもそれに従って、以下ヒンドゥー教（サスナー・ハンドゥー សាសនាហិណ្ឌូ）とした。

▶ 33 ……… 「カイラーサ」（カイラーハ កៃលាស）は古代インドの伝説上の山で、シヴァ神が妃パールヴァティーと住み、苦行している聖山とされる。中国のチベット自治区にあるカイラス山に比定されていて、ヒンドゥー教、チベット仏教、ボン教の聖地として古くから信仰されている。（橋本・宮本・山下『ヒンドゥー教の事典』、『新版南アジアを知る事典』）

▶ 34 ……… 「ガネーシャ神」（プレアハ・ケアネーハ ព្រះគណេស）はシヴァ神とその妃パールヴァティーの息子。人間の身体を持ち象面で、シヴァ神に仕える神々の群れの長。仏教が盛んなカンボジアで現在もよく知られ、信仰されているヒンドゥー教の神は、シヴァ神（プレアハ・アイソー ព្រះឥសូរ）、ナーラーヤナ神（プレアハ・ニアリアイ ព្រះនារាយណ៍→ヴィシュヌ神の別名）、ブラフマ神（プレアハ・プロム ព្រះព្រហ្ម）、そしてガネーシャ神である。カンボジアではガネーシャ神はあらゆる障害を打ち負かし、呪文をはじめ様々な知識を授けてくれる神として崇められており、その姿を護符に描いて首や腰から下げたり、身体に入墨として彫ったり、祭壇にその像を安置して祀ったりする。また、地域によっては、仏像の開眼式がある時に、ガネーシャ神の開眼式を一緒に執り行なうこともある。さらに、王室でもこの神は主要な五神の 1 つとして崇められている。日本では大聖歓喜自在天（聖天、歓喜天）として特に密教で信仰さ

れている。（ហ្គុ នរ៉ា「ព្រះគណេស」『កម្រងអត្ថបទក្នុងបណ្ណាញព័ត៌មានវប្បធម៌ខ្មែរ លេខ៤」、ひろさちや編著『仏教とインドの神』）。

▶35 ………「リアム・ケー物語」（ルワング・リアム・ケー រឿងរាមកេរ្តិ៍）はインドのヴァールミーキ作のヒンドゥー叙事詩「ラーマーヤナ」をカンボジア風に翻案したもの。影絵芝居や舞踊劇の題材にもなっている。カンボジアおよび東南アジアのラーマーヤナの歴史的経緯に関しては岩本裕訳『ラーマーヤナ 1、2』の巻末解説に詳しい。またカンボジア影絵劇（スバエク・トム ស្បែកធំ）のリアム・ケーの語りを翻訳したものは『アジア文学第 5 号 1995 年、6 号 2001 年』（福富友子訳、アジア文化社）がある。

▶36 ………「ヴァーリー」（ピアリー ពាលី）はリアム・ケー物語に登場するラーマ王子に殺された猿王の名。母親の髪の毛（パーラ）から生まれたのでこの名が付いた（ធន់ ហ៊ុន『បទានុក្រមនៃរឿងរាមាយណៈ』）。インドラ神の子だが、ある行者の妻と密通し、行者によって猿の身体に変えられる。

▶37 ………「オンコット」（オングコト អង្គទ）はリアム・ケー物語に登場する猿将の名。ヴァーリーとその妻モントーとの子。

▶38 ………「行者」はカンボジア語で「ター・アイサイ តាឥសី」と言う。著者によると、この語は英語の「ascetic」にあたるという。小林知「カンボジア農村における仏教施設の種類と形成過程」『東南アジア研究 51 巻 1 号』によると、このアイサイ ឥសី はルサイ ឫសី と同義で、森に隠遁する修行者のこと。戒律を守って仏法を追及する修行者を意味するパーリ語のイシ（isi）とサンスクリット語のリシ（rsi）が、それぞれの語源である。また、ターボホ（តាបស）という修行者を意味するカンボジア語も、上記 2 語とほとんど同じ意味で、仙人・道士に近いという。ちなみに、ព្រាប ចាន់ម៉ារ៉ា「សុមេធតាបស」『កម្រងអត្ថបទក្នុងបណ្ណាញព័ត៌មានវប្បធម៌ខ្មែរ លេខ២』によると、カンボジアでよく知られた行者の 1 人に『ジャータカ物語』の「遠い因縁話」に登場するスメーダ（ソメート សុមេធ）がある。この行者は師のディーパンカラ（ティーボングコー ទីបង្ករ）が川を越えなければならないのを知って、自ら腹ばいとなって橋となった。この故事にちなんで、火葬の行列や稲刈り後の僧に布施する行事などで、男性信徒が一列に俯せにかがんで橋となり、その背中の上を僧侶に歩かせるという式がある。行者スメーダの物語に思いを致すと功徳があると信じられているのである。またこの故事はよく寺院の壁画にもなっている。（行者スメーダについては中村元「遠い因縁話」『ジャータカ物語 1』参照）

▶39 ………バナナの葉柄を彫って飾り模様を作ることをカンボジア語で「チャッ・チェーク ចាក់ចេក」と言う。使うのはチェーク・チヴィア ចេកជ្វា（Musa balbisiana）という種類のバナナで、種子が多いので食用にはしない。このバナナの葉柄の根元部分（葉鞘）は硬く、何かが当たっても黒ずんだりしない。この模様を彫ったバナナの葉柄は様々な儀礼用台や祭壇に取り付けて装飾とする。専門の職人が彫るわけではなく、彫り方を知っている人なら僧侶であろう

と誰であろうとかまわない。模様も決まった図案があるわけではなく、彫る人の好みなど自由である（ព្រាប ចាន់ម៉ារ៉ា「ចាក់ចេក」『កម្រងអត្ថបទក្នុងវណ្ណញ្ញាតិមានវប្បធម៌ខ្មែរ លេខ៨』）。

▶40 ………「バーイ・スライ・ダアム បាយស្រីដើម」とはバナナの幹に1段から9段まで段を取り付け、そこに色々な果物や菓子類を飾り付けた儀式の供え物。「バーイ」は「ご飯、食事、料理」、「ダアム」は「樹木やその幹」、「スライ」は「吉祥、幸運」という意味。「スライ」は「女性」を表す最も一般的な語だが、「吉祥」という意味で使う時は性別に関係がなく、過去に人名や地名などに使われた。現在ではこの意味で使う時は「セライ ស្រី」が多用される。（អ៊ាង ជូលាន「ស្រី」『កម្រងអត្ថបទទៅក្នុងវណ្ណញ្ញាតិមានវប្បធម៌ខ្មែរ លេខ៨』）

▶41 ………「バーイ・プロルング បាយប្រលឹង」とは霊験あらたかな力が籠ったもち米ご飯。これを食べると霊力が強くなるという。これの作り方を結婚式中の小儀礼を例に見ると、熟れかけたココナツの実を割り、処女の女性がもち米、ココナツミルク、牛乳をその中に入れて蓋をし、煮る。そして、それが霊験あらたかなものになるよう、ブラフマ神に祈りを捧げて祝福してもらう。（ញាណ ក្រៀង, ម៉ម ថែ『សំអាងនៃប្រៀមខ្មែរបុរាណ』）

▶42 ………「小さな笊」のことを「ニアル នាឡិ」と言い、この笊1杯が量の単位（〜杯）となっている。

▶43 ………「梭」は「杼」とも書く。カンボジア語「トロル ត្រល់」（スラエ・オムバル郡では「トッ តក់」）。布を織る時に、緯糸を縦糸に通すための道具。中央に緯糸にする糸を巻いた棒を入れる凹部がある。

▶44 ………この「船」は原文では「大型の帆船」（ソムパオ សំពៅ）だが、ここで計量器として使うのは船の形を小さくしたもの。

▶45 ………「クニャエ ខ្ញែ」は結婚式や色々な儀礼の時に着付けや身支度などを担当する人。地方によっては「ネアッ・タエング・クルオング អ្នកតែងខ្លួង」（着付け師）、「ネアッ・ソムアーング អ្នកសំអាង」（美容師）、「ネアッ・プヌオング អ្នកផ្នួង」（まげを結う人）などとも言う。

▶46 ………「ノム នំ」：米や米粉、小麦粉などで作った食物や菓子類の総称。麺類、饅頭、パン、クッキー、ケーキなど多種多様だ。粉を使わない甘い菓子類は「ボングアエム បង្អែម」（甘い食べ物）と総称する。この本に登場する「ノム」をまとめて以下に簡単に説明しておくが、作り方や名称は地域によって違うので詳しいことは分からない。

「ノム・クローイチ នំក្រូច」：蜜柑入り揚げ菓子。「ノム・クニャイ នំខ្ញី」：ショウガ入り揚げ菓子。「ノム・コントロアム នំកន្ត្រោម」：揚げ菓子。「ノム・トロチアッ・プノング នំត្រចៀកព្នង」：プノング人の耳輪の形をしているところから名前が付いたドーナツ状の揚げ菓子。「ノム・コング នំកង」：豆粉を使ったドーナツ状の揚げ菓子。「ノム・クロート នំខូត」：不詳。「ノム・クロイ នំខ្លុយ」：縦笛の形をした菓子？。「ノム・チアル នំជាល」：もち米を石臼で粉にし、砂糖を加えて型

訳註35〜46

に入れて蒸した、特にプチョムバン祭りの時に作るお供え用の菓子。数ヵ月間保存可能だが硬くなり、この菓子をぶつけっこすると相手の頭が割れてしまうと冗談に言う。「ノム・ボニョチョク នំបញ្ចុក」：米粉で作った細麺に野菜などの具材を添え、汁をかけた軽食で、カンボジアではごく一般的な食べ物。汁の味付けはカレー風味など色々ある。「ノム・コム នំគម」：中国正月に作るもち米まんじゅう。あんは塩、豆、胡椒で作る。「ノム・ボト នំបត」：熟したココヤシの果肉、緑豆、胡麻、塩、砂糖で作ったあんにサゴヤシの粉を水に溶いてかけ、それをバナナの葉に包んで蒸したもの。「ノム・オンソーム នំអន្សម」：もち米で作ったちまき。具材はバナナ、豚肉、ココナツミルクやその果肉など色々ある。「オンソーム・パアーウ អន្សមផ្អាវ」：ヤシオウギの実の果肉入りちまき？。「オンソーム・パアオプ អន្សមផ្អោប」：2つ重なったちまき？。

▶47 ………「ヴィシュヴァカルマン神」（プレアハ・ピスノカー ព្រះពិស្ណុការ）は建築、土木、工芸に熟練し、全ての神々の宮殿を建てたというヒンドゥー教の神。人間に建築術を教えたとされる。

▶48 ………野生のバナナを使う場合、バナナから「プレイ」（▶2 参照）の穢れを取り除くために行なう。同様に、例えば家を建てる時に野生の木を使う場合などにも、中心となる大黒柱の穢れを取り除く浄めの儀式を行なう。（គង់ រិ:「ម្ងាប់ឈើ」『កម្រងអត្ថបទបណ្ឌិញពត៌មានប្បធម៌ខ្មែរ លេខ៤』）

▶49 ………カンボジアでは、バナナ（チェーク ចេក）は実以外に各部分もよく利用する。バナナは大型の樹木状多年生草本で、葉は大きく、葉身は長さ 1.5 ～ 3m、幅 30 ～ 60㎝。葉の中央を縦に通っている太い葉脈を中肋(ちゅうろく)（ティアング・チェーク ជាងចេក）と言い、葉身と茎を結ぶ葉柄は長さ 30 ～ 90㎝で半円柱形をしている。葉柄の基部を葉鞘(ようしょう)（スロトープ ស្រទប）と言い、それが互いに重なって仮茎（偽茎）、つまり円柱状の幹（ダアム・チェーク ដើមចេក）となる。この幹の長さは 2 ～ 3m ほど。

▶50 ………「ニアング・コングヒーング នាងគង្ហីង」は大地の女神で「ニアング・コングヒーング・プレアハ・トラニー នាងគង្ហីងព្រះធរណី」とも言う。仏陀の悟りを妨害する悪魔を自分の髪の水を絞って流し去ったとされる女神。元々はジャータカ物語の最初の部分『遠くない因縁話』に登場し、悪魔と対決する場面でシッダッタが施しをしたことの証人となった大地の女神。カンボジアでは、12 世紀頃の遺跡の壁画彫刻に早くもこの女神の像が見られ、現在でもこの女神が立って左肩の上で長い髪の毛をしごいて水を絞り出している姿が、仏教寺院の境内や色々な場所に描かれたり彫刻として設置されている。また、仏像の開眼式における一連の小儀礼の 1 つとして、この女神が洪水を起こして悪魔をやっつける場面が演じられる。（រឿង ហារីស『ប្រវត្តិនិងការប្រតិបត្តិព្រះពុទ្ធសាសនានៅប្រទេសកម្ពុជា ភាគទី២』、ព្រាប ចាន់ម៉ារ៉ា『ផ្កាញ់មារ』『កម្រងអត្ថបទបណ្ឌិញពត៌មានវប្បធម៌ខ្មែរ インターネット版』、中村元監修『ジャータカ全集1』）

▶51 ………「親指と中指を広げた長さ」のことを「チョムアーム ចំអាម」と言

う。広げた親指の先から中指の先までの長さ。この他、身体の各部位を用いた計測の方法と単位名を以下に挙げておく。

- トナング・ダイ ថ្នាំងដៃ：指先から第1関節までの長さ。第2関節までは2トナング・ダイ。
- チョングオル・ダイ ចង្អុលដៃ：人差し指の先から付け根までの長さ。
- トーム ទាម：広げて伸ばした親指の先から人差し指の先までの長さ。
- コッ កក់：肘から握りこぶしの先までの長さ。
- ペアッ・コーング ពាក់កង：肘から手首の先までの長さ。あまり使わない。
- ハト ហត្ថ：肘から伸ばした中指の先までの長さ。チョムアームの約2倍＝約40〜50cm。日常よく使う。
- ホーク ហូក：中指の先から腕の付け根（脇の下）までの長さ。水深を測る時などに使う。
- パイアム ព្យាម：両手を横に伸ばして左右の指先から指先までの長さ。1パイアムは約4ハト＝約2m。
- チョムヒアン ជំហាន：歩いている時の歩幅。
- トトゥーング ទទឹង またはトロトゥーング ត្រទឹង：立って腕を真っ直ぐ上に伸ばした時の手の先までの長さ、または深さ。
- トノアプ ថ្នាប់：指の幅の長さ。チョム・アームの12分の1＝約15〜17mm。
- テアハ ទះ：掌の指をそろえて親指の外側から小指の外側までの長さ。
- チャプ ចាប់：一摑みの量や手で摑んで持つことができる物の大きさ。例えば稲を一摑み。
- アオプ ឱប：一抱え。例えば樹木や柱の太さ、大きさ。(ជា ណាពិន『ក្បួនច្បាប់ប្រើក្នុងសង្គមខ្មែរ』)

▶52 ……… 「木綿糸の輪」は「オムボホ・クロク អំបោះក្លុក」と言う。原綿の木綿糸は、幸福と病気の予防治癒を祈願する霊験あらたかな護符・お守り・お呪いとして、宗教儀礼や民間儀礼で用いられる。束にして耳に掛けたり、輪にして頭に置いたり、聖なる場所に張り廻らせたり、手首に巻いたり等、様々な場面、方法で使う。

▶53 ……… 原文では「チュプ ច៊ុប」（指2、3本の先端でつまむ）、「チバイチ ច្ងៀច」（爪先でつまむ）、「チプト ឈ្លិត」（指先でひとつまみ）という3つの語を使用しているが、訳語では「つまむ」で統一した。

▶54 ……… 21という数が父親から受けた恩の数で、12という数が母親から受けた恩の数というのは、父母の徳を表していて、父母の計33の徳が混ぜ合わさった子として生まれるのが我々であるという。この33という数はカンボジア語の子音の数であり、子音と母音からなる1文字1文字には高い徳が備わっていると信じられているので、魔除けの図（ヨアン យ៉ន្ត）などにも文字が配されている。また、子供がこの文字を踏んずけたりすると罰が当ると信じら

_____
訳註 47 〜 54

れている。（シヨン・ソピアルット『ピダン・プレア』、មៀច ប៉ុណ្ណ『កម្រងឯកសារ ស្ដីពីប្រពៃណីនិងអំនៀមទម្លាប់ខ្មែរ ភាគទី២』）

▶55 ………「シヴァ神の恩」のことを原文では「クン・クルー គុណគ្រូ」（師の恩）としてあるが、著者によれば、この「クルー គ្រូ」（師）とは師の中の師、つまりシヴァ神のこと。

▶56 ………「魔除けの図」のことを「ヨアン យ័ន្ត または យ័ន្ត」と言う。この図は護身、病気回復、家内安全、商売繁盛などを祈願して、布などに描いて室内に貼ったり、身体に入墨として彫ったりする。内戦時代には弾除けとして多くの兵士が身体に彫った。詳しくは井伊誠「祈祷師が生み出すクメールの護符ヨアン」『トーマダー04』参照。なおヨアンの図とその説明についてはOlivier de Bernon『Yantra et Mantra យ័ន្តនិងមន្ត』、មៀច ប៉ុណ្ណ『កម្រងឯកសារស្ដីពីប្រពៃណីនិងទំនៀមទម្លាប់ខ្មែរ ភាគ១』にたくさん掲載されている。

▶57 ………「チガヤ」（スバウ・プレアング ស្បូវភ្លាំង）はイネ科チガヤ属Imperata cylindrica。葉の長さは1mぐらいになり、カンボジアでは刈り取って家の壁や屋根葺き材などにする他に、各種儀礼において特別な役割をする。インドではチガヤ属の別の種類の植物が用いられていたが、カンボジアにはないので代わりとして昔からこの種類を用い、崇拝の対象にもなっていた。昔の碑文には銀製のスバウ・プレアングに言及しているという。寺院の壁画には仏陀にこの植物を献上する場面や、仏陀がそれを敷物にして瞑想する場面が描かれている。また田舎では夜間に行なわれる重要な儀式で、この植物を綯って作った縄を村に張り巡らし、悪霊プリアイの侵入を防ぐなど、魔除けとして用いられる。同様にプノム・ペンの王宮でも毎年陰暦4月の下弦期に悪霊を王国から追い払う儀式「ピティ・ピアナイエアッ ពិធីភាណយភ្」を行ない、その時に王宮の建物の周囲にこのチガヤの縄を張り巡らす。また、第7章の第3節で見るように、火葬する火の前で出家する時にもこの植物が役割を果たす。さらに、病気治療の儀式で、高熱で引きつけを起こした赤ん坊の腹部にこの植物の切れ端を置くという。（គង់ រី：「ស្បូវភ្លាំងនៅក្នុងជំនឿ」『កម្រងអត្ថបទក្នុងបណ្ណាគ៌មានវប្បធម៌ខ្មែរ លេខ២』）

▶58 ………「インドナガコショウ」（ダイ・プライ ដីប្លី）はコショウ科コショウ属インドナガコショウ Piper longum L、またはジャワナガコショウ Piper retrofractum を指す。蔓植物で果実は熟すと赤色。果実は香辛料と薬用に、根は薬用にする。香辛料としては黒コショウより辛味が少ない。អាំង ជូលាន「ដីប្លី」『កម្រងអត្ថបទក្នុងបណ្ណាគ៌មានវប្បធម៌ខ្មែរ លេខ៣』によれば、現在カンボジアではあまり栽培も利用もされていないが、以前は妊娠8ヵ月の妊婦用の薬材として、また、他の材料と混ぜて酒麹を作るのに重要だった。酒に漬け込んで薬用酒にもする。

▶59 ………「チョウジ」（クランプー ក្លាំពូ）はフトモモ科フトモモ属チョウジEugenia aromatica。高さ4〜7mの小高木。開花前の蕾を乾燥させたものを

クローブ（丁字または丁香）と言い、香料、調味料、薬用にする。

▶60 ………薬用植物名が本文のものとは異なるが、著者の1人アング・チュリアン「ជីប្លី」『កម្រងអត្ថបទក្នុងបណ្ណាញ័ពត៌មានវប្បធម៌ខ្មែរ លេខ១』によると8種類は以下の通り。和名が特定できないものもある。東ークロヴァニャ ក្រវាញ（カルダモン）、東南ーソムブオ・ヴェーング សម្បូរវែង、南ーダイプライ ជីប្លី（インドナガコショウ）、西南ークラムプー ក្លំពូ（チョウジ）、西ーソンダエク・ミアハ សណ្ដែកមាស、西北ードムバエ ដំបែ、北ースラー・トロッ ស្លាត្រុក、東北ーマレイチ ម្រេច（コショウ）。

▶61 ………カンボジアではひとりひとりの人間には霊魂が合計19あり、全部揃っていれば体力気力が充実していて健康な状態とされる。この霊魂は、良くない出来事や心配事がある時、悪い夢を見た時、家から遠く離れた場所に行った時などや、ちょっと何かにつまずいただけでも、その一部が身体から抜け出てしまう。また、子供から大人になる時、独身から結婚した時など、人生において状況が変化した時などにも抜け出てしまう。霊魂の多くが身体から抜け出てしまうと病気になったり、しゃっくりが止まらなくなったりすると信じられている。霊魂が全て身体から抜け出てしまう時は死ぬ時である。呪医によって病気の原因が霊魂が抜け出たためであると診断されると、抜け出た霊魂を元の身体に呼び戻す儀礼（ハウ・プロルング ហៅព្រលឹង）を行なう。各通過儀礼で霊魂を呼び戻す小儀礼があるのも、上に記した理由による。また、各通過儀礼でよく行なわれる、吉祥糸を手首に巻くというのは、「霊魂を手に結ぶ」ということであり、霊魂を呼び戻す最も小さな儀礼である。（ព្រាប ចាន់ម៉ារ៉ា「ពាក្យហៅព្រលឹងនាគរ」『កម្រងអត្ថបទក្នុងបណ្ណាញ័ពត៌មានវប្បធម៌ខ្មែរ លេខ១៨』、ម៉ៀច ប៉ុណ្ណ『កម្រងឯកសារស្តីពីប្រពៃណីនិងទំនៀមទម្លាប់ខ្មែរ ភាគ១』）

▶62 ………「オムボク អំបុក」とはもち米を炒ってから臼に入れ、杵で搗いて平べったくした、農村でよく作る軽食。そのまま食べてもあまり味がしないので、砂糖やココナッツミルクをまぶして食べることもある。ちなみに、「オムボクを相手の口一杯に流し込んで食べさせ月を拝む」（オッ・オムボク・ソムペアハ・プレアハ・カエ អកអំបុកសំពះព្រះខែ）という祭りが陰暦12月、満月の日の夜に行なわれる。この時期は雨季が終わり稲の刈り入れが始まった頃であり、満月もオムボクを口一杯に流し込むのも、どちらも「欠けることなく、溢れるほど満ちている」という意味で、その年の稲の収穫が豊富であったことへの感謝と喜びを表す祭りである。翌年の稲作を左右する雨の降り具合を占うのは、上記の祭りと一緒に行なわれる「蠟を垂らす」（ソムロッ・ティアン សម្រក់ទៀន）祭りである。横にした竹竿に、点火したろうそくを何本か立てて回転させ、下に敷いたバナナの葉に蠟を垂らし、その垂れ具合によって雨の降り具合を占うというものである。この2つの行事は雨季明けの行事として、競漕（オム・トゥーク អុំទូក）と灯篭流し（ボンダエト・プロティープ បណ្ដែតប្រទីប）と同時期に行なわれる。（អាំង ជូលាន「សំពះព្រះខែ」『កម្រងអត្ថបទ

訳註 55 ～ 62

ក្នុងបណ្ណាល័យព័ត៌មានវប្បធម៌ខ្មែរ លេខ៨』)

▶63 ………「ター・トラウ តាត្រៅ」はマチン科テンブス Fagraea fragrans（S）。樹高 15 〜 20 mで黄色い花は小さく房状、芳香が強い。実は豆状で熟すと赤い。木質は硬くて耐久性があるので、造船、家具、彫刻、床板、枕木、滑車など用途は広い。葉や枝は薬用になる。ខៀវ ចាន់「ឈើតាត្រៅ」『កម្រងអត្ថបទក្នុងបណ្ណាញព័ត៌មានវប្បធម៌ខ្មែរ លេខ២』によると、カンボジアでは古来この木は仏像を彫るのによく用いられてきたので崇拝の対象となっていて、「仏像の木」とも呼ばれている。また、この木は完全に燃え尽き、炎が大きいので、仏像の開眼式の時に乳粥を炊いたり、寿命を延ばす儀礼の時に棺を燃やしたり、通過儀礼で歯を整える薬を煎じたりなど、儀礼の中で薪として使われる。

▶64 ………太陽が昇る方角つまり東は日が光り輝く方角で、仏陀も悟りを開いた時は東を向いていたので、吉祥幸運をもたらす方角とみなされている。仏教寺院の向き、寺院内の仏像を安置する向き、ネアッ・ターの祠の向きも東向き。この東と、東北、東南の 3 方角が良い方角とされている。東北は昼間が長い方角であり、死者が次の世に生まれ変わる方角とされ、また、カンボジアの占星術でも成果を生む良い方角の 1 つとされる。 西は死や悪霊、不吉に関係する方角で、遺体を埋葬する時は頭を西向きにする。南は祖霊に関する儀式を行なう方角で、また寝る時は頭を南向きにして寝る。北の方角は特に意味づけされていないが、あまり重要視されない程度の低い方角と考えられている。（មៀច ប៊ុណ្ណ『កម្រងការសិក្សាពីប្រពៃណីនិងទំនៀមទម្លាប់ខ្មែរ ភាគ៣』、លី សុវី『អាពាហ៍ពិពាហ៍បន្លែមស្តីពីពិធីកាត់ខាន់ស្លា』)

▶65 ………「歯を整える」（トヴァー・トメニュ ធ្វើធ្មេញ)という言葉は「トヴァー・トメニュ・ボムペニュ・レアッ ធ្វើធ្មេញបំពេញលក្ខណ៍」を縮めた言い方で、「歯を整えて身体的美しさを完璧にする」という意味である。「トヴァー・トメニュ」は一般的に「歯を治療する」という意味もあるが、通過儀礼では歯を医学的に治療するわけではない。また、著者によると、歯を黒くする風習があった時代でも、通過儀礼で「歯を整える」というのは歯を黒くすることだけが目的ではなく、健康な歯を重要視するという意味もあった。昔の風習で特に女の子がラック染料を塗って少しずつ歯を黒くし始めるのは、大人になる準備の儀礼あるいは暗い部屋に籠る儀礼あたり（つまり乳歯から永久歯に生え変わり、大人の歯が全部揃う頃）からだそうだ。詳しくは ▶78 参照

▶66 ………右に回ることをカンボジア語で「プロテアックサン ប្រទក្ខិណ」と言う。一連の通過儀礼や各種祭事、儀礼の場において、ある対象物を右回り（時計回り＝太陽の運行と同じ方向）に 3 周することがよくある。これは、吉祥、慶事に関する場合であり、その対象物に対する崇拝、敬意を表している。逆に、対象物を左回り（反時計回り＝太陽の運行とは逆方向）に回ることを「ウッタラヴォアト ឧត្តរាវដ្ត」と言い、弔事に関する場合である。例えば、火葬で点火する前に、アチャーたちが火葬台の周囲を左回りに 3 周するなど。また、この「3

周する」こと以外にも、「あることを 3 回繰り返して行なう」ということが種々の儀礼や行事の場でよく見られる。この「3」という数は、一説によれば仏教の三宝（仏、法、僧）から来ている数だというが、実際のところどのような意味があるのか興味深い。（ស៊ុយ៉ន សុភារិទ្ធ「មនុស្សសំខាន់ៗក្នុងជីវិតហ្លួងសពក្រៅពីព្រះសង្ឃ」『កម្រងអត្ថបទក្នុងបណ្ណាញព័ត៌មានវប្បធម៌ខ្មែរ លេខ២៤』、ឈិន យ៉ុន 編 訳『ជំនឿផ្សេងៗនៃជនជាតិខ្មែរ』)

▶67 ……… カンボジアでは様々な儀礼や日常生活において僧侶から聖水を掛けてもらうが、その水はインド神話に登場するガンジス河の水であるとみなされていて、一切の穢れを祓う霊験あらたかな水であると信じられている。また、トンレー・サープ川（ទន្លេសាប）などをガンジス河に見立てて、火葬した後の遺骨を流す人もいる（អ៊ូ តង្ហា『ព្រះតង្ហា』)。ヴァールミーキ著岩本裕訳『ラーマーヤナ 1』によると、天上のガンガー（ガンジス河）の水は死者を天国に導く清めの水だった。王仙バギーラタは長い苦行の後、天上のガンガーを降下させる力を身に着け、その水を非業の死を遂げた大叔父を焼いた灰の上に注ぐことができた。その際、ガンガーは誰も支えきれない大きな急流となってシヴァ神の頭上に落下し、束ねた髪の奥底に落ち込んで出ることができなかった。再び厳しい苦行を行なうバギーラタを見たシヴァ神は満足して、ガンガーを放ったという。ヒンドゥー神話における「ガンガーの降下」については森本達雄『ヒンドゥー教──インドの聖と俗』、上村勝彦『インド神話 マハーバーラタの神々』参照。

▶68 ……… インド神話では須弥山をめぐる香酔山（カイラーサ山に比定）と大雪山（ヒマラヤ山に比定）に挟まれた場所には冷水を噴出させている不熱池（アナオタスラハ អនោតស្រះ）があり、その東からはガンジス河（トンレー・コングキア ទន្លេគង្ហា）、南からはインダス河（トンレー・セントゥ ទន្លេសិន្ធ）、西からはアムダリア河（トンレー・アムトリヤ ទន្លេអមុវ្យា）、北からはシーター河（トンレー・サイダー ទន្លេសីតា）という 4 大河となって流れ出ているとされる。**図 29** で須弥山を象徴する髪束を剃る台の上で、4 人の僧侶が掛けている水は、それぞれこの 4 大河を象徴している。（អាង ជូលាន, ព្រាប ចាន់ម៉ារ៉ា「ទឹកពិសិដ្ឋ」『កម្រងអត្ថបទក្នុងបណ្ណាញព័ត៌មានវប្បធម៌ខ្មែរ លេខ៧』)

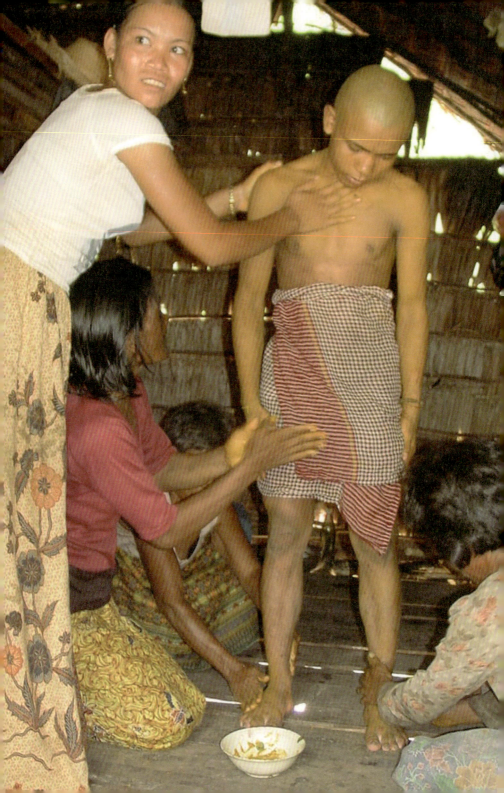

第3章
成人儀礼

これまで述べてきたように、儀礼に即して見る限り、成人になる前の子供には、はっきりした性があるとは見なされていない。誕生に関わる儀礼の時は、男女の新生児が行なう儀礼は全く同じである。髪束を剃る年齢になっても、別々にしないで男女一緒に行なうことができる。しかし、成人儀礼の時は、社会は男女を別々にして完全に分離させる●15。若者▶69の儀礼は娘▶70の儀礼とは全く意味が異なる。儀礼を済ませた後は、男と女は社会が決めたそれぞれの領域の中で生きるのである。このように男女の領域を分けるのはカンボジア特有のことではない。少し前まで、世界の人々の一般的風習は、常に似たような考え方や方法で理解され実践されてきた。一言で言うなら、女性を主婦となるように育て上げ、様々な意味において女性を「安定」に縛り付けてきたのである。例えば、家計から始まって、家の安定、家族の安定等々である。カンボジアの伝統的考えでは、女性は仕事を求めて渡り歩いたり、苦労しながら流浪したりはしない。この種の仕事を担うのは男である。「蛇のケンコーン」という昔話を取り上げて考えてみると、ニアング・アト▶71の母親であるニアング・ニーが歩いて遠くへ行くのは、せいぜい薪を探しに行くぐらいである。他方、「装飾品を売りに行って2、3年も経ったのに、まだ1度も帰ってこない」人は、ニアング・アトの父親である。これは、仕事を求めて歩き回り常に働いているのは男であり、運を天に任せることもあるということだ▶72。それで男には、家の片づけや家族の世話とは関係のない知識が必要となる。男女の領域がはっきりと2つに分かれているのは、相互に対立するという意味でも、互いに理解し合うことができないという意味でもない。逆に、この2つの領域が互いに補い合っているからこそ家族社会が成り立つという意味だ。だから、領域が異なるというのは人々をばらばらにするためではない。適齢を過ぎて青年男女がそれぞれの儀礼を経た後は、大抵の男女は夫婦になって暮らしを共にするのが普通であり、ひとりひとりがそれぞれの領域の中に居ながら、家族を作り子々孫々へと引き継いでいくのである。

【第1節】暗い部屋に籠る儀礼

　髪束を剃る儀礼と同じように、暗い部屋に籠る▶73儀礼も伝統から失わ

れつつある儀礼である [16]。知り得た限りでは、まだ行なわれているのは
カンボジアの3地域だけである。他の場所でも完全に失われたわけではな
いが、非常に稀なことであり、あちこちで行なわれている風習とは言い難
い [17]。この3地域とは、どこよりも熱心に行なっているコホ・コング州ス
ラエ・オムバル郡のいくつかの村集団、コムポング・チャーム州バーティ
アイ郡のいくつかの村集団、さらにシアム・リアプ州ソートレアニコム郡
[74] のいくつかの村々である。地図上で見ると、これら3つの郡の所在地
は互いに遠く隔たっており、一方から他方へ伝わったとは考えにくい。元々
この風習はカンボジア全土で守られていたのは間違いないだろう。儀礼を
構成する1つ1つの小儀礼は各地域によって違いが多くあるものの、大き
な意味はただ1つである。つまり、一人前になった娘が将来他人の妻とな
り主婦となるのに相応しく成長するよう、その心構えをさせることである。
一般的には、この儀礼の目的は家庭内の仕事や特定の何かを学ばせるため
だと言われているが、そうではない。もし何かを学ばせるためなら、部屋
に閉じこもって外出することもでき
ず、何を学ぼうとしているのだろう。
ごく普通に家の掃除をしたり野菜を
探して食事の支度をしたりすること
もできない。要するに、この儀礼は
夫を持つ心構えをする儀礼なのであ
る。

図31と**図33**を見て分かるのは、

【第1節】暗い部屋に籠る儀礼

この２つの図の中で儀礼の主役は**図31**の中央にいる１人だけだ。２つの図で隣に座っているもう１人の娘はともに同じ役目をしている人で、説明するまでもなく、夫に見立てた相手役であることが分かる。この２人の坐っている姿勢も結婚式で並んで座っている新郎新婦と何ら変わらない。**図32**の方は、部屋に入ったばかりの**図31**と同じ儀礼の主役だからさらに分かりやすい。部屋の中にはたった１人だけである。夫がいると仮定していないのであれば、使う人がいないもう１つの茣蓙と枕は何のために用意したのかということになる。

　この儀礼に掛かる費用について考えてみると、結婚式よりも少ないとは言えない。結婚式では男性側から結納金があるだけでなく、お祝い金も入ってきて足りない分を補う。それがない分、子供を暗い部屋に籠らせる儀礼は家計にとっても非常に重い負担となる。もう１つ、この儀礼は今まで述べてきた、あるいはこれから述べる他の通過儀礼とは違い、合同で行なうことができないので、掛かる費用も分担するわけにはいかないのである。

1……娘の年齢と暗い部屋に籠る期間

　暗い部屋に籠る年齢については、ソートレアニコム郡では厳格に風習を守っていて、両親は子供に初潮があったら長い間放ったらかしにしないで、すぐ暗い部屋に入れる準備をするという。これはつまり、女の子が大人になり次第行なう儀礼である、という本来の考えを守っているのである。暗い部屋に籠る期間は平均して１ヵ月だ。月経が始まり次第行なう必要があるので、何月に行なうかは決まっていない。バーティアイ郡の場合は、期間はこれよりも長くて、２、３ヵ月あるいはそれ以上だ•18。年齢の方は、月経が始まったばかりの時期を少し過ぎているようである。スラエ・オムバル地域の例では２つの点で他とは異なる。第１点は、18歳までに行なうことが多くて、これは事実上、結婚可能年齢から何年も経っているという意味である。本来の年齢を無視して自由に時期を決めることができるのに、特に月日をいつにするか選んだりはしないようだ。第２点は、暗い部屋に籠る期間は、一番長くても１戒律期間《１戒律日から１戒律日まで７日または８日間》▶75、短くて２日間だけなので、ほんの形だけにすぎないよ

うである。

　風習を厳格に守るか否かは、暗い部屋に籠る期間に関して、ほんの形だけで済ませるという考え方も出てくるが、儀礼そのものは全て同じようにきちんと行なわれるので、期間を短くしても支出する費用は変わらない。行なうべきことは行なうのが普通であり、その費用も同じようにかかる。暗い部屋に籠る期間を短縮する理由はただ1つである。つまり、重要なことは期間の長短よりも、まだ夫がいない段階できちんと儀礼を執り行なうという点にあるのである。

2……必要な物

　日常的に行なわれている儀礼では様々な必要品を見かける。ここでは、暗い部屋に籠る儀礼で特に重要な3種類の物だけを取り上げることとする。1つ目は笊に入れた籾米である。この必要品はソートレアニコム地域では特にこれといった役割がないのは確かだが、他の2地域では実に興味深い。新生児の髪切りと産婆への御礼式、そしてその後の髪束を剃る儀礼（大人になる準備の儀礼）において、いくつかの重要な小儀礼では、儀礼の主役を笊の上に坐らせるということを見てきた。この項では検討すべき事柄がさらに増える。笊に入れた籾米の上にはろうそく、線香などを置くのだが、その他にもう1つ機織りの道具「梭」を置く《「梭」は「トロル」と言うが、スラエ・オムバル郡では同じものを「トッ」と呼ぶ》。この梭の中に、籾米ではなく米 ▶76 を詰め込めるだけ詰め、何かの紙を巻き付けてしっかりと口を塞ぐ。さらに指輪を1個それに結ぶ •19。儀礼が全て終了し、暗い部屋から出る前にその紙を開いてみて、米が減っていたら、儀礼の主役は室内にいる間に男と過ごすなどの不道徳な行為をした、ということになる。米は減ったりしないので、これはあくまでも仮定の話である。もう1つ重要な点は、両親やアチャーなどの年寄りが笊に入れた籾米に向かって、まるで1人の人間または何かの霊魂に話すように話しかけることである。**図34**は年寄りが笊に入れた籾米に「御先祖の霊に供物を捧げたばかりです」と言ってから、すぐに右側にいる娘を暗い部屋に入れるところである。この笊に入れた籾米は何かの霊魂だと考えられているのは事実である。姿形が

【 第1節 】暗い部屋に籠る儀礼

34

あるのかないのか分からなくても、「メー・ムロプ」(暗い部屋の母) ▶77 と呼んでいるからである。重要な小儀礼を執り行なうごとに、メー・ムロプに告げることになっている。これは、笊に入れた籾米にまず知らせるということである。

　必用な物の2つ目はバナナの苗とサトウキビの苗である。バーティアイ郡では使っているのを見かけないが、スラエ・オムバル郡とソートレアニコム郡では1つの重要な物であると考えられている。このバナナとサトウキビは、娘が暗い部屋に入る時にその部屋に植えなければならないし、娘が暗い部屋に籠っている間はその部屋になければならない。これにどのような深い意味があるのか、今のところ、その娘の代わりをさせるという以上のことは分からない。いずれにしても、バナナとサトウキビは霊魂の象徴である ●20。

　必用な物の3つ目は臼である。この臼はソートレアニコム郡では使っているのを見ないが、他の2郡では重要だと考えられている。同じように臼を使っていても、バーティアイ郡とスラエ・オムバル郡とでは、その意味が同じだと言い切れないのは、いかにも意味が違うかのような2つの小儀礼で使っているからだ。バーティアイ郡では小さな石臼 [図35] を、夜間

2……必要な物　3……儀礼

にラックカイガラムシの巣 ▶78 を搗くために使っている。スラエ・オムバル郡では、普段は籾米などを搗くのに使う木製の大臼を使い、夜明けに太陽を拝してから、娘の耳にピアス用の穴をあける真似をする時に、その下敷きにする。しかし、いずれにしても、この2つの臼には互いに関連または一致するどんな意味があるのか、依然として疑問のままだ。ラックカイガラムシの巣を搗く臼が、全くそのために使うだけなら、どうしてその臼に指輪を結び付ける必要があるのだろう。耳にピアス用の穴を開けるのも、ただそうする真似をするだけなら、なぜ臼の縁を下敷きにするのか [図36]、なぜまな板など別の物を使わないのだろう。恐らく、臼を使うのは単なる思い付きではない。なぜなら、一般的に臼と杵には性にまつわる意味、言いかえれば男女を象徴する器官だということが分かっている。通過儀礼は総じて性に関連しているのが普通だからだ。もう1度、**図36**を注意して見ると、耳たぶの代わりにキンマの葉を使っているのが分かる。忘れてならないのは、時にはキンマの葉も女性の「性器」を象徴するものと考えられていることだ。臼に結び付けた指輪の方は、梭に結び付けた指輪と何ら違いはない。つまりその意味するところは全て同じである。

3……儀礼

「暗い部屋に籠る」と一言で呼ぶが、実際には重要な3つの段階がある。部屋に入るためには儀式があり、部屋に籠っている間も色々な禁忌があるので儀式と言ってもいい。部屋から出る時になったら、より一層盛大な儀

【第1節】暗い部屋に籠る儀礼

式を行なわなければならない。

　暗い部屋に入る時の儀式は簡素だとはいうものの、親戚の中の主だった年寄りが参加しなければならないし、アチャーもいなければならないので、少しは厳粛に行なう必要がある。スラエ・オムバル郡ではさらに僧侶を招いて呪文を唱えてもらうのが普通だ。一番初めの重要な小儀礼は祖霊に供え物をすることで、皆の前で年寄りとアチャーが行なう。この時、だれか1人または大勢がそれぞれ一斉に、祖霊に対して「今日、親戚一同は儀礼の主役である娘を暗い部屋に入れます。どうか御先祖様、喜んでください」と承諾を求めて報告する。

　この供え物の中で、特に酒 ▶79 が重要な役割をする。大きな声で報告する時に、祖霊に酒を注ぐだけでなく、人々も車座になって少しずつ回し飲みしなければならない。それが終わると、儀礼の主役である娘と、もう1人付き添い人でしかも夫の役をしている上述した娘を、年寄りや手伝いに来た近所の親戚たちの輪の中心に坐らせる。主役である娘も酒を少し飲まなければならないが、付き添いの娘も飲むのを断れないのである。ここでの酒は普通の飲み物とは意味が違う。この点を説明すると長くなり話が儀礼の内容から逸れてしまうので簡単に説明すると、霊的存在に酒を注いで人も一緒に飲むということは、人と霊的存在との間で意思の疎通をはかり、理解し合うということである。それで、この小儀礼では酒を断ることはできないのである。

　この後、僧侶を招請している場合は、1人または数人の僧侶が普通の儀礼と同じように呪文を唱えることになっているが、この暗い部屋に入る儀礼のための特別な経文や仏教儀礼は一切ない。

　これらの小儀礼が全て終了したら、両親《特に母親や祖母など女性》とアチャーは娘を連れて籠るべき部屋に入る。アチャーは線香に火を点してバナナとサトウキビを出家させ [図37]、水をやってこまめに世話するよう娘に言いつける。次にアチャーは娘を出家させ、これからは特別な状態の中で生活しなければならないと説明する。この特別な状態については、様々な禁忌を通じて明らかにすることとする。

　この暗い部屋で行なう第1夜の終わりの小儀礼は、オンクコー・リアプ

3……儀礼

を量ることである。これを準備する方法はすでに「第2章第3節」でざっと述べたので再述しない。娘は部屋から出る日まで毎晩、その米を包んだものの上で寝なければならない。そうしてからオンケコー・リアプの中を手探りする。

　暗い部屋に籠っている間の禁忌の1つ目は食事である。その間の食事を「出家者の食事」（バーイ・ブオホ）と呼ぶのは、肉や魚はないからだ。ご飯またはお粥の他は豆、胡麻、味噌、塩、野菜、果物などが主である［図38］。その上、僧侶と同様、正午を過ぎたら食べることは禁止である▶80。一般的に料理を作るのは、部屋の中で本人が自分で作る。

　もう1つ重要な禁忌は、その娘は太陽の光に当たったり見たりしてはならないということだ。それだけでなく、毎日身体を清潔にするために夜間外に出て水浴びをする場合は、当然男性に見られないようにする。この儀礼の趣旨からすると、この娘は暗い部屋の中で何をするにしても、母親の胎内にいるのと同様、真っ暗な状態で行なわなければならないのである。他人に見られるのも自分が他人を見るのも、その他人が男女にかかわらず、決まりに従って避けるべきである。しかし実際には、これらのことを全て避けることができるわけではない。「暗い部屋」と呼ぶのは文字通りの意味というよりも、象徴性としての意味のほうが強い。実際上は、ごく近い親戚は時々部屋に入ることができるようだ。図39は祖母が儀礼の主役《格子模様の服の娘》に仏を拝むための普通の経文を教えている写真で、他の2人の女の子は妹である。図40は、後になってその娘が坐って1人で経を

【第1節】暗い部屋に籠る儀礼

練習しているところ。経文が書いてある紙も一番ふさわしい場所に立ててある。その場所とは、娘と一緒に部屋の中になければならない、笊に入った籾米の上だ●21。

　これよりさらに柔軟な考えは、特に暗い部屋に籠る期間が長い場合である。バーティアイ地域では、家の窓や扉が全部しっかり閉じられてさえいれば、娘が部屋の外に出て料理を作るのをずっと認めている。さらに姉妹たちと時々談笑することも可能だ。ただし、重要な禁忌は、外部の人間が家に来たことが分かり次第、その娘は暗い部屋に入らなければならないということである。

　暗い部屋から出る時が来たら盛大な儀式を行なう。上述したように、特にバーティアイ郡とスラエ・オムバル郡では、この儀式は結婚式より規模が小さいとは言えない。暗い部屋から出る時の儀式で執り行なわれる各小儀礼は、3地域を比較すると異なる点が多々ある。そこで、混乱しないようにそれぞれの地域ごとに検討する。

■ **バーティアイ地域の場合**

　暗い部屋から出る儀式用に、家のそばの土地に1棟の建物を建てなければならない。そのすぐ隣に、朝行なう小儀礼用の天蓋付き台▶81を建て、その周囲には特別な場所であることを示す、境界を画する垣根▶82を作る[図41〜42]。その垣根には必ず、山野の動物から魚類にいたるまで、ありとあらゆる生き物を紙や布で作って、それを立てて結び付けてある。地元の人の説明によれば、垣根の内側は、仏陀がいらっしゃる森、そして、仏陀を尊敬している生き物たちが住んでいる森に例えられているという。い

3……儀礼

　ずれにしても、垣根に囲まれた天蓋付き台には霊験あらたかな特徴があるのは確かである。天蓋付き台には例外なくその天蓋部分に、上方に向かって細くふっくらした先端があるので、この台は山を思わせる。これは、髪束を剃る儀礼（第2章第3節）における髪を剃る台と同じである。この天蓋付き台と家の中の各小儀礼が行なわれる場所は、原綿の糸で結ばれていて、2つの場所が完全に切り離された場所ではないことを示している。

　初日は午後（2時〜3時頃）に儀礼用建物の近くでクロング・ピアリー（●11参照）に供え物をする儀礼を始める。夜近くになったら僧侶を招いて呪文を唱える。その時に儀礼の主役である娘《この地方では「ムロプに籠る娘」（コーン・ムロプ）と呼ぶ》は、誰にも見られないように、部屋の仕切り壁のように吊るした垂れ幕の内側にいる。夫役を務めていると思われる付き添い人も、一緒に垂れ幕で仕切られた部屋に入り、2人並んで平伏し、手だけ出

【第1節】暗い部屋に籠る儀礼

して合掌する[図43]。僧侶が唱え終わり、アチャーと周囲にいる人たちが吉祥の糸を2人の手に結ぶ時になっても、2人は相変わらずその手を垂れ幕から出しているだけである。

　僧侶の務めが終わったら、4人の道化たちは重要な役目である「土地を踏ませる」、つまり良い土地を見つけに行くという第1の旅を演じ始める。それで、その土地を探しに行く道を言わせるために、まず最初に道化の1人が森の守護神▶83に乗り移られた演技をする。

　およそ1時間に及ぶこの芝居は儀礼の趣旨に従って演じられるのだが、面白おかしく大いに笑わせる•22。音楽に関しても、演奏者は話の各場面にぴったりの特別な曲を知っていなければならない。この長い芝居は、馬に乗って良い土地を探しに行く旅の話である[図44]。様々な障害や苦難に遭遇し、とりわけ後半になって馬が病気になるが[図45]、結局、治療師を探して診てもらい、治ったので、良い土地はそこにあることにする。次に、4人の道化はその良い土地を持って帰ったということにして、長老のアチャーに渡すのである。

　このあとすぐ行なうオンクコー・リアプの準備は、先に進めば分かるように、おそらく今しがた良い土地を探してきたことと関連があるか、あるいはこの2つの部分は1つの小儀礼とみなすことができる。前に述べたように、オンクコー・リアプの準備方法は様々であり、大抵は複雑極まりなく理

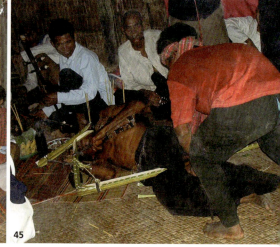

3……儀礼

解するのが難しい。儀礼の終わりに際して、アチャーはチガヤ（▶57 参照）の切れ端を上下に並べて家の形を作る[図46]。これは幸運をもたらす土地の上にその家が建てられたということを表しているようである。幸運をもたらす土地というのは、つまり道化たちが困難な旅をして辛抱強く探し求めた末に持ち帰り、アチャーに献じた、その良い土地のことである。もう1つ、大人になる儀礼で娘がオンクコー・リアプの上で寝るのは、ざっと述べてきたように、女性を家や土地などといった将来の家族の安定に縛りつけるのと同じだと考えることもできる。若者と娘の通過儀礼が大きく異なるのは、既述したように男女の領域を分けることから来ているからである。

　オンクコー・リアプの準備が終わり、包みの口を閉じたら、それを垂れ幕の中に半分押し込む。これは、半分は明るい方に出ていて、もう半分は暗い部屋の中にあるということである。垂れ幕の中にいる娘はその半分のオンクコー・リアプの上に座っている。この時に、人々はポプルを回す用意をする。娘はまだ中にいるので、ポプルを回すことができるよう、女性を3、4人中に入れてその娘の後ろに坐らせる。これは、アチャーと他の人たちは垂れ幕の外に座ることになっているからだ。

　ここまでで、通過儀礼、特にこの暗い部屋に籠る儀礼は、母親の胎内か

【第1節】暗い部屋に籠る儀礼

ら出ることに例えられて行なわれている、ということがだんだん分かってくる。承知のように、胎内から出てくる新生児は困難な多くの過程を経て生まれてくるのが普通であり、あっという間に生まれてくるわけではない。さらに続けてこの様々な過程を見ることにする。

　第2の旅は4人の道化による「ラックカイガラムシの巣探し」の旅で、約2時間にわたって演じられる。野を越え山を越え、いくつもの地方を通り過ぎ、陸路を行ったり水路を行ったり、道中至るところで人々の世話になったり、チャーム人▶84の助けを借りて舟で川を渡ったり等々、この旅がいかに困難なものであるかを見せる。音楽も色々な曲が演奏され、それぞれの曲は全て関連する場面にふさわしいものばかりだ。滑稽な演技も、見る者を喜ばせ抱腹絶倒させようとして、道化による熱のこもった名人芸が次々と繰り出される。実は探しに行く物は3種類ある。ラックカイガラムシの巣、明礬（みょうばん）▶85、ネムリグサ▶86である。ココヤシの葉でちまき状に作った包みの中に1種類ずつ入れ、家の真ん中に張り渡した紐に結んでぶら下げる［図47］。この旅はラックカイガラムシの巣が入っているその包みを切る場面で終わりとなる［図48］。ラックカイガラムシの巣《つまり上に記した3種類の物全部》を取ってきたら、包みを開いて1種類ずつ臼の中で搗く。ラックカイガラムシの巣を搗く時は、処女である女の子▶87 4人が加わる。つまり、一緒にこの臼の周囲で踊ったり搗いたりするのである［図49］。それが済んだら、搗い

3……儀礼

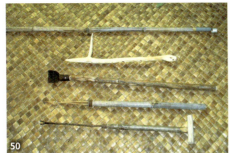

たものをイアイ・クニャエ ▶88 が綿で吸い取ってバナナの葉の容器の中に1種類ずつ入れ、別の所にしまっておく。

　第3の旅は食材を探しに行く旅である。この食材は、暗い部屋から出る時に、お客を迎えるための料理用だと考えられている。料理を作るた

めに獲ってくる生き物はウナギ、キノボリウオ、ワニ、ネズミ、ツムギアリ ▶89、サギなど色々だ。生き物を探す以外に、ワニを捕えるための籐(とう)を引き抜きに行く仕事もある。しかしまず初めに、「おいしい水」を汲んできて使うために、井戸掘りに行かねばならない。演じる道化たちはこれらの仕事を果たすために、話の筋に従って道具を使う。例えばウナギを刺す時はヤス ▶90 を使う。図50 は道化が食材を探す場面で使う道具をいくつか並べてある。上から下へ順に、バーティアイ郡で「クロロー」と呼ぶ籐を引き抜く道具、ゾウを御(ぎょ)す道具「コンゲヴェー」、井戸掘りの道具「チロニーク」、ネズミを突き刺す道具「コントゥル」、ウナギを刺す道具「チョングロプ」である ▶91。図51 は、白布をかぶって待ち構え、サギを捕まえるところを演じている。この第3の旅は食材探しだけを表現しているのではなく、ある場面では、暗い部屋に籠っている娘の歯が32本全部揃っているかどうか見るために、道化が象に乗って[図52]森から来たという設定になっている。この第3の旅の場面では、イアイ・クニャエが酒1瓶とコップ1個を持って、垂れ幕の外に半分出ているオングコー・リアァの側にずっ

【第1節】暗い部屋に籠る儀礼

と坐っている。料理を作るために探してきた動物たちは、絶えずもがいて逃げようとした後、オンクコー・リアプの所にそっと来てうずくまる。イアイ・クニャエはその側に坐って、動物1匹を捕まえたと見なすと、動物役の道化にコップ1杯の酒を注いでやる。例えば図53では、1人の道化が、突き刺されてオンクコー・リアプの上でのたうち回るウナギを演じていて、それにイアイ・クニャエが1杯の酒を注いでやっている。これは、そのウナギを捕まえたということの確認となる。この最後の旅の終わりに、4人の道化も軽く飲み食いする真似をして、娘が暗い部屋から出るのを喜ぶのである。

　暗い部屋に籠っている娘は明るくなる前に起きて、引き続きこの日の朝に行なう儀礼のために、身だしなみを整えてもらう。ここで身だしなみを

3……儀礼

整えると言うのは単にきれいにするという意味ではない。いくつかの装身具は、見ただけでは思いもつかないような、ある何かを象徴している場合があるからだ。例えば図54で、娘の顔半分を覆うように垂れ下がっている、細密な模様をほどこした垂れ飾りは、地元の人たちによると、お産の時に破水して出てくる母親の羊水を象徴しているそうだ。このような象徴性は、天蓋付きの台（ボスボク）の上に坐らせるために、その娘を連れて暗い部屋から出て、家から下りてくる時に一層はっきり見られる。台に向かって歩く時に、まだ光に当てないように娘を布でしっかり包むか[図55]、さもなければ娘の両側を白い布で遮って見えないようにするのである[図56]。なぜこうするのか、理解するのはたやすい。人はきれいな状態ですぐに母親の胎内から出てくるわけではなく、胎盤や臍の緒などと一緒に汚れまみれになって出てくるのが普通であり、白い布はそのような状態を象徴しているのである。娘を連れて部屋から出て、天蓋付きの台に行くまでの次第は逐一述べないが、垣根を廻らせた天蓋付きの台にいるということは、まだ完全に母親の胎内から出ていないという意味であり、さらにいくつかの小儀礼を経て初めてこの儀礼は終わりとなる。

　最終段階で重要な小儀礼は、東（カアト）の空にほのかに顔を出したばかりの太陽を拝することである。この「カアト」という考えは非常に重要で、単に方角だけを意味するわけではない（この語には「生まれる」という意味もある）。太陽が生まれつつあるというのは、人々にその形が見えるように昇り始めるということ《サンスクリット語で「ウティ ຊຶ່ຍ」》であり、同じように生まれつつある暗い部屋に籠る娘に例えているのである。しかし、この娘は、夫を持ち主婦となることが可能な新たな段階となって生まれてくるのである。この時に他の人も全員しゃがんで、台の上に坐っている娘の周囲にポプルを回す。

　一方、歯を整えるために調合した多種の薬は、この時に持ってきて垣根の内側で煎じる[図57]。歯を整える前に、行者（ター・ボホ・ルサイ）に扮した1人の男が、娘に幸運が授かるようにと祝福して聖水を振り掛ける[図58]。前に述べたように、天蓋付きの台の周囲にめぐらした垣根は、山を囲むある霊験あらたかな森に例えられているので、そこに行者が登場す

【第1節】暗い部屋に籠る儀礼

るのは何ら不自然なことではない。次にアチャーが娘の歯を整えるが、ココヤシの実の汁で口をすすがせたり、様々な物で歯をこすったり［図59］、ラックカイガラムシの巣を搗いたものを口に含ませたり、調合して煎じた薬を歯に塗ったり等々、色々な仕事が次から次へとある。

　この垣根の中で行なう最後の小儀礼は髪の毛を切ることである。アチャーあるいはイアイ・クニャエ（▶88参照）が髪の毛を2、3本切り、バナナの葉で作った容器に入れる［図60］。イアイ・クニャエは、垣根の中に連れてきた時のように、「綿打ち棒」▶92で娘の手を引いて家に上がっていく。しかし今度は、娘を何かで隠すようなことはしない。この娘は、すでに生まれて太陽の光をすっかり見てしまったと見なすことができるからだ。

　家では将来を占うために、儀礼の主役である娘にオンクコー・リアプの中を手探りさせる。これは髪束を剃る式（第2章第3節）で述べたことと同じである。そのあとすぐに、アチャー《この時は「ター・クニャエ」と呼ぶ》

3……儀礼

は家の中央にある臼の上に坐り、生気（▶23参照）の方角を向く。道化たちは皆で歌い踊りながら、ター・クニャエを臼から引っ張り起して尻を持ち上げさせる [図61]。道化は踊りながら臼を3周しただけで引っ張り起こすので、これはほんの短い演技だ。次に、その臼を大声で売り歩いて、儀礼の主役である娘に売りつける [図62]。面白いことに、売るのは臼だけで杵は売らない。この臼は女性である儀礼の主役の象徴である、と念を押しているかのようである。臼のこのような意味については、スラエ・オムバル郡の同じ終了小儀礼でも見ることになる。

　僧侶の鉢に食べ物を献じる儀礼は仏教上の務めであり、社会的な行事として、様々な儀礼や午後から始める冠婚葬祭に伴う宴会でも普通に行なわれている。この儀礼を別にすれば、暗い部屋に籠る儀礼は、切ってバナナの葉の容器に入れておいた、その髪の毛を埋める小儀礼をもって終了となる。髪の毛は田んぼに埋めるが、特に両親が自分の娘に分け与える田んぼを持っている場合は▶93、音楽を演奏したり道化たちが演じたりする中で、その田んぼに埋める [図63]。

【第1節】暗い部屋に籠る儀礼

■ スラエ・オムバル地域の場合

　暗い部屋（ムロプ）に籠る娘は、その部屋から出る日は「ナーガ」（▶101 参照）と呼ばれることもあり、出家の準備をしている若者と同じである。こう呼ぶのは男の場合に倣ったからであるのは確かだが、娘のこの状態で重要なことは、禁忌が多いある特別な状態に身を置いているということである。暗い部屋から出る儀礼で最初にすべきことは、アチャーが朝早くから娘とバナナの苗、サトウキビの苗を還俗させて、この特別の状態を終わらせることである。このあとすぐには小儀礼と呼ぶべきことは何もない。忙しい仕事はすべて儀礼の準備ばかりだからだ。午後になったらクロング・ピアリー（●11 参照）に供え物をする。これは、夕方から翌日の明け方まで、続けて儀礼を執り行なうためである。

　正式に暗い部屋から出てもまだ完全に終わってはいないという考え方は、バーティアイ地域と同じだが、ここでは垣根の中に天蓋付き台を作らない。その同じ場所に儀礼を続けるための建物を建て、その中央に蚊帳を吊る。人々はまず儀礼の主役とその相手役を蚊帳の中に入れる。さらに、「蚊帳の裾を押さえる」ために、「コーン・クニャエ」▶94 と呼ぶ1人または4人の女の子を入れてもよい [図64]。暗い部屋に籠る日から用意しておいたオングコー・リアプの包みをもう1度量り直すのは、この蚊帳の中である。翌日になって小儀礼が全て終わったら、儀礼の主役である娘はオングコー・リアプの中を手探りするが、僧侶の托鉢用の鉢に食べ物を献じる前に行なわなければならない。娘を連れて暗い部屋から出て蚊帳に入る時 [図65] は、

3……儀礼

白い布 •23 の上を歩かせる。これらは全てバーティアイ地域における意味と同じであり、まだ胎盤や臍の緒をきれいに処理していない、母親の胎内から出てきたばかりの赤ん坊に例えられているのである。建て前上は、この娘は明け方まで一晩中蚊帳の中にいなければならないのだが、実際には、たまに外に出ることも許されるようだ。例えば、客を迎えて食べたり踊ったりする場合に、この娘もちょっと出てきて客を迎え、一緒に踊って楽しむことが可能だ。しかし、いずれにしても、道化が踊りながら娘を「掘り出す」小儀礼を行なう時は、蚊帳の中にいなければならない。

この「掘り出す」小儀礼は、道化が長い3幕の場面として演じる。歌ったり踊ったりして、ドーン・ニャエ（▶88 参照）を深い森へ掘り出しに行ったことを語るのである。音楽の方は15曲まであるので、合い間合い間の短い休憩も含めると、明け方までかかってやっと終わりとなる。掘り出す小儀礼の第1幕は夜の9時頃に、第2幕は真夜中に、最後の第3幕は明け方である。道化が手にする道具は、掘るための掘り棒と、森へ探しに行って採ったと仮定するラックカイガラムシの巣を入れる小壺などだ [図66]。各幕の終わりに、アチャーは蚊帳を開けて娘の歯を整えに行く。この掘り出すというのは、道化が蚊帳の周囲を踊り歩きながら、掘り棒で蚊帳の裾

【第1節】暗い部屋に籠る儀礼

を掘る真似をし、ドーン・ニャエに近付いたら、また掘り棒でそのお婆さんを掘り出す真似をするのである。掘り棒の刃先でお婆さんの足を掘ることもあれば、尻を掘ることもある。この「ドーン・ニャエを掘り出す」という点には恐らく深い意味があるのだろう。1つには、ドーン・ニャエの役をするお婆さんは、ほとんどの場合産婆である。このことから、暗い部屋から出ようとしている娘は、産婆に助けられながら生まれてくる赤ん坊に他ならないのは明らかである。さらに、地元の人は、このドーン・ニャエを掘り出すことを、赤ん坊を無事出産させようとしている産婦の「腹」に例えている。道化がドーン・ニャエを少しずつ掘り出すたびに、ドーン・ニャエは道化に酒を注いで小さなコップ1杯飲ませることになっている。これは、道化がぐずぐずしないで、一刻も早く娘を蚊帳から掘り出すようにと、ドーン・ニャエが手を尽くす様子を表しているのである**[図67]**。バーティアイ地域とは演じる内容が違っていても、この森へ行く話が、一貫して様々な障害がやってきて邪魔をする、というのは同じである。**図68**は1本の手が蚊帳から伸びてきて掘り棒をつかみ、掘ることができないようにしているのが分かる。これまで述べてきたように、母親の胎内から生まれてくることに例えているとしたら、これらの障害は不可解なことではない。

　15番目の最後の曲は、バナナの苗とサトウキビの苗を暗い部屋（ここでは蚊帳の中）から掘り出すために演奏される。この2つの苗は、人々が行列して儀礼用の建物に持ってきて、それを持ったまま蚊帳の周囲を右回り

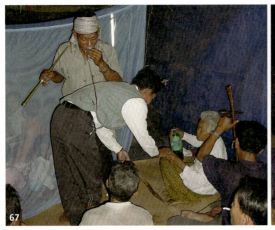

3……儀礼

に3周してから、蚊帳の近くに置いておいたものである。娘を掘り出すのはそのすぐあとであるが、それは図69で見るように蚊帳を開くのである。

　ここまでくると、日がほのかに射し始める時間となる。人々は儀礼の主役の娘を連れてきて1つの台の前に坐らせ、太陽を拝ませる。この小儀礼にはとりわけ特別な意味がある。暗い場所としての部屋（ムロプ）は全て終わったことがはっきりするからだ。ここで忘れてならないのは、カンボジア語には、赤ん坊が母親の胎内から生まれたことを指して、「お日様の光を見る」という言い方があることだ。この時にスラエ・オムバル郡では僧侶を招いて、儀礼の主役とその相手役《夫の代わり》の娘のために、経文を唱えながら聖水を掛けてもらうことになっている。この点は、「行者」を呼んで祝福してもらうバーティアイ郡の場合と同じである。

　続いてすぐ行なわれる小儀礼は、日がすっかり明るくならないうちに行なう「耳の穴開け」だ《レヘ・トロチアッと言うが、チョホまたはダプ・トロチアッとも言う》。籾米を搗く臼の縁を下敷きにして穴を開ける真似事をするが、穴を開ける耳の方は、耳の代わりにキンマの葉を使う。これは前に図36で見たのと同じである。杵は耳に穴を開けるのには使わないが、「杵飛び」という踊りを見せて、耳に穴を開ける小儀礼を終わらせる［図70］。

　午前10時頃、人々は例によって僧侶の鉢に食べ物を献じるが、これは他の儀礼と同じようにその終了を告げている。この日の夕方に客を招待して、飲んだり食べたり踊ったりするのが決まりになっているが、結婚式とまったく同じである。

【第1節】暗い部屋に籠る儀礼

■ ソートレアニコム地域の場合

　この地域に残っている風習は、大きな意味としては他の2地域と違いはないが、やり方がいくらか違うだけである。必要とする物の中で注目すべき点が2つある。1つは、家の中に用意してある必要品で、結婚式で平伏して合掌する時に娘の前にある品々である。新婦の母親への贈り物1対、蓋付きの高脚皿1対、スラー・スレへ▶95 1対など、全て結婚式でよく目にする物ばかりである。もう1つは、バーイ・スライ・ダアムがあることで、これは、大人になる準備の儀礼で見たように、自分の代わりを努めるというバーイ・スライ・ダアムである。これらの品々は全て図71の中にある。家の敷地の東北に建てられた儀礼用建物に隣接して、バーティアイ郡と同じように儀礼用の垣根がある。しかしこの中には天蓋付きの台はなく、吉祥時を待つ（日が昇るのを待って拝む）ための3段になった祭壇があるだけだ。ここで太陽を拝し、様々な小儀礼を執り行なう[図72]。だから、今まで述べてきたように、母親の胎内から出てきたばかりだが、まだ完全には生まれていないという考え方は同じである。

　調査したことがある距離的に近い2ヵ所の儀礼では、儀礼当日の夜に滑稽な演技やドーン・ニャエを掘り出す演技はない。もう1つ、前述した「相手役」はこの地域にはなく、儀礼の主役の両脇に2人の娘が付き添うことになっている。ソートレアニコム地域の他の村々では、バーティアイ地域やスラエ・オムバル地域で見たような、ラックカイガラムシの巣や何かを

71

72

3……儀礼

探しに行くといった長い芝居を、夜に演じていたのかどうかは分からない。たとえ今日では演じていなくても、以前から同じように演じていなかったのか、定かではない。人々は儀礼が早く終わるようにどんどん省略するので、儀礼によっては短縮することも有り得るからだ。

各小儀礼は午後から始まる。まず初めに、娘の手を取って厳かに暗い部屋（ムロプ）から連れ出してくる。例によって家でクロング・ピアリーに供え物をするためである。それが終わり次第また娘を連れて暗い部屋に入り、ほどなくして、悪霊ミアカーと祖霊に供え物をするために、また娘を連れて出てくるのが普通だ。この時に、この祝儀に参列して思い思いにお祝いする親戚友人たちが見守る中で、アチャーがこの娘を祝福してその手に吉祥糸を結ぶ。人々はバナナの幹で作った容器と供え物を、家から少し離れた所に持っていって捨てる。娘はいったん暗い部屋に戻り、そしてすぐにまた出てくる。この午後の部の終わりに際して、経を唱える僧侶から祝福を受けるためである。

夜の小儀礼は 8 時頃から暗い部屋で始まる。アチャーはこの地域の風習に従ってオングコー・リアプの準備をする。重要なことは、方角に従って薬を籾米の中に埋めること（第 2 章第 3 節）以外に、バーティアイ地域と同じように、イネ科のチガヤの断片を並べて家の形にすることである《この家の象徴性についてはバーティアイ地域のところで説明した》。アチャーと儀礼の参加者は、娘を寝かせる前に、用意しておいた籾米の包みと娘の周囲にポプルを回す。この夜はここまでで儀礼は終わりとなる。

明け方にもう 1 度ポプルを回してから、例によってその娘にオングコー・リアプの中を手探りさせる。そして、部屋から出て、下で「吉祥時を待つ」ために、急いで娘に化粧を施す。待つのは儀礼用の垣根の中にある太陽を拝する祭壇である。この時に、バナナの苗とサトウキビの苗、それにバーイ・スライ・ダアムを持ってきて祭壇の所に一緒に立てる。ほのかに明るくなり始めた太陽の光が時の到来を告げ、その吉祥時を拝んだ後 [図73]、アチャーは娘の歯を整える真似をする。実際には、歯を整える以外に、掘り棒の刃で身体を整えてきれいにする真似もするが、特に娘の足指の爪を切りそろえる仕草をする [図74]。掘り棒を使うことは今までの通過儀礼の

【第 1 節】暗い部屋に籠る儀礼

中で見てきたが、これから先、とりわけ火葬の時も同様に重要なものである、ということが分かる。この道具を使うことの意味については後に検討する。

　垣根の中での小儀礼が終わると、娘を連れてさほど遠くない所にバナナとサトウキビの苗を植えに行く［図75］。暗い部屋から出る小儀礼はここまでで終わりとなり、朝の10時頃になると、人々は僧侶の鉢に食べ物を献じる。

■ 暗い部屋に籠る儀礼の一般的意味について

　私たちが知り得たところによると、カンボジアの暗い部屋（ムロプ）に籠る儀礼について、誰よりも先に言及した研究者はエティエンヌ・エモニエ《Etienne Aymonier》であり、1883年のことである。それはざっと概略を述べただけにすぎないが、ラックカイガラムシの巣を探しに行く話を初めとして、種々の物語が道化によって面白おかしく演じられる様子が手に取るように分かる。この本の著者である私たちでさえ、その滑稽さのどの点1つ取っても伝えることができず、ただありきたりに、見ている者が道

化たちの演技に腹を抱えて笑うこともある、と説明するのが精一杯である。私たちがあちこちで見たところによると、一見露骨に見えるその芝居は、年寄りから子供にいたるまで、儀礼の参加者に演じて見せるのだが、それがごく当たり前と言わんばかりに、こそこそと人目をはばかったりはしないのである。理解すべきは、全体としてこの儀礼には、男女の性と領域、将来妻となり母となることに関連した深い意味があるという点である。これまで述べてきたことは、月経が始まったばかりの儀礼の主役が妻となることができるよう、社会が準備するということである。なぜなら、儀礼が済んだ後は、妻こそが女性の領域だからである。それで、性に関わる説明を、女性の「陰部」（クマハ）に関連した言葉や動作を通じて説明しているのである。例えば道化たちが蚊帳から娘を掘り出す演技をする時に、スラエ・オムバル郡では「掘れ掘れクモを、こいつの穴はすべすべしてる、子供が大勢にぎやかだ」と歌う。クモ、クモの穴、クモの子は全てこの娘、娘の陰部、将来持つであろう子供たちを指す比喩的表現である。

　なぜ暗い部屋に籠る儀礼を行なうのか、この問いに対する地元の人の説明は直截的で、そこには婉曲的表現などというものは存在しないように見える。それはあまりにも露骨なので、却って調査するのが難しい。質問者を喜ばせようとして、もう1つ話をこっそり教えてくれた人がいる •24。その話はおよそ以下の通り：

　『ある女性には年頃になったばかりの娘が1人いた。その母親は何かのことで娘に腹を立て、ののしった。「イーッこの盗人めっ（・・・） •25、お前の顔なんて見たくない、とっととどこかへ消えちゃいな！」。それを聞いた娘の「陰部」は、自分が追い出されたと思って森へ逃げてしまったので、本人の娘は病気になってしまった。そのわけを知った人々は、みんなで森へ行って探してきたとさ』

　この話をした人の説明によると、耳に穴を開けるのに使う臼は、森から持って帰った陰部に他ならないという。注意すべきは、この臼に直接穴を開ける真似をするのではなく、臼の上に1枚のキンマの葉を敷くことだ。キンマの葉《インド菩提樹の葉でも同じ》は女性の陰部の代わりをしているということが分かれば、キンマの葉に穴を開けて貫通させることにどのよ

【 第1節 】暗い部屋に籠る儀礼

うな意味があって、キンマの葉を縁に敷いた臼にどのような意味があるのか、理解するのは難しいことではない。一方、人々の説明によると、杵は臼の相手方である。さらにバーティアイ郡における臼を検討すると、ここでは耳に穴を開ける儀礼はないが、臼に指輪が1つ結んであり[26]、ラックカイガラムシの巣を搗く時には、厳かにみんな揃って臼の中を搗くので、その意味する所は同じである。もう1つ、聞いたり気付いたりしたことがあるように、男女の性器としての臼と杵について言及しているカンボジアの昔話は沢山ある。特に女のネアッ・ター[96]や、女性の登場人物に関する話である。

バナナとサトウキビの苗については、この2つの苗は儀礼の最初では霊魂を指していた。しかし、暗い部屋からバナナの苗とサトウキビの苗を掘り出す時に、「掘り出せバナナの苗とサトウキビの苗を、子供を育てろ元気に育てろ」と歌うように、儀礼の最終部分ではさらにそれ以上の意味として、将来において幾筋にも枝分かれして繁栄する子孫たちを指している。なぜなら、この2つの植物はすでに見たように、儀礼の主役である娘に持っていって植えさせるからである。

イアイ・クニャエ（[88]参照）は産婆が務めるという点については、今まで述べてきたような理解で十分である。つまり、暗い部屋から出るということは母親の胎内から再び生まれるということであるが、しかし今度は、夫を持ち子供を持つことが可能な大人の女性として生まれてくる、という理解である。すでに何度も説明してきたように、暗い部屋に籠る儀礼とは、その娘が夫を持ったと仮定することである。実際に夫がいる人生に向けての最初の段階であると考えれば、特にラタナ・キリー州のクルング人やプラウ人の風習と比較した場合、大体当たっているだろう。クルング人やプラウ人では娘が年頃になり次第、両親は必ず母屋の脇に小屋を建てる。それは見たところ非常に狭い小屋である [図76]。確かに大変小さくて、カンボジア人について述べたように、母親の胎内であると解釈することができる。その娘は昼間は普段通り戸外や畑で働いているが、夜になるとその小屋に来て寝る。母屋に行って両親家族と一緒に寝ることはない。カンボジア人に関して「夫を持ったと仮定する」と述べた点は、ここではその仮

定の域を超えている。なぜなら、そ
の娘にもし気に入った若者がいれば、
夜に部屋に登ってこさせることも可
能だからだ。しかし、若者がその小
屋に泊まるといっても就寝前のせい
ぜい1〜2時間ぐらいが普通だ。そ
れに、一緒に過ごすことが必ずしも
そのまま身体の関係を持つことを意
味しない。一般的に、この最初の段
階の関係が、手足をほんの少し触れ
合うだけであろうと、完全に肉体関
係を持つことになろうと、その2人

は最終的にはほとんど結婚して夫婦になる。結婚に至らない場合も時には
あるが、そういうことは滅多にない。というのは、その若者が娘と肉体関
係を持った後に妻とするのを拒否したら、別れの代償として非常に多額の
財産を支出しなければならないからである。このクルンг人とプラウ人の
風習は次のような事を明確にしている。つまり、娘を狭い小屋に居住させ
るというのは、カンボジア人の娘が「暗い部屋に籠る」ことに例えられるが、
それは夫婦として暮らしを共にし家族を作る、その事実上の最初の段階で
あるということである。それで、暗い部屋に籠る儀礼とは、夫がいると仮
定することであり、そのような確かな意味があると述べたのである。

【第2節】出家儀礼

　ここで述べる「出家」（ブオホ）とは、出家者としての生き方を確立する
ということではない。老齢となった人が、子供たちが家から離れ全員が自
分の家族を持ったので、これからは家族生活のしがらみから解放されると
思って出家したり、あるいはまた、まだ中年なのに仏教に帰依して、今後
は出家者として生きていきたいと思って出家したり等、そういう類の出家
ではない。あくまでも若者の通過儀礼としての出家である。第3章の初め
で述べたように、社会は若者年齢になった男性を娘年齢になった女性から

分離する。これ以後この両者は完全に別の領域にいることになるからだ。困難をものともせず、近くや遠くで商売などに励まなければならない男性は、あらゆる基本的知識を身に着ける必要がある。昔話を例にしてちょっと考えれば分かる。例えば16歳の息子を持つ王が、その息子を森に住む仙人のもとへ学問を学びに行かせる物語はあっても、娘をこのように学びに行かせる物語は聞いたことがない。それで、若者を出家させることをカンボジア語では「出家させて学ばせる」という言い方をよくする。田舎では、大抵の年寄りたちは、出家して何年も ▶97 学んだ還俗したばかりの人たちと付き合うのが好きだ。これは、長年出家していれば知識もどんどん増えるということから来ている。この「知識」とは単に仏教上の教えを指すだけではなく、ここでは取り上げない様々な知識を指す ▶98。取り上げない理由は初めから述べてきたように、本稿のテーマはあくまでも通過儀礼の意味を明らかにすることだからである。

「育てる」（チェニュチャム）という言葉の意味は、単に乳を飲ませ、成長して大人になるまで食事を与えるだけで終わる訳ではない。男の子の場合は将来に備えてそれ相応の勉学をさせることでもある。次に抜粋したのはサオム師が編集した「トム・ティアウ物語」 ▶99 の冒頭から引用したものである。

「これからお聞かせするは今は昔のトムのこと　舞台はバー・プノム州 ▶100 の稲作の里　両親が揃い風習にのっとり産声上げた　おっとそれはさておいて。生まれてよりこのかたすくすく育ち　幾年月が過ぎたころ母は身支度整えた　遊び道具を始末して息子を伴い学ばせに　やっと探した立派な寺へ」（訳者訳）

抜粋したこの2つの詩句のような風習はまだ健在であり、色々な様子から、儀礼の主役であるひとりひとりの若者に怠りなく準備をしてあげるのは、母親、伯母、叔母、姉といった人々ばかりだということが分かる。ひとりひとりと言ったのは、一般的にこの通過儀礼としての出家は必ず合同で行ない、10人以下の時もあれば数十人に及ぶ時もあるからである。出家儀礼は2つの段階に分けて考えることができる。第1段階の最初の長い時間では、この若者たちをある状態に置く準備をする。いわば在家であって

1……ナーガとしての状態

在家でないような、出家であって出家でないような、男であって男でないような、女であって女でないような、人であって人でないような、そういう状態である。なぜなら、そのような状態の人たちを「ナーガ」▶101 と呼ぶからだ。それで、この出家儀礼を「ナーガの出家」（ブオㇹ・ニアッ）というのである。

1……ナーガとしての状態

家族がそれぞれの家で、息子や弟や甥である若者の身体を整えることもあるが、家族といっても今述べたようにほとんど女性たちだ。多くの場合、まず最初に行なうのは、肌の色をよくするために若者の身体にウコンの根茎をすりつぶして塗ることだ [図77]。ナーガにするための身支度は、衣服や装身具、特に顔の化粧のせいで、まるで性転換して若者を女性に変えるかのようである。また、化粧を施すために、剃髪したばかりの儀礼の主役2、3人また

【第2節】出家儀礼

はそれ以上を連れて同じ村の誰かの家に集まり、それから一連の準備をすることもある [図78〜80]。これらの準備が終わったら、各グループ《多くは同じ村内》はナーガの行列を開始して、それぞれ村から出ていく。ナーガは馬に乗るのが普通だ [図81]。馬がいない最貧地域では、自転車に乗せて人々が引いていくこともある。反対に象がたくさんいる村では、1頭の

1……ナーガとしての状態

象にナーガ1人を乗せる。タイ国スリン県のクロポー村やタークラーング村に住むカンボジア系の人々▶102やクオイ人▶103がそうするのは知られている。母親や伯母、姉など必ず女性が1人、僧の三衣(さんえ)を入れた高脚盆を頭に載せて、何も乗らないで前を歩く。山道を登らなければならない時でさえ、ナーガを馬に乗せ、自分が年寄りであっても歩くのを厭わない。自分の村でも他の村でもそういう風にして、各行列が進んでいって合流すると集団はどんどん大きくなり[図82～84]、プンピアト▶104楽隊や片面長太鼓（チャイヤム）などの音楽も付き添う[図85、86]。寺に着くと人々が大勢集まっていて立錐の余地もない。アンコール地域の場合では、出家する寺に行く前に皆が集合して、アンコール・ワット（オングコー・ヴォアト）を右回りに3周するよう申し合わせることもある[図87、88]。

寺では、ごく一般的な儀礼はともかくとして、その夜の重要な小儀礼は「ナーガの霊魂を呼び戻す」ことである。アチャーは自分の折り教本(じゃばら)(蛇腹状に折ってある教本)の中に必ず手引書も持っていて、それを開いて色々と

【第2節】出家儀礼

節を付けて唱える [図89]。ナーガたちは全員「束ねた木綿糸」(▶52 参照) を耳に挟み、坐って神妙に聞いている。長く哀愁を帯びた唱え文句は、大人になる準備の儀礼で霊魂を呼び戻す文句と同じである。この小儀礼は、明け方にもう1度霊魂を掬って終わりとなるので、1節しか唱えない地域もある。図90は霊魂を掬って帰ってきた時に、寺の行事堂▶105の「階段に供え物をする」▶106小儀礼を示したものである。それが終わったら、その掬ってきた霊魂をナーガたちに戻すのである。

　この夜に霊魂を呼び戻す小儀礼と一緒に行なうのは、ナーガ全員の周囲にポプルを回すことである。アチャーの指示に従って、ポプルを回す人た

1……ナーガとしての状態　　2……僧としての状態

第 3 章　　成人儀礼

93　　　　　　　　　　　94

ちが坐ったままの場合もあれば [図91]、起立しなければならない場合もある [図92]。風習を厳格に守っている地域では、必ずナーガひとりひとりをそれぞれのオングコー・リアプの上に寝かせるが、これは、そのために長い時間を費やして、アチャーがオングコー・リアプを用意しておく必要があるということでもある。この場合は、今までの通過儀礼で説明したように、朝になったら各ナーガは、夜に自分が寝た籾米の中を必ず手探りして、中に入れておいた祭具の中から 1 つを選ぶ。

　その日の早朝に歯を整えなければならない [図93]。煎じ薬と歯の整え方も前述したので、再述しない。歯を整え次第行なうのは、口を彫ることと足指の手入れなどである [図94]。

　ナーガに関する重要な小儀礼をざっと述べてきたが、いずれにしても、ここまでは僧侶に対して坐って合掌し、食べ物を鉢に献じなければならないので、この若者たちは依然としてナーガのままである。

2……僧としての状態

　最後の最も重要な儀礼は出家させることで、同じ日の午後に執り行なうこともできるが、この時は本堂で行なう必要があり、その前に行なってきた小儀礼と同じように行事堂で行なうことはできない。この儀礼には厳密な方法があり、思いつくまま好き勝手に行なうことは許されない。ひとりひとりのナーガは、儀礼を行なう戒和尚(かいおしょう) ▶107 または僧侶と問答をするために、出家用の経文を唱えることができなければならない。これまで度々述べたように、この儀礼はあくまでも通過儀礼の観点から述べているので、

【第 2 節】出家儀礼

仏教の戒律の中で触れている儀礼については細述しない ▸27。一番最後に行なうのは、戒和尚がナーガの「首に細帯を引っ掛ける」▸108 ことである[図95]。この時に、絹の腰布やレースの胸飾り、装身具などを全て身体から取り外し、出家者としてきちんと中衣を身に着け上衣をまとって ▸109、ナーガとしての状態を捨て去り僧の状態に入る[図96]。

　暗い部屋（ムロプ）に籠る儀礼と比較してみると、新たに出家した人たちは、その後、普通の在家とは異なる、ある特別な状態にいることになるので、この出家儀礼は「籠る」と同じである。なぜなら、特に雨季に自分を寺に閉じ込めるのは、暗い部屋に自分を閉じ込める娘（コーン・ムロプ）と何ら違いはないからである。ここで留意すべきは、「在家」という語は「家にいる人」という意味であり、以前は僧侶を「寺の側にいる人」（アーイ・クダイ អាយកុដិ）すなわち「僧坊にいる人」と呼んだということである《後になって「アイチ・クダイ អាចកុដិ」、時には「アイチ・クダイ・アートマー អាចកុដិអាត្មា」と変化する》。もう１つ特別なことは、食事など戒律に関することである《暗い部屋に籠る娘も出家者の食事を守るというのは、すでに述べた》。実際この出家というのは、暗い部屋に籠る儀礼と同じように３つの段階がある。即ち、出家すること、短期間あるいは長期間《平均期間は２、３雨安吾》僧侶となっていること、そして、出家を辞めるつまり還俗することである。しかし、若者と娘の儀礼は以下の点で全く正反対である。出家する時は非常に盛大であるが、暗い部屋に籠る時は祖霊にほんの少し供え物をするだけである。還俗の時は誰も気付かないほど静かに行なわれるが、暗い部屋から出る時

2……僧としての状態

は既述した通り非常に盛大に行なわれる。

　長い間出家して学んだ人、例えば 5 回の雨安吾を過ごした人は物知りだと思われているので、人々から高く評価される。それで、地方の人たちは、しばしばこのような人を「還俗したばかりの人（オントゥト អនិ្ត）」《「ボンドゥト បណ្ឌិត」の俗語。昔のカンボジア語ではしばしば「ボントゥト បនិ្ត」と表記してきた》と呼んで、自分の娘をその人の妻にしたがるという長年の風習にもなっているのである。

100

◇ 原註

- 15 ………ស៊ុន ចាន់ដឹប.2006. 参照。
- 16 ………ស៊ុន ចាន់ដឹប.2003. 参照。
- 17 ………しかし、こう述べたからと言って断定はできない。カンボジア全土を厳密に調査したとは言い切れないからである。
- 18 ………ある場所で娘が9ヵ月以上室内にいるのを見たことがあるが、これはおそらく特別の例だ。
- 19 ………このように結び合った2つの物の意味は、一言で言えば、子供を産むことに関係しており、それは男女の性的結びつきに関わる俗信に基づいている。អាំង ជូលាន.2004.6〜7. 参照。
- 20 ………អាំង ជូលាន.2004.9. 参照。
- 21 ………男性、特に部外者がこの部屋に入るのは禁じられているので、ムロプとなっている部屋での資料用撮影は女性にお願いした。
- 22 ………道化によって演じられるこの種の「アーラッ・プレイ អារក្សព្រៃ」（森の守護神）に関しては Aymonior/Pou.1984.60-61. 参照。
- 23 ………「白い布」：**図 64** の蚊帳は今の時代に輸入したものなので色が青だ。しかしカンボジアの伝統的蚊帳は白が普通である、ということに注意。この白い蚊帳と白い布は唯一の考えから来ている。つまり、母親の胎内から出てくる時に、赤ん坊と一緒にくっついてくる諸々のものであるという考えだ。ついでに説明すると、**図 55** はバーティアイ郡で暗い部屋に籠る女の子（コーン・ムロプ）が部屋から下りてきて儀礼用の台（ボスボク）に向かうところであるが、布でくるんで隠しているその布は派手な色である。しかし本当は、その郡の人の説明によると、白い布があればそれを使うのが正しいということである。
- 24 ………質問したのはコォ・コング州スラエ・オムバル郡だけだが、おそらく他の地域でもこの種の話があるのかも知れない。
- 25 ………この丸括弧の中には女性の陰部を指す俗語が入る。（訳註：あるカンボジア人男性に聞いたところ、この罵りの言葉は、「メー・チャオ ម្ចៅ：盗人めっ」の後に「ケー・チョイ គេចុច：やる、やられる」という下品な語が続くそうだ）
- 26 ………過去に見たほとんどの儀礼では、指輪が梭に結んであって、それは、男女の性を説明したものだということがはっきりしている。
- 27 ………Bizot.1988. 参照。

◇ 訳註

- 69 ………「若者」という語は日本語では男女を含む場合もあるが、本稿の訳では結婚適齢期の若い未婚男性を指す。原文では「コムロホ កំឡោះ」、「コーン・プロホ កូនប្រុស」などと記されている。
- 70 ………「娘」という語は結婚適齢期の若い未婚女性のこと。原文では「ク

ロモム ក្រមុំ」、「コーン・クロモム កូនក្រមុំ」、「コーン・スライ កូនស្រី」、「ニアン グ・クロモム នាងក្រមុំ」などと記されている。暗い部屋（ムロプ）に籠る娘の ことを「コーン・ムロプ កូនម្លប់」という言い方もしている。ឈិន យួន 編訳『ជំនឿ ផ្សេងៗនៃជនជាតិខ្មែរ』によると、クロモム（若い未婚女性）と呼ぶのは初潮を迎 えてから25歳ぐらいまで。既婚者でも最初の子が生まれるまではクロモムと 呼ぶ。これは、初潮から暗い部屋に籠る儀礼を経て結婚と、妻になる年齢が 早く若かったためだ。25歳を過ぎた未婚女性のことをクロモム・チャハ （ក្រមុំចាស់）や、タイ語由来の言葉サーウ・カエ（សារីកែ）などと言うことも有 るが、いずれもオールド・ミスという意味である。

▶71 ……… 『カンボジアの昔話・第1巻』では「ニアング・アト នាងអិត」で はなく「ニアング・エート នាងអេត」になっているが、あるカンボジア人によ ると「アト អិត」という名前の方が一般的だそうなので、原文通りにした。

▶72 ……… この種の昔話は「蛇のケーンコーン ពស់កេងកង」（『カンボジアの 昔話・第1巻』）をはじめとして、「30ドムルンの値打ちがある格言 ៣ក្បសុភា សិតតម្លៃ៣០តម្លឹង」（同）、「アーレーウ អាឡេវ」（同・第2巻）、「タノンチェイ ធ្នញ់ជ័យ」など沢山ある。

▶73 ……… 「暗い部屋に籠る」（チョール・ムロプ ចូលម្លប់）の「チョール ចូល」 は「入る」、「ムロプ ម្លប់」は「陰」という意味。「チョール・ムロプ」は「陰に 入る」という意味だが、儀礼の内容に即して「暗い部屋に籠る」と訳した。「ボ ングクロプ・カー បង្គ្រប់ការ」という言い方もある。

▶74 ……… シアム・リアプ州（ខេត្តសៀមរាប）の「ソートレアニコム郡 ស្រុកសូទ្រនិគម」は同州の「ロルゥオホ郡 ស្រុកល្ពើស」の古名。他の2地域もカ ンボジア語で記しておく。コホ・コング州スラエ・オムバル郡 ស្រុកស្រែអំបិល ខេត្តកោះកុង、コムポング・チャーム州バーティアイ郡 ស្រុកបាធាយ ខេត្តកំពង់ចាម។

▶75 ……… 仏教信徒の「戒律日」（トガイ・サル ថ្ងៃសីល）は1ヵ月に4日ある。 すなわち上弦（白分の8日）、満月（白分の15日）、下弦（黒分の8日）、新 月（黒分の14日または15日）の4日である。この日は寺へ行って僧侶に食 事を布施して説教を聴いたりする。僧侶の戒律日は布薩会（トガイ・ウバオソ ト ថ្ងៃឧបោសថ）とも言い、1カ月に2日、満月の日と新月の日（晦日）である。 自分の半月間の行ないを反省したり、227戒が記されたパデマオク បាដិមោក្ខ と いう戒律本を読み上げるのを聴く儀式を行なう。僧侶が髪を剃るのはこの前日。

▶76 ……… 「米」は状態によって呼び名が変わる。稲や籾米は「スラウ ស្រូវ」。 籾殻を除いた玄米も、精米した白米も「オングコー អង្ករ」。オングコーを炊いた ご飯は「バーイ បាយ」。

▶77 ……… 「メー・ムロプ មេម្លប់」（暗い部屋の母）の「メー មេ」は「母」と いう意味。暗い部屋に籠る儀礼で、笊に入った籾米はこのように呼ばれ、命が あって姿形がないもの、あるいは何らかの偉力を持った霊的存在と考えられて いる。暗い部屋に籠っている娘の保護や世話をするとされ、家族が暗い部屋に

原註15〜27　訳註69〜77

籠る儀礼をきちんと執り行なわなかった場合、その中の誰かを病気にさせると信じられている。この「メー・ムロプ」という言い方があるように、一般的にカンボジアでは稲や籾米は女性とみなされ、稲の品種名に女性の名を付けたり、稲の生長過程を女性のある状態に例えたりする。例えば、稲の茎が枝分かれするのをお洒落すると言ったり、実を付けはじめると子を孕んだなどと言ったりする。また、稲の一粒一粒の中に白色の汁が出るようになると乳が出たと言い、それが出なくなって硬い稲粒になると乳が出なくなった、などと言う。米を炊いてご飯にすると「プレアハ・メー ព្រះម」（聖なる母）とも言う。これは、稲の役割が女性と同じようにカンボジア社会では重要だというところから来ている。（ស៊ុន ចាន់ដឹប「ស្រូវកញ្ញើ」『កម្រងអត្ថបទក្នុងបណ្ណាញព័ត៌មានវប្បធម៌ខ្មែរ លេខ២」、កិន សំណាង『ស្រូវក្នុងប្រពៃណីខ្មែរ』、គង់ វីរៈ និង អាំង ជូលាន「ឈ្មោះស្រូវ」『កម្រងអត្ថបទក្នុងបន្តញ្ញព័ត៌មានវប្បធម៌ខ្មែរ លេខ៣』)

▶78 ………… ラックカイガラムシは成虫で1.2㎝ぐらいの虫。セラックという貝殻状の樹脂物質を分泌し、オス、メスで形の違う巣（レアッ ល័ក្ក または ល័ង）をマメ科、クワ科の木など色々な木の小枝に筒状に着ける。分泌物を小枝から取り外して粉々にし、水で洗って糞やごみなどを除いたものをシード・ラック、さらに過熱して不純物を除き薄片にしたものをセラックと言う。このセラックは赤や紫系の染料として使われる他、ラッカー、ニス、ペンキ、インク、レコード、マニキュアなど様々な分野の原料として使われる（渡辺弘之『東南アジア林産物20の謎』）。カンボジアでは染色や伝統薬、刃物の刃と柄をくっつける接着剤などとして用いたりする。また、いくつかの通過儀礼では欠かすことのできないものであるが、社会の変化に伴い生産されなくなった。昔のカンボジアでは男女を問わず歯を黒くする風習があり、特に女性の黒い歯は吉祥繁栄をもたらすと考えられていた。それで、キンマを噛んだりして歯の黒さを保つように努めた。結婚前の女性の美的条件として、道徳や礼儀をわきまえていること以外に、身体的美しさとして髪、唇、肌の色、年齢、それに黒い歯の5つが重要視されていた。この心身ともに条件がそろっている女性を「全てを兼ね備えた理想的な女性」（スライ・クロプ・レアッ ស្រីគ្រប់លក្ខណ៍）と言った。しかし、若い女の子がキンマを噛む習慣はなかったので、ある種の植物の汁を用いて歯を黒くしていたらしい。時代が下がると、ラックカイガラムシの巣を煮て水に溶かし、それをいくつかの通過儀礼で歯に塗るようになったが、ラックカイガラムシの染料は塗っても黒くはならないので、この行為には単に象徴的な意味しかない。それでも、カンボジアには「ラック染料のような黒」という言葉があり、「ラック染料で（黒く）きれいにして、（女性としての）特徴を備えさせる」（ヨーク・レアッ・モーク・チナイ、トヴー・アオイ・コープ・レアッ យកល័ងមកថ្ងៃ ធ្វើឲ្យគ្របលក្ខណ៍）という言い方があった。ラック染料（レアッ ល័ង）が女性の理想的「特徴」（レアッ លក្ខណ៍）の象徴となっているわけである。（មៀច ប៉ុណ្ណ『កម្រងឯកសារស្ដីពីប្រពៃណីនិងទំនៀមទម្លាប់ខ្មែរ ភាគ២』）。

▶79 ………この酒は「スラー・ソー ស្រាស」と言って、カンボジアの伝統酒である。主に農村の個人の家で副業として作られているが、1回につき15リットル程度と小規模である（1キロの米から1リットルの蒸留酒ができる）。炊いた玄米または精白米に天然酵母（メー・ドムバエ មេដំបែ）を入れてよく混ぜ合わせ、甕に入れて2晩寝かせてから水を加え、さらに2晩寝かせる。それを炉の上に置いた大鍋に移して蒸留する。現在ではビールなど他の酒類に押されて作る人が減っている。（អាំង ជូលាន「បិតស្រា」『បណ្ណាញពត៌មានវប្បធម៌ខ្មែរ』インターネット版）

▶80 ………僧侶は正午から翌朝つまり夜が明けるまで一切の固形物を口にすることはできない。食事は1日2回、午前中だけと決められている。僧侶が守るべき戒律（サル សីល）は7種類合計227あり、食事に関してはパチェッテヤ ចបិត្តិយ という比較的罪の軽い92戒の中に定められている。

▶81 ………「天蓋付き台」（ボスボク បុស្សបុក）とは、四本柱だけで作られた屋根が天蓋のようになった儀礼用台。天蓋は四角錘の形をしていて、先端が尖っている。

▶82 ………「境界を画する垣根」（リアチェアヴォアト រាជវតី）とは、儀礼を行なう建物や土地の周囲を取り囲む垣根または柵のこと。王室儀礼では垣根に一定の間隔で傘蓋を立てる。

▶83 ………「森の守護神」は「アーラッ・プレイ អារក្សព្រៃ」と言う。ちなみに、単に「アーラッ អារក្ស」と言えば、一族を象徴する祖霊のことで、過去の一族の中で功績のあった人や名の知れた人がこの祖霊になる。父方（チュムブオ・カーン・アウプク ជំបួខានឪពុក）と母方（チュムブオ・カーン・マダーイ ជំបួខានម្ដាយ）の2系統があり、様々な危険や病気から子孫を守護する役目があるが、ないがしろにされると罰を下すこともある。アーラッは夢または仲介者を通じて意思を子孫に伝えるが、仲介者は2人必要。アーラッが乗り移って、その声と活動の代わりとなる霊媒（ループ・アーラッ រូបអារក្ស）と、霊媒の言った言葉を解釈して人に伝える人である（ネアッ・ボーク・スラーイ អ្នកបកស្រាយ）。仲介者はこの祖霊によって一族の中から選ばれ、誰かが志願してなることはできないとされる。また、霊媒の使う一部の単語をアーラッ語と言う。例えば、「そっと撫でる」は「病気にする」、「小雀」は「子供」または「病気の子」、「沢山つながっている」は「ココヤシ」、「野蛮な水」は「酒」、「袋または筒状の入れ物」は「衣服」、「月」は「太陽」などなど。（មៀច ប៉ុណ្ណ『កម្រងឯកសារស្ដីពីប្រពៃណីនិងទំនៀមទម្លាប់ខ្មែរ』ភាគ១、ភាគ៤）。

▶84 ………チャーム人は2世紀〜17世紀頃まで中部ベトナムにチャンパー（中国文献によると林邑、占城）という国を建てて繁栄したが、現在はベトナムとその周辺国に少数民族として暮らしている。カンボジアには推計30万〜40万人がスンニ派イスラム教徒として主に漁業などで生計を立てているが、近年は漁獲高の減少により転職する人も多い。（カンボジアのチャーム人につ

訳註78〜84

いては、高橋美和「多様な民族・多様な文化」、井手直子「漁業を営むイスラム教徒」『カンボジアを知るための60章』、和田博幸『カンボジア、地の民』参照）

▶85 ………通過儀礼で「明礬」（サイチ・チュー សាច់ជូ またはサー・チュー សាជូ）を使うのは、歯を整える小儀礼の中であるが、特に古式で行なわれた結婚式では、新婦に対する処世訓として使われた。明礬、ラックカイガラムシの巣、塩、コショウの味を、それぞれ酸っぱ味、苦味、塩辛味、辛味の象徴とし、それらを一緒に煮て濃縮液とし、新婦の口に含ませた。2〜3分間口中に含み、絶対に呑み込まないようにしてからバナナの葉の容器に吐き出す、これを3回繰り返す。こうするのは、これからの人生で、他人から非難、中傷、批判され、酸っぱくて、苦くて、塩辛くて、辛いような思いをすることがあっても、それを他人に告げ口したり言い触らしたりしないで、濃縮液と同じように口中に止めてから、そっとどこかに吐き出して捨てなさい、そうすれば揉め事も起こらない、という処世訓にした。これは、カンボジア社会が良くなるのも悪くなるのも女性次第という考えが当時あったため。（លី សុវ៉ី『អាពាហ៍ពិពាហ៍បង្កើមស្តីពីពិធីកាត់ខាន់ស្លា』、ញាណ កៀង、ម៉ម ថៃ『សំអានទំន់ប្រៃខ្មែរបុរាណ』）

▶86 ………「ネムリグサ」は「ソムブオ សម្បួរ」と言い、坂本恭章『カンボジア語辞典・下』によるとマメ科ネムリグサ属 Mimoza gera（H）で、ソムブオ・コッ សម្បូរកក់ も同じになっている。ឱី ផុន『រុក្ខជាតិប្រើប្រាស់ក្នុងប្រទេសកម្ពុជា』ではソムブオ・コッの学名は Albizia myriophylla となっている。Lavit Kham『Medicinal Plants of Cambodia』ではこの Albizia myriophyllade はカンボジア語名ヴォア・チアー・アエム ល្វើឈើអែម またはクライイ・ソー ក្រយស という植物となっている。同じ学名を冨田竹二郎『タイ日大辞典』で見ると和名はネムリグサではなくツルネムとある。カンボジアの植物名を特定する難しさの例として挙げた。

▶87 ………ラックカイガラムシの巣は赤い染料になるので処女の純潔の象徴とされる。（លី សុវ៉ី『អាពាហ៍ពិពាហ៍បង្កើមស្តីពីពិធីកាត់ខាន់ស្លា』）

▶88 ………第2章第2節のクニャエは着付け師のことであるが、ここのイアイ・クニャエ យាយខ្ញែ は儀礼の中で一定の役割を果たす女性のこと。ある程度年を取った女性が務める。スラエ・オムバル地域の「ドーン・ニャエ ដូនញែ」も同じ。「イアイ」も「ドーン」も「年とった女性、お婆さん」という意味。

▶89 ………「ツムギアリ」（オングクローング អង្រ្កង）は学名 Oecophylla smaragdi。「裁縫アリ」とも言う。体長1㎝ぐらいでアメ色。獰猛で咬まれるとすごく痛い。幼虫の口から粘液を出す。成虫が幼虫をくわえ、その粘着液で葉を接着させて10〜20㎝ほどの球状の巣を作る。それが糸を紡いで巣をつくるように見えるのでこう呼ばれる。カンボジアではマンゴーの樹上でこの巣をよく見かけるが、色々な樹木に巣を作る。長い竹竿の先に笊を結び付け、その竿で巣を突いてくずし、笊の中に成虫や幼虫、卵を落として、それをバケツ

に張った水に浸ける。生で食べることもあるが、多くは蟻酸の酸っぱ味を調味料として使い、スープや炒め物など様々な料理に使う。（渡辺弘之『アジア動物誌』、久保田政雄『ありとあらゆるアリの話』、អាំងដួលាន「ម្ហូបធ្វើពីអម្រែង」『កម្រងអត្ថបទក្នុងបណ្ណាគារ៍មានប្បធម៌ខ្មែរ លេខ២』、ជា សោភារី『ម្ហូបក្នុងសង្គមខ្មែរ』）

▶90 ……… 「ヤス」（チョングロプ ចង្រប់）は竿の先端に尖った二又の穂先を取り付けた、魚介類を突き刺して獲る漁具。この他、似たような漁具には「チボーク ច្បូក」（竿の先端に尖った3又を取り付けたもの）、「サーング សាង」（竿の先端に尖った5〜6又を取り付けたもの）などがある。（រៀម ឡឹង, គីជើ ដេហ្សេន, នីក្វឡាស វ៉ាន់ហ្សលីង『ឧបករណ៍នេសាទទឹកសាបនៃប្រជាពាោក្រុកមុជា』）

▶91 ……… クロロー ក្រឡ, コングヴェー កង្វៃ, チロニーク ជ្រនីក, コントゥル កន្ទុល, チョングロブ ចង្រប់

▶92 ……… 「綿打ち棒」（チュー・トゥペイ ឈើផ្ដេច）は綿をほぐし、種などの汚れを取り払い、ふっくらとさせる道具。

▶93 ……… カンボジアで農地を相続する場合、親が死亡した時ではなく、子供世帯が親世帯から生計を完全に分離する際に親から分与されることが多い。夫婦は結婚後一定期間、妻方に住んで生計を共にする事例がまだ残っており（▶113 参照）、この場合、生計を独立させた時に農地を妻方から相続する、つまり娘が親から相続することになる。（詳しくは、天川直子「所有権の移転の実際」『カンボジアの復興・開発』、小林知「農地所有の編成過程」『カンボジア村落世界の再生』）

▶94 ……… 「コーン・クニャエ កូនខ្ញែ」とはクニャエ役を務めるまだ月経のない女の子。この儀礼で一定の役をする。

▶95 ……… 「スラー・スレヘ ស្លាស្រេះ」は脚付き盆などの容器にビンロウの実（スラー）を円錐状に積み上げ、崩れないように木綿糸で全体を覆ったもの。「スレヘ」は「かがる」という意味。

▶96 ……… ネアッ・ターには男女両方があり、女のネアッ・ターを「イアイ・テープ យាយទេព」、「ネアッ・ドーン អ្នកដូន」と呼ぶことは ▶26 で述べた。

▶97 ……… カンボジア語で「年」は一般的に「チナム ឆ្នាំ」と言う。ここでは「何年も」を「チラアン・ヴォアスサー ច្រើនវស្សា」（何回もの雨安吾）としている。年に1回の雨安吾を何回過ごしたか、という言い方になっている。

▶98 ……… 学校教育の制度が整備されるまでは、文字や知識、技術を習う場は寺であり、寺の役割は仏教活動の域を越えて幅広かった。一例を挙げるなら、文字の基本的学習として韻文、パーリ語、規範・しきたり、呪文、伝承物語など。芸術・工芸では絵画、彫刻、鋳造、建築、伝統音楽など。これらは皆、寺という場がなければ学ぶことができなかった。（ហ៊ុត សំណង「វត្តអារាមនឹងចំណេះវិជ្ជា」『កម្រងអត្ថបទក្នុងបណ្ណាគារ៍មានប្បធម៌ខ្មែរ លេខ៩』。なお現在のカンボジアの教育状況については、西野節男編著『現代カンボジア教育の諸相』参照）

▶99 ……… 「トム・ティアウ物語」（រឿងទុំទាវ）はロングヴェーク（លង្វែក）に

訳註 85 〜 99

王都があった時代（16世紀）に、実話を基に作られたとされる僧侶トム ទុំ と村娘ティアウ ទាវ の悲恋物語。口承で伝えられ、最初の作者は不詳とされるが、1915年にプレイ・ヴェーング洲のコムプラウ寺（វត្តកំព្រៅ）の住職であったサオム សោម（1852～1932年）が7音節の韻文にした。今でも物語本として広く読まれており、時には歌あり踊りありの芝居として上演されるほど人気がある。（សោម『រឿងទុំទាវ』、លី ធាមតេង『អ្នកនិពន្ធខ្មែរដែលមានឈ្មោះល្បី』）

▶100 ………「バー・プノム州 ខេត្តបាភ្នំ」は現在のプレイ・ヴェーン州の郡の1つ。

▶101 ………「ナーガ」（ニアッ នាគ）という語には「ナーガ、龍」と、「剃髪して出家しようとしている人」の2つの意味がある。出家前の若者をなぜナーガと呼ぶのか、その謂われは：「人間に姿を変えた1匹のナーガが、出家したいと頼みに来た。ある日、住職が小僧に呼びに行かせると、たまたまその時、見習い僧のナーガは部屋でとぐろを巻いて眠りこけていて、小僧が来たのに気付かなかった。この出来事を耳にしたお釈迦様は、ナーガである見習い僧に還俗するようお命じになった。仏教の決まりでは獣は出家することを禁じられているからだ。しかし、純真な信仰心を抱いているナーガを憐れんだお釈迦様は、その日から、出家を志す人をその獣の名に因んで、ナーガと呼ぶことにしようと約束した」。（ស៊ុ គិញ្ញា、ហាន សុខីម、ហ៊ុន ជីវិទ្ធ『ពិធីបុណ្យនាគនៅប្រទេសកម្ពុជា』。なお、『ប្រជុំរឿងព្រេងខ្មែរ ភាគទី៩』にも同様の話がある）

▶102 ………タイ東北部は13世紀までアンコール王朝の支配下にあった。現在でもカンボジアと国境を接するスリン県、ブリーラム県、シーサケート県などにはカンボジア系の村落が多数存在する。国籍上はタイ人でありながらカンボジア語も話し、カンボジアの伝統文化の一部を受け継いでいる人達が約55万人住んでいると言われている。これらの人々を総称してクメール・スリン（クマエ・ソラン ខ្មែរសុរិន្ទ）と言うこともある。

▶103 ………「クオイ人 កួយ」はカンボジア北部、タイ東北部、ラオス南部など住んでいるモン・クメール語族。地方によって、クーイ、スワイ、カー、ラワーなどとも呼ばれ、象の扱いに長けている。（詳しくはチューン・シーサワット『象と生きるスワイ族』参照）

▶104 ………プンピアト ពិណពាទ្យ はカンボジア式楽団だが、行事や儀式の際に行進しながら演奏する場合はフル編成ではなく、太鼓や銅鑼など持ち運びができる楽器を演奏する。フル編成の場合の楽器の編成は以下である。ロニアト・アエク រនាតឯក(木琴のような楽器。叩く棒の先は布で包んでないので音が硬い。この木琴が楽団の指揮者の役割をする)、ロニアト・トゥング រនាតធុង (同。叩く棒の先が布で包んであるので音が軟らかい)、ロニアト・ダエク រនាតដែក (鉄琴)、コーング・ヴォング・トム គងវង់ធំ (小型の銅鑼を16個輪状に並べた楽器。独特の形をしたバチで叩く)、コーング・ヴォング・トーイチ គងវង់តូច (銅鑼とバチがコング・ヴォング・トムより小さ目、それ以外は同じ)、スロライ ស្រឡៃ

（細い吹き口が付いている 6 穴の縦笛）、ソムポー **សំគោរ**（手で叩く中型の両面太鼓）以上が各 1、スコー・トム **ស្គរធំ**（バチで叩く大型の両面太鼓）が 2。（ហ៊ុនសារិន『តន្ត្រីបុរាណកម្ពុជា』、កែវ ដួរិណ្ណា『ឧបករណ៍តន្ត្រីបុរាណកម្ពុជា』）

▶105 ⋯⋯⋯「行事堂」とは寺の「サーラー **សាលា**」のこと。サーラーと呼ばれる建物は一般的に広間、役所、学校、裁判所、街道筋の休憩所などの公的建物を指す。サーラーによってはカンボジアの気候に合わせて壁がなく、柱と屋根だけのものもある。各寺院に必ずあるサーラーは「サーラー・チャン **សាលាឆាន់**」（僧が食事をするサーラー）、「サーラー・ローク **សាលាលោក**」（僧のサーラー）とも言い、多くは高床で、仏像を安置する場所や僧が座る場所以外には壁がなく、落下防止の手すりが廻らせてあるだけだ。僧侶が毎日食事をしたり、寺や地域の行事などに使う。日本の寺院にはこのような建物はないので「行事堂」と訳した。（ព្រាប ចាន់ម៉ារ៉ា「សាលាលោក」『កម្រងអត្ថបទក្នុងបណ្ណាញព័ត៌មានវប្បធម៌ខ្មែរ លេខ៨』）。

▶106 ⋯⋯⋯カンボジアの伝統家屋は高床式になっていて、中に入るには外付けの階段（チョンダア **ជណ្ដើរ**）を上るようになっている。各家や建物にはムニアング・プテアハ **ម្ចាស់ផ្ទះ**、あるいはチョムニアング・プテアハ **ជំនាងផ្ទះ** などと呼ばれる守り神がいるが、その階段にもムニアング・チョンダア **ម្ចាស់ជណ្ដើរ** という守り神がいると信じられている。それで、家を新築した時や、その建物で何かの儀式を行なう時に、その階段にも供え物をする。ちなみに、階段の段数は必ず奇数（サエヘ **សេស**）になっているが、奇数については ▶30 参照。

▶107 ⋯⋯⋯「戒和尚」（ウッパィチアイ **ឧបជ្ឈាយ៍**）とは受戒作法の儀式を司り、戒を授ける師。

▶108 ⋯⋯⋯こうするのは未成年僧（サマネー **សាមណេរ**）になったという印。この細帯はオングサッ **អង្សៈ** とも言い、僧が肩に斜めに掛ける布のこと。

▶109 ⋯⋯⋯カンボジアの僧衣には 3 種類ある。大衣（ソングクダイ **សង្ឃាដិ**）は托鉢の時などに着る正装衣。上衣（チャイポー **ចីវរ**）は礼拝、聴講、布薩会など僧が集合して種々の行事を行なう時に着る。中衣（スボング **ស្បង់**）は日常の作業や就寝時に着る。これらを総称して三衣（トライ・チャイポー **ត្រៃចីវរ**）という。（僧衣に関しては **ជួនណាត**『ចីវរក្ខន្ធ:សង្ខេប』に詳しい）

第4章
結婚儀礼

カンボジア人の一連の通過儀礼の中で、男女を結び付けて夫婦にする儀礼は、多くの手順と時間を要する。これから生まれて大きく開花する家族の未来は、儀礼の中の多種多様な小儀礼をいかにきちんと華やかに執り行なうか、その準備如何にかかっている。人々はこの儀礼を幸福繁栄（モンゲコル）をもたらすものと考え、「モンゲコル・カー」（幸福繁栄をもたらす式）と呼ぶ ▶110。

　以下では儀礼の経過を初めから終わりまで事細かに説明することはしない。ここで意図しているのは、様々な必要品と小儀礼を通して一般的な意味を検討することだからである。もう1つ、儀礼の経過を残らず説明しようとしても様々な理由からできない。結婚式は地方によって異なる方法で行なわれるのが普通であり、さらに、人によっては時間を長くしたり短くしたり、小儀礼の順序を変えたり逆にしたり、他の人が見たり聞いたりしたことがない小儀礼を取り入れたりすることもある。それで、一般論として「こうするのは間違いで、ああするのが正しい」などと指摘することはできないのである。間違いを指摘するのは、あれこれひどく混乱していて、例えば誰がメーバーで誰がモハー（第4章第2節）なのか分からないといった場合に限る。どれが頭でどれが尻尾か分からないということを避けるために、人々は手本として、しきたりに厳格な人によって纏められた手引き書を見ることもできる。例えばオクニャー・モハー・モントライ ▶111であるニュク・ナウによって編集された『婚礼の手引き』である。これはニュク・ナウ（ញ៉ុក ន៉ុ）が父から譲り受けた手引書と、民衆や王族の中で氏自身が見たり行なったりしたことがある風俗習慣に基づいている ●28。各地の風習がそこに書かれたことと異なるのは事実であるが、いずれにしても結婚式の一般的な過程を短縮することは可能である。

　本稿では、結婚式にいたる前に時間をかけて行なう初期の進め方や、何段階にもわたる一連の交渉については触れない《「ネアッ・チャエ・チャウ」の役目をする人と、その次に「ネアッ・プラウ・チャウ・モハー」の役目をする人が必要》。さらに、双方が合意にいたると、結婚式の前にもう1つ儀礼がある。それはキンマを噛むことで合意が成立する婚約式である ▶112。

　田舎ではほとんどの場合、新婦となる娘の家に隣接してプカー・スラー（ビ

ンロウの花）という小屋を建てる。色々な儀式を行なうために、新郎となる若者を泊める小屋である。この点は重要である。というのは、カンボジアの風習では男性は女性側の家に来て式を挙げ、結婚後は、長い年月でない場合でも、少なくともしばらくの間は妻の家に住むからである●29▶113。この小屋を建てる時は必ず「お供えをする」（プロンケ・ポリー）のは前述した（第2章第3節）。いくつかの小儀礼が終わったら、新郎となる若者は母屋に上がることが可能となる。家に上がっても、しきたりに厳しい家だったら、若者はまだ中央の部屋▶114に坐ることができない。さらにいくつかの小儀礼を経て初めて可能となる。

引き続いて行なわれる重要な小儀礼は、男性側が果物などの贈り物を持ってきて女性側に贈る、結婚式には付きものの行列である。続いてすぐに髪を切り、それから祖霊に供え物をする《アンコール地方ではその前にまずミア・カー（▶24参照）に供え物をする》。以前とは違って新郎と新婦が一緒に髪を切るようになって何十年にもなるが、手引き書では「新婦の髪は家の上で女性が切り、新郎の髪は地面に接した小屋で男性が切る」と述べている。次の小儀礼は「ピティー・カト・カン・スラー」▶115という新郎側から新婦側へ支払う金品を決める式であり、それが終わると2人並んで合掌し、2人の手を吉祥糸で結び、ポプルを回し、ビンロウの花を撒き終わったら、以上で重要な小儀礼は全て終了となる。古い小儀礼の中には失われたものもあるが、外見が変わっただけでまだ残って行なわれているものもある。例えば、色々なお菓子などをお客に贈る「プリアング・コントーング ច្រៀងកន្ទោង」と呼ぶ小儀礼があり、お客はこの贈り物をそれぞれの家に持ち帰る。以前はこの容器をクロング▶116の葉など、木の葉を綴じて作ったが、現在では簡単なのでビニール袋に包んでいる[図97]。

【第1節】必要な物

　結婚式に必要な物について残らず説明しようとしても、それは不可能である。上述したように、地域によってしきたりが異なるからである。そこで、どこでも一般的に使われている必要品について簡単に述べることにする。

　おそらく今日では名前だけあって実物を見たことがない必要品と言えば「カン・スラー」である。

　この「カン」という語は、カンボジアの古語「カール」から変化したタイ語式の言い方▶117 で、形が水を汲む器•30 に似た、お椀形の器を指す語である。それで、「カン・スラー」という語は多分その器の中にキンマとビンロウ▶118 を用意する一種の水汲み容器のことであり、カト・カン・スラーの時に特別に出して使ったと言ってもいいだろう。今日でもカト・カン・スラーは依然として重要な小儀礼であることには変わりはないが、決まった特別な儀礼用具は見たことがない。重要だと言ったのは、カン・スラーという言葉は結婚式全体を指す意味があるからだ。結婚式をしないで一緒に暮らしている男女のことを「オト・カン・スラー」（カン・スラーをしない、つまり正式な結婚をしていない）と言う。

　一方、普通に見かける結婚式に必要な物は①トング・ロング（花嫁の母親への贈り物で、タバコやビンロウなどを箱に入れたもの）1 対、②食べ物を入れた高脚の器（**図 98** でテーブルの手前の両端にある高脚の器）▶119 1 対、③ビンロウの花、④スラー・ポアン・ムルー・ポアン（ビンロウの実とキンマの葉を載せた高脚盆）▶120、⑤ポプル（▶15 参照）を中に入れてあるオングコー・チェイ（吉祥米）、⑥刀、⑦髪を切る道具、⑧キンマ用の石灰を入れる小さい器、⑨ビンロウの実を薄く切るナイフなどである《これらのいくつかは**図 98** の中にある》。地域によって、そこの人たちが大事だと考える必要品が他にもある。例えば新婦と新郎の代わりを務めるバーイ・スライ・ダアム（第2 章第 1 節）1 対、歯を整える時に 2 人が坐る笊に入った米 1 対、オングコー・リアァの道具類（第 2 章第 1 節）などである。ここでは上述した必要品のいくつかを検討することにする。

　――ポプル：これは昔からある•31。アンコール時代やアンコール時代以前の様々な石碑文にこの呼称が見られるからである•32。地方の人の中

には、葉の形をしたこのポプルはシヴァ神の妃であるウマー神の女性器であり、ポプルにしっかり貼り付ける純粋の蜜蠟で作ったろうそくは、シヴァ神の男性器だと言う人もいる ●33 ▶121。ポプルの基本的な意味については、この解釈でほとんど間違いはない。普段は別々に保管しているこのポプル

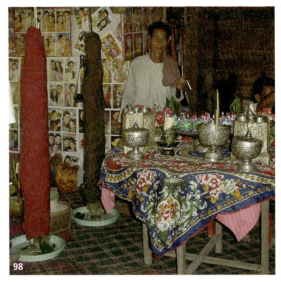

とろうそくは、儀礼がある時に必ず持ってきて貼り合わせる。ポプルを回す時が来たらろうそくに火を点けなければならないが、これは活動させるという意味であり、ずばり言うと男女が交わるという意味である。ろうそくに点火したら、皆でポプルを回し合い、その煙を新郎新婦に扇いで送る。最後にアチャーは火が点いているポプル3つを集め、それを吹き消して煙を2人の方へ送る。この吹き消しては点火するを3回繰り返す。「火のない所に煙は立たない」という言葉通り、煙は火から出てくる。上述したように火が活動を表しているなら、煙はその成果以外のなにものでもない。つまり、将来生まれる子供たちという成果である。このことをよりはっきり証明しているのは、挙式前から2人は密かに暮らしを共にしていたということをアチャーが知った場合には、ポプル回しはしないということである。もう1つ、以前に伴侶はいたが不幸にも離婚した人を「枝が折れ、葉が折れた」と呼び、そういう人もポプル回しに参加させないということである。この項で男女が交わると述べたことには卑猥な意味がないのは勿論であり、それは幸福繁栄をもたらすことと捉えている。なぜなら、2人を結婚させる目的は、将来に子供や孫が生まれ、それが子々孫々へと続いていくようにするためだからである。このもう1つ大きな意味は、将来に繁栄をもたらす可能性あるいは原動力ということであり、それでポプル回し

【第1節】必要な物

は他の通過儀礼でも必ず行なわれるのである。

――ビンロウの花（プカー・スラー）：ビンロウの花に関して注目すべき点は、なぜアチャーや家族は、他の必要品のように前もって用意しておかないのか、なぜ結婚式の忙しい最中に裂いたり剥がしたり束にしたりするのか、という点にある。この問いに明確に答えられる訳ではないが、重要なので中心となる問題点を整理したい。**図99**ではっきり分かるのは、アチャーはビンロウを持ってきて裂く前に、まず両手を上にあげ合掌して拝んでいる。これは、ビンロウの花は崇拝の対象とみなされることもある、ということである。ビンロウの花を用意する方法はまちまちだ。裂いてから中の花を集め、縛って3束にし、様々な脚付き盆に置くこともある。1つ1つの花束の中にはろうそくを隠しておく《**図100**の赤いろうそく》。花束の下方に巻き付けるキンマの葉は枚数が異なり、例えば、1番目の脚付き盆のビンロウの花にはキンマの葉が9枚巻きつけてあり、盆の底にビンロウの実が9切れ敷いてある。このビンロウの花は兄または姉（ボーング）とみなされている。2番目の脚付き盆のビンロウの花にはキンマの葉が7枚とビンロウの実が7切れあり、弟または妹（ポオーン）とみなされている。3番目の脚付き盆には5枚のキンマの葉と5切れのビンロウの実があり、末っ子（パオ）と呼ばれている。アチャーはこの用意した物の意味を説明する時もあれば、意味は分からないけれどずっとそうしてきたと言うだけの時もある ▸122。3つの脚付き盆に用意しないで、2つの脚付き盆に分けるア

99

100

チャーもいる。しかし、キンマの葉とろうそくが男女の器官を表したものなら、剝がしたビンロウの花は将来において実を結ぶもの、あるいは子供たちを意味していると言えるだろう。さらに風習によっては、この脚付き盆に載せるビンロウの花は2種類ある。1つは全部そのまま上の方に伸びていて雄と言い、もう1つはちょうど真ん中で切れて短くなっていて雌と言う［図101］。いずれにしても、大きく咲いて実となるこのビンロウの花粒は、この2人の将来の子供たちや子孫たちに他ならないということは断言できる。ここで2つの事例を見ることにする。図102はある結婚式でビンロウの花を剝がしているところである。その時アチャーは、新郎が手で支え、新婦が自分でビンロウの花を剝がすよう指示し、「たった今あなたは処女としての自分を夫に与えました」と言う。図103も同じ内容であるが、アチャーは新婦を支え役にして、その夫に剝がさせている。

　ここまでで分かったことは、まだ切ったり剝がしたりしていないビンロウの花は、丸ごとそっくり将来に赤ん坊を孕むであろう女性の腹に例えられていて、中にあるビンロウの花粒はこれから次々に授かる赤ん坊だということである。それで最後にアチャーと出席者全員が、銅鑼や楽器がけたたましく鳴る中で、新郎新婦の上にビンロウの花をにぎやかに撒くのである［図104］。留意すべきことは、近頃では人々はきまって、子供がたくさ

【第1節】必要な物

ん授かりますようにと新郎新婦を祝福し、長年連れ添ったにもかかわらず子供がいない夫婦のことを、不幸な夫婦だと思っているということである。──結婚式に必要な他の物にもほとんど同じような意味があり、その多くは男女の器官を象徴していると考えられている。2人が並ぶ時に、キンマの葉に塗る石灰を入れる小さな器（オッ・コムバオ）とビンロウの実を切るペンチ型ナイフ（プロナーク）を2人に持たせることになっているが、これは雌雄1対と考えられている [図105]。同じようによく目にするのは、柄（つか）を男性側に向けるようにして持たせた刀である [図106]。人々はこの刀を雄と雌だとあからさまに言うが、それは刀を抜いて踊る時にある特別の歌を歌うからである。その歌詞の一節は「…刀身はお父さん、鞘はお母さん…」というものである。刀を抜く小儀礼は、食べ物を入れた1対の高脚の器を開く小儀礼と連続して執り行なわれる。この器を開く小儀礼は、

刀を抜く小儀礼と同じように歌と踊りが付きものになっていて、注目すべきは、踊り手は蓋を開くために必ず自分の両腕を交差させなければならないということである [図107]。これは男女の間は切っても切れない関係ですよと念を押しているように見える。もう1つ、この高脚の器の中には必ずノム・オンソームとノム・コムまたはノム・ボトを入れる（以上3つは▶46参照）。知っての通り、儀礼の場以外でも、カンボジア人はノム・オンソームとノム・コムをしばしば男女の陰部を指す婉曲表現として使う▶123。

──その他、結婚式以外の通過儀礼でも必ず使ういくつかの必要品がある。儀礼の中で歯を整える時に坐る笊に入れた籾米 [図108]、儀礼を行なう前にまずオングコー・リアプの周囲にポプルを回さなければならないが、その道具類 [図109]、そして、歯を整える時に使う掘り棒の刃 [図110] などである。

【第1節】必要な物

【第2節】儀礼を執り行なう人

　結婚儀礼で役割を果たす人は大勢いるが、ここでは着付け師クニャエ《または プヌオング》（▶45 参照）や男女の介添え人については言及しない。この人たちの重要性は本番の儀礼にはないからだ。音楽に関しては、はっきりした役割がある。1つは、演奏する曲は単に式を盛り上げるために演奏するわけではなく、特別な小儀礼ごとにふさわしい曲が決められている。もう1つ、男女の歌い手 ▶124 はいくつかの小儀礼で演じる踊りを心得ていなければならない。例えば、贈り物の果物の披露、新郎新婦の髪切り、カット・カン・スラー、幕を開けて新婦に部屋からお出まし願うこと、食べ物を入れた容器を開けること、茣蓙を巻くことなどである。ここでは、結婚式の中のラックカイガラムシの巣をつ搗く小儀礼 ▶125 などで行なう、他の演技については触れない。

　しきたりに厳格な人だったら、アチャーを選ぶ際は慎重に選ぶ。その結婚式が本当にめでたいものになるよう、アチャーは儀礼をきちんと執り行なうことに精通していなければならないからだ。普通このアチャーを「アチャー・ペーリア」 ▶126 と呼ぶ。吉日吉時を占い、生気の方角（▶23 参照）が分かり、ビンロウの花の束ね方から1つ1つの小儀礼の行ない方に至るまで、全てを心得ていなければならないアチャーのことである。

　結婚式に限って特別な役目をする人は「モハー」と「メーバー」である。モハーとは新郎側の家族を代表する人のことだ •34。モハーが全てにおいて正式であるというのは、新郎の両親あるいは保護者からあらゆることに関して承諾を得ているということである。メーバーの方はきちんと執り行なうなら2人必要で、男女各1人である。この2人は夫婦の時もあれば、単に夫婦の役をしているだけの時もある。いずれにしても、ひとりひとりは間違いなく離婚したことがないと皆が知っている人たちばかりである。もっとも、まだ若いメーバーというのは滅多にない。普通は、地元の人や村人が日頃から信頼し尊敬し、親しみを持っている年寄りがなる。

　「メーバー」という語について少し検討する。カンボジア社会の信仰に存在する人間に非ざる霊的存在（クマオイチ・アモヌフ）の類の中で、メーバーというのは、これまで色々と女性の面倒を見てくれた先祖 ▶127 の霊を指

している。その女性とは未婚の適齢期の女性や、せいぜいうら若き既婚女性までを指す。メーバー祖霊と言う時に、男性の面倒を見てくれた祖霊を指すというのは聞いたことがない。例えば「メーバーが人に取り憑く」という言葉は、ある娘が密かにある若者と一線を越えた恋愛関係になったために、その娘の祖霊が自分の親戚の誰かに取り憑いて病気にするという意味である。その娘としきたりに反する振る舞いをした若者の方には、メーバー祖霊はいない•35。もう1つ、メーバーという言葉は一般的に現に生きている両親を指す。例えば、孤児とは「メー（母）がいない、バー（父）がいない」子供である。ここで疑問なのは、カンボジア語は語彙が乏しいのだろうか。それで、両親を指す言葉であり、なおかつ女性の祖霊を指す言葉をさらに別の、結婚式における1組の男女を指す言葉にも使わざるを得なかったのだろうか。混同するから不便だとは思わなかったのだろうか。明らかにそうではない。家族ではない2人のことをメーバーと呼ぶのは、明白な意図があってそう呼ぶのである。1つには、娘の両親または保護者の代わりを務めるために、その人は女性側の家族の一員になったことにするのである。その人の言うことは全て両親または保護者の言葉であると見なされる。もう1つ、このようにメーバーと呼ぶのは、メーバーが言った言葉は全て娘の祖霊（クマオイチ・メーバー）の言った言葉であると見なすためである。一言で言うなら、メーバー《儀礼の中でメーバーの役をする、家族とは別の人》が何かを言う時は、その言葉は事実上両親の言葉でもあり、祖霊の言葉でもあるという意味である。これが同じ名称を用いる理由であり、どれがどれだか分からなくなっても困ることはないようである。

　結婚式の初めから終わりまで、モハーとメーバーが口にする言葉を検討すると、男性側を代表するモハーは全て「許可を求める」という意味において何かを言い、そして、少しずつ大変慎重に事を進めていくというのが分かる。女性側を代表するメーバーの方は、時にはあれこれまだ満足していないふりをすることがあっても、何か言う時は常に承認することであり、祝福に答えることである。

　この章では、紙幅の都合上「除霊のために供え物をする」ことについては触れず、通常の通過儀礼について述べただけだが、ここで1つだけ簡単

【 第2節 】儀礼を執り行なう人

に述べておく。2人が結婚式を挙げることなく夫婦になった場合は、上述したように、必ずその女性のメーバー祖霊が誰か1人に取り憑くと信じられている。それで社会は「供え物をする」（サエン）という儀礼を行なわせることによって、救いの手を差し伸べることができる。このサエンというのは、女性のメーバー祖霊に供え物をすることである。結婚式をせずに一緒になった2人が、今後も夫婦であり続ける場合は「入るお供え」（サエン・チョール សែនចូល）と言い、そうでない場合は「出るお供え」（サエン・チェニュ សែនចេញ）と言うが、いずれにしても供え物をすることに変わりはない。なぜなら、除霊つまりメーバー祖霊を取り除かなければならないからだ。

　以上ざっと述べたことは、結婚式は女性のために準備し、男性の方は実際に調査してみると、ただ単に式が滞りなく行なわれるように手伝いをするだけ、ということである。きちんと執り行なわれて初めて社会は満足し、祖霊も喜んで容認し、当事者も面目を施すのである▸128。

◇ 原註

•28 ………ニュク・ナウ ញ៉ុក នូវ 1965. 参照。この文書はフランス語で伝わっている。Pou.1973. 参照。（訳註：この文書の内容の要点は លី សុវី『ប្រពៃណីអាពាហ៍ពិពាហ៍ខ្មែរកំពុងមានវិប្លាស』に紹介されている）

•29 ………この風習はカンボジアに暮らす全ての民族でほとんど守られている。このことは、しきたり、言語などは女性が伝え、女性が守り手であることを示している。例えば、クルング人の女性を妻としたトムプオン人のある男性は、クルング人の村へ行って住むので、自分がクルング人になり、その村の言葉つまりクルング人の言葉を話し、クルング人の風習に従うことにした。

•30 ………水を汲む器「プダル ផ្ដិល」という語をまだ使わなかった時代に、カンボジアでは金銀あるいは青銅製の容器を指して「カール ឆាល」という語を使っていた。石碑文の中に多くの例がある。（Pou.1984.p.115；Pou.1992.p.125 参照）

•31 ………Thierry.1984. 参照。

•32 ………Au Chhieng.1974.；Pou.1992.p.435 参照。

•33 ………អាំង ជូលាន.2004.pp.22-25 参照。

•34 ………おそらくラージェンドラヴァルマン（リアチェーンヴォアマン រាជេន្រ្ទវរ្ម័ន 在位 944 ～ 968 年）王の時代に、王宮に「王家の大官（リアイチ・コル・モハー・モントライ រាជកុលមហាមន្រ្តី」という官職の役人を 1 人任命するようになった。オクニャー・モハー・モントライ ឧកញ៉ាមហាមន្រ្តី という官職はこの時代末期に王宮からなくなったばかりである。このオクニャーの重要な役目は王と王女のしきたり、特に王族の結婚式が伝統に則ってきちんと行なわれるように監督することである。結婚式で特別な役目をする「モハー មហា」という語は多分「モハー・モントライ មហាមន្រ្តី」という語を縮めて言った語である。

•35 ………「ドーン・ター ដូនតា」と「メーバー មេបា」という言葉を混同しないほうがいい。ドーン（祖母）・ター（祖父）は男女を問わず誰にでもいる。故人についてこの言葉を使う時は、一般的に先祖を指す。例えば、陰暦 10 月のプチョム・バン祭り ▶186 の時に毎日行なう務めの 1 つは、先祖の霊に供え物をすることであり、この先祖とは参会者自身の先祖を指すだけではなく、さらに人を区別することなく、幾世代もの他人の先祖や自分の先祖をも指している。一方、「メーバー」という言葉は説明したように女性の先祖、特に多くの場合若い娘の先祖を指す。

◇ 訳註

▶110 ………「結婚式」という言葉は「モングコル・カー មង្គលការ」以外に「リアプ・カー រៀបការ」、「アーピア・ピピアー អាពាហ៍ពិពាហ៍」（アヴィアハ・ヴィヴィアハ អាវាហៈវិវាហ とも言う）もよく使われる。古式の結婚式では、「アーピア」

はまず新郎を新婦側の家に連れてくることを言い、「ピピアー」は翌朝に新婦を新郎がいる小屋（ローング・プカー・スラー រោងផ្កាស្លា）に連れてくることを言う。アーピアだけ行なう場合は「アヴィアハ・モングコル」と言い、ピピアーだけは「ヴィヴィアハ・モングコル」と言う。（លី សុវីរ『អាពាហ៍ពិពាហ៍បន្ទេមស្តីពីពិធីរក្សាខ្មាស្រ្ត』）

▶111 ……… 「オクニャー・モハー・モントライ ឧកញ៉ាមហាមន្ត្រី」は昔の最高位の官職の称号。

▶112 ……… 暗い部屋に籠る儀礼が終わった娘は次に結婚ということになるが、古いしきたりでは結婚式にいたるまでには何段階もの過程を経なければならない。以下にその概略を記しておくが、地域によって役割の名称や、方法などが異なるので、あくまでも参考としてである。

下話をする式（ピティー・チャエ・チャウ ពិធីថែថ្លូវ）：最初に結婚話を持っていくのは、男性側のネアッ・チャエ・チャウ អ្នកថែថ្លូវ（メー・オンダアク មេអណ្តើក とも言う）という役の女性。夫を持ち家族円満に暮らし、裕福で人付き合いが良く、きちっと話ができて、他人から尊敬されている老婦人が選ばれる。女性側の両親にそれとなく伝えるが、相手の家に行って話をするのは1回ということはなく、少なくとも3回は行かなければならない。女性側の両親の承諾を得たら、男性側の両親は占い師に結婚の申し込みに行く年・月・日を占ってもらい、ネアッ・チャエ・チャウを通じて相手側に伝える。

正式に結婚の申し込みをする式（ピティー・スダイ・ドンダング ពិធីស្តីដណ្តឹង）：贈り物を持って結婚の申し込みをしに行くのは、男性側の代理人ネアッ・チマーイ អ្នកផ្សាយ（女性が務める。ネアッ・プラウ・チャウ・モハー អ្នកផ្លូវចៅមហា とも言う）と両親、親族。女性側は代理人であるメー・バー មេបា（男性が務める）と両親、親族が応対する。新郎となる若者が一緒に行くのは、この段階の3回目になってからで、この時初めて本人同士が顔を合わせる。

新郎となる若者の人柄を実際に確かめるために、新婦となる娘の両親の家で一定期間働かせる。娘を含め、女性側が納得したら婚約式の準備となり、男性側の両親が占い師に婚約式の年月日を占ってもらい、ネアッ・チマーイを通じて相手側に伝える。

婚約式（ピティー・シィー・スラー・コムチョアプ・ピアッ ពិធីស៊ីស្លាកម្ចាប់ពាក្យ）：婚約式では結婚式の準備について話し合われるが、両家の代理人は、男性側はネアッ・チマーイ（女性が務める）、途中からモハー មហា（男性が務める）に交代する。女性側はメー・バー（男性が務める）。メーバーがネアッ・チマーイに家（結婚式場となり、後に新郎新婦が住む）を1～2軒建てることを要求したところで、男性側の代理人がネアッ・チマーイからモハーに交代し、メー・バーとモハーがそれぞれの側の代理人として結婚式が終わるまで務める。婚約式では結納品の種類と数を決め、それを記録してメーバーとモハーが1通ずつ持つ。婚約式の費用は盛大な時は結婚式の費用の半分、そうでない時

でも 3 分の 1 は掛かる。なお、結婚式までに準備することは、

【男性側】①式を司るアチャー・ペーリア アចារ្យពេល (結婚式のアチャー)、②チマーイ ឆ្មាយ とモハー មហា、③結納品の楽団、④結納品、⑤客に出す料理の食材、⑥親戚友人など招待者に通知する。

【女性側】①メーバー、②アチャー・クニャエとイアイ・クニャエ、③籾米と歯を整える道具(歯を整える小儀礼を行なう場合)、④客に出す料理、⑤着付け師、⑥親戚友人など招待者に通知する。

(លី សុវីរ 『អាពាហ៍ពិពាហ៍ខ្មែរប្រៀបធៀបពីសម័យបុរាណនិងសម័យបច្ចុប្បន្ន』、ញ៉ាណ រៀង、ម៉ម ម៉ៃ『លំអានទំនៀមខ្មែរបុរាណ』)。現代では上記したような厳格で煩雑なしきたりは行なわれなくなっており、形式にとらわれず簡略化されている。

▶113 ⋯⋯⋯ カンボジアの風習では結婚したら夫は一定期間妻方に住むというのが一般的だ。それで、以前は結婚式にいたる前の段階で、女性側が新婦の実家の敷地に家を建てるよう男性側に要求するというのがあった (▶112 参照)。現代でも妻方に住むという風習は残っているが、仕事や住宅事情などの都合で、2 人で新居に住む場合も増えてきた。(詳しくは、高橋美和「家族のつながり方」『カンボジアを知るための 60 章』参照)

▶114 ⋯⋯⋯ カンボジアの伝統家屋は家の外側に取り付けられた階段を上った所に居住空間が作られている。多くは床を 3 つに区切って使用するが、中央の部屋を「ルヴェーング・チャン ល្វែងចន្ទ」(月の部屋)、東の部屋を「ルヴェーング・チアング ល្វែងឈៀង」(脇の部屋)、奥の部屋を「ルヴェーング・ボントプ・コーン・クロモム ល្វែងបន្ទប់កូនក្រមុំ」(若い娘の部屋)と言う。(លី សុវីរ 『ប្រពៃណីអាពាហ៍ពិពាហ៍ខ្មែរកំពុងមានវិប្លង់ស』)

▶115 ⋯⋯⋯ 「ピティー・カト・カン・スラー ពិធីកាត់ខាន់ស្លា」とは、礼儀をわきまえ、どこに出しても恥ずかしくないような一人前の女性として育て上げた、新婦となる娘の価値を決めること。古式の結婚式では 2 日目の夜中 1 ~ 2 時頃に、女性側のメーバー、両親、主だった親類が集まって決めた。決まった金額を、母乳代(スナップ・トゥック・ドホ ស្នាប់ទឹកដោះ)として男性側に請求する。金額は相手側の家柄、身分など支払い能力によって異なる。男性側のモハーが女性側のメーバーを通じて両親に支払うが、支払われた母乳代は祖先の追善供養などの儀式に使う (ម្យ៉ាច ប៉ុណ្ណ 『កម្រងឯកសារស្ដីពីប្រពៃណីនិងទំនៀមទម្លាប់ខ្មែរ ភាគ៤』、ញ៉ាណ រៀង、ម៉ម ម៉ៃ『លំអទំនៀមខ្មែរបុរាណ ភាគ១』)。現在では形式的な小儀礼として残っているが、結婚式の中で結納金を支払う式(ピティー・チアウ・カン・スラー ពិធីជាវខាន់ស្លា)を行なう場合もある。

▶116 ⋯⋯⋯ 「クロング ខ្លង」は別名「クロング・スルク・トム ខ្លងស្លឹកធំ」(葉の大きなクロング)とも言う。「イン」というフタバガキ科の落葉中高木 Dipterocarpus tubercultus (S)。葉が大きく長さ 50cm にも達する。

▶117 ⋯⋯⋯ タイ語では末子音の「l」は「n」と発音するので、カンボジア語の「kaal」(カール)は、タイ語では「kaan」(カーン)となる。

訳註 111 ~ 117

▶118 ………「キンマ」（ムルー ម្លូ）はコショウ科コショウ属キンマ Piper betel（L）。登攀性の灌木。「ビンロウ」（スラー ស្លា）はヤシ科アレカ属ビンロウ Areca catechu（L）。和名・中国名は檳榔、檳榔樹。実は房状に生り、熟すとオレンジ色で 3 〜 5cm ほどの大きさ。種核（果実の胚乳部分）をビンロウジ（檳榔子）という。以前のカンボジアでは、キンマの葉に練った石灰（コムバオ កំបោរ）を塗り付け、ビンロウの種核片（ビンロウジ）を包んで噛む習慣が広く社会にあった。この石灰は石灰石や貝殻を焼いて作る。ビンロウジは生のまま、あるいは茹でて乾燥させたものを水で戻して軟らかくしてからキンマの葉に包んで噛む。一般的にキンマを食べる（スィー・ムルー ស៊ីម្លូ）、ビンロウジを食べる（スィー・スラー ស៊ីស្លា）という言い方をするが、食べて呑み込むわけではなく、噛んで味がしなくなった残り滓を赤くなった唾液と共に吐き出す。それで、噛み滓を吐き出す「コンタオ កន្ទោ」という壺が室内には必ず用意されていた。普通、キンマの葉に包むのはビンロウジだけではなく、数種類の他の具材も一緒に包んで噛む。具材を包んで噛む用意ができた 1 口分の包みを「スラー・トマト ស្លាថ្មត់」と言う。噛むと清涼感があり、虫歯にならず、口臭を除いて、声をよくするなどの効果があるとされるが、唇や口中が赤くなり、歯が黒くなる。男女を問わず黒い歯が美しいとみなされた時代では、特に若い女性の美的条件は、道徳や礼儀をわきまえていること以外に身体的美しさの 1 つとして黒い歯があった（▶78 参照）。男性の方は女性ほどしょっちゅう噛んでいたわけではないようだ。また、伝統医療の面では、呪医が呪文を唱えながらその噛み滓と唾液をデキモノなどの患部に吐きかけるなどの方法もある。キンマを噛む習慣が一般的であった時代では、単に個人的な嗜好品として噛むというだけでなく、他人との付き合いや様々な儀礼の場などで一緒に噛むということが重要な意味を持っていた。黒い歯を美しいとみなす風習が全くなくなった今日、キンマとビンロウジがカンボジア社会で果たす役割も終わっている。（មៀច ប៉ិណ្ណ『កម្រងឯកសារស្តីពីប្រពៃណីនិងទំនៀមធម្មាប់ខ្មែរ ភាគ២』)

▶119 ………「食べ物を入れた高脚の器」のことを「ティアプ・バーイ・プレアハ・スライ ថៀបបាយព្រះស្រី」という。「ティアプ」は「高脚の蓋付き容器」。「バーイ・プレアハ・スライ」は「吉祥飯」という意味であるが、この器には色々な食べ物が入っている。

▶120 ………「スラー・ポアン・ムルー・ポアン ស្លាពាន់ម្លូពាន់」とは、ビンロウの実とキンマの葉を噛むための必要品を載せた高脚盆のこと。「ポアン ពាន់」は「1000」という意味で、昔はキンマの葉 1000 枚とビンロウの実を 1000 個用意したのでそう言った。日常生活や各種儀礼の場でキンマを噛む習慣があった時代には、キンマを噛むための必要品、道具類を全部このような高脚盆に一緒に入れておいた。この高脚盆のことを「ピアン・プレアハ・スライ ពានព្រះស្រី」とも言った。宮廷用語では、ビンロウの実とキンマの葉のことを「プレアハ・スライ ព្រះស្រី」と言い、この言葉が一般的にも使われることがあったためであ

る。（ប្រពប ចាន់ម៉ារ៉ា 「ពានព្រះស្រី」『កម្រងអត្ថបទក្នុងបណ្ណាញាតិមានប្បធម៌ខ្មែរ លេខ៦』、
ម៉្យេច ប៉ុណ្ណ『កម្រងឯកសារស្ដីពីប្រពៃណីនិងទំនៀមទម្លាប់ខ្មែរ ភាគ២』）

▶121 ………ポプルの謂われについて、昔話があるので抄訳する。『シヴァ神
は他の神々から恐れ敬われるほどの神通力の持ち主で、カイラーサ山の大王
だった。その妃ウマー・ポケアヴォアトも例えようもないほど素晴らしく完璧
な女性だった。夜叉やガンダルバ、キンナラたちは、子供を結婚させる前に必
ずシヴァ神とウマー女神の所へ行き、その男根と女陰の霊験あらたかな偉力を
子供たちにも分けてもらっていた。さて、ふとしたきっかけでシヴァ神に呪術
を教わったカエケートチョムプー国のチェイ・ソレアー王は、ある日、シヴァ
神から子宝を授かるようなお祝いをもらおうと、自分の妃を腰に抱えカイラー
サ山めざして飛んでいった。人間界では人々は精力がなく、子供があまり生ま
れなかったからだ。シヴァ神はあれこれ考えた末、弟子である王に自分の男根
と妃の女陰を贈ろうと思い立ち、妃のウマー女神に相談した。「子宝が授かる
よう、おまえの女陰の名器たらしめるところを人間界に授けてやってはくれま
いか。カイラサ山界のような力を持たせてやりたいのだよ」。妃は「どうぞお
好きなようにしてください」と承知した。シヴァ神は鉄囲山から金剛砂を持っ
てきて呪文を吹き込み、金の菩提樹の葉に変えて、それを妃の女陰の象徴とし
た。次にヒマラヤ山から金剛石を持ってきて呪文を吹き込み、金のろうそくに
変え、それを自分の男根の象徴とした。その2つを「ポー・ピー・ロアト」（2
つの宝石の祝福）と名付けた。つまり「この2つの祝福は望み通り輝く」と
いう意味だが、長ったらしいので「ポプル」と呼ぶことにした。そして、シヴァ
神は「このお祝いを持っていきなさい。子供を結婚させる時には、この金のろ
うそくを金の菩提樹の葉に張り付けて点火し、新郎新婦のまわりを3周させ
なさい。それから、火を消して団扇で扇いで、煙を2人の口と鼻に入れなさ
い。この煙は天界の曼陀羅華の花と同じように良い香りがするのだよ。煙を深
く吸い込んだとたん、巨象のような力が湧き出し、若さがみなぎって、神通力
のような力がもりもりと湧いてくるのだ」と言いながら、チェイ・ソレアー王
に手渡した。自分の国に戻った王は、さっそくポプルの威力を文武百官に伝え
た。それから長い年月が過ぎると、シヴァ神から授かった金の菩提樹の葉もろ
うそくも、すっかりすり減ってなくなってしまった。それで、自分たちで金や
青銅、真鍮、鉄などで菩提樹の葉を作り、金泥を塗ったろうそくを作ることに
した。そして「この2つをシヴァ神の男根とウマー女神の女陰の象徴とします
す。どうか、シヴァ神が神通力で作ってくださったものと同じ力をお与えくだ
さい」と祈った。こうして、ポプル回しが結婚式に欠かせない風習として今日
まで続くことになったのである』（「រឿងក្រេង ទាក់ទង នឹងទំនៀមប្រើពិសក្នុងពិធីមង្គលការ」
『ប្រជុំរឿងក្រេងខ្មែរ ភាគទី៩』）

▶122 ………著者によると、ここに述べられている「ボーングបង」（兄または
姉）、「ポオーンប្អូន」（弟または妹）、「パオ ៅ」（末っ子）が何を表しているの

_____

訳註118〜122

か、はっきりしたことは分からないという。結婚式で必要な物とその意味は地域によって異なるので、あくまでも参考として ញាណ ក្ងៀន、ម៉ម ផៃ『សំអនទំន្យមខ្មែរបុរាណ』の中の説明を以下に紹介しておく。地域は明記していないが、そこでは裂いたビンロウの花 21 枚を長く束ねた方は、キンマの葉 21 枚とビンロウの実 21 個があり、父親の恩を表したもの。ビンロウの花 12 枚を束ね、キンマの葉 12 枚とビンロウの実 12 個があるのは母親の恩を表したもの。ビンロウの花 6 枚を束ね、キンマの葉 6 枚とビンロウの実 6 個があるのは兄姉の恩を表したものだという。それぞれの数については ▸54 参照。

▸123 ………ノム・オンソーム និអន្សម の形は棒状、ノム・コム និតម の形は三角形をしている。

▸124 ………結婚式では、いくつかの小儀礼で、男女の歌い手が歌ったり踊ったりしながら、その小儀礼の意義を説明したり、進行役を面白おかしく務めたりするのが定番となっている。

▸125 ………古式で行なう結婚式の中に「ラックカイガラムシの巣を搗く小儀礼」があった。

▸126 ………「アチャー・ペーリア អាចារ្យពេលា」とは結婚式を司るアチャーのこと。「ペーリア ពេលា」は「吉日吉時」という意味。通過儀礼ではアチャーが重要な役目をするが、儀礼や地域によってはアチャーとは呼ばず、特別の言い方をする。例えば、結婚式で男性側の代理人を務めるアチャーを「モハー」と呼び、火葬を取り仕切るアチャーを「ヨーキー」と呼ぶなど。

▸127 ………「これまで色々と面倒を見てくれた人」のことを「ボッパカーライ・チョン បុព្ការីជន」と言う。例えば、自分の両親、師匠、自分が僧である場合は仏陀、そして人民にとっての国王などがこれにあたり、若い女性にとってはメー・バー祖霊となる。ちなみに、カンボジアで先祖と言うと祖父母や曽祖父母ぐらいまでで、それ以前のことはあまり話題にならないようである。

▸128 ………結婚が法律上の効力を持つには役所に届け出をしなければならないのは勿論である。届け出を怠ると、オト・カン・スラー（第 4 章第 1 節）と同じようにみなされる。結婚に関する法律は、カンボジア王国民法典　第 7 編親族　第 3 章婚姻　第 1 節婚姻の成立　第 1 款婚姻の要件　第 948 条～第 957 条参照。（カンボジア民法の日本語訳は（財）国際民商事法センターの、また日本の支援によるカンボジア民法・民事訴訟法の起草から施行までの経緯と現在の法整備の状況については法務省と JICA の、それぞれのウェブページで知ることができる）

第 5 章
妻から母親へ

夫婦には子供がいるのが普通である。結婚式の祝福で人々が願うのは、2人に子供が沢山できて欲しいということである。しかし、これを果たさなければならないのは女性であって男性ではない。身重になって出産するのは女性だからだ•36。もう1つ、最初の子供の誕生は非常に重要だと考えられているので、あらゆることに気を使い注意深く事を進める。危険が生じるのは事実であるが、最初の子供が重要なのは、妻という状態を超えて次へと進む、つまりその時から女性は母親に変わるからである。それで、2人目以降の出産は儀礼的には重要性が低くなる。呪術師は初産の女性の乳を用いてある呪術を施すが▶129、それは呪術師が女の子の初潮の血を用いるのと同じである。なぜなら、初潮の血は少女の状態から一人前の娘に変わることに関わっており、どちらも状態が変わることに関係するものだからである。

　出産は妊娠状態の終了なので、この両方に関わる経過は一緒に検討する必要がある。

【 第1節 】妊娠中

　ここでは関連するカンボジア語を取り上げて検討する。妊娠中の女性については様々な言い方がある。「パアム」（妊娠する。動物にはこの語を使うが、人に使うと下品な言い方）、「ポ・トム」（大きい腹）、「ミアン・トムゴン」（身重。見た目には分からないのも可）、「ミアン・ポ《ミアン・ポ・ミアン・プンとも言う》」（お腹に子供がいる）、「ミアン・プテイ・ポ」（妊娠中。目で見て分かる）、「ポ・ポ」（大きい腹を抱える）など。ここでは「コア」という語は含めない。王族用語として、あるいは文学で美しい言葉としてのみ使うサンスクリット語だからである▶130。

　上記の日常的に使う言葉だけを取り上げてみると、子供が無事に生まれてきた時とは違って、「子供」（コーン）という語の使用を避けているように見える。この子供という言葉をはっきりと言わないのは、禁忌だと見なしているからである•37。

　このようによく知られている妊娠中の禁忌は沢山あり、全てを数え挙げるのは容易なことではないが、事例を挙げて考察すると以下のように要約

することができる。

——動作に関すること：手を伸ばして高い所にある物を摑む、がたがた揺れる道で車に乗る、夜間に水浴びする、しゃがむ、戸口や階段の下り口に坐る・・・。

——毎日の仕事に関すること：縫い物で口を縫い合わせる。例えば、枕にキワタを詰めて縫うのはいいが、最後に口を閉じ合わせてはいけない。それは他の人にさせる・・・。

——食事に関すること：食べてはいけない物は、辛い物、巻貝、バナナの苞^{ほう} ▶131 が入っている料理・・・。

——女性あるいは妻としての振る舞いに関すること：食事中に歩き回ったり食事の時間が長すぎたりすること。夫を跨いで歩く。焼き魚を竹串から外す時に、その竹串を引き裂く・・・。

——村全体に関すること：難産の女性を見舞う、葬式に参列する・・・。

——特別な禁忌^{きょうそう}：競漕用の舟の前を横切る・・・。

　上に要約したことは全部禁じられていることである。高い所に手を伸ばして何かを摑んではいけない、車に乗ってガタガタ揺れてはいけない、辛い物を食べてはいけない等の禁止事項は理解しやすいので説明は省く。しかし、これらとは別に俗信に関連する禁忌がいくつかある。人々が起こると信じている危険は要約すると大きなものが2つだけだ。1つは流産、もう1つはそれとは逆の難産である。しゃがんだり戸口に坐ったりするのは流産の原因となる。生まれてくる赤ん坊は母親の「戸口」から出てくるので、家の戸口や階段の下り口に坐るということは、その戸を開けっ放しにすることになるからだ。しゃがむというのも同じある。何かの口を縫い合わせてはならないという禁忌は、子供が出ないことを避けるためだ。バナナの苞^{ほう}を食べてはいけないというのも、意味するところはただ1つであり、幾層もの苞でしっかりと包まれているバナナの実《子供に例えることができる》がその中にあるからだ。これ以外に、何をするにもてきぱきとして、ぐずぐずしない動作は、出産が早く済むようになる。夫を跨いではいけない等はカンボジアの習慣であり、女性は日常的にそうしないよう心掛けているから、当たり前のことである。

【 第1節 】妊娠中

競漕用の舟の舳先（へさき）を横切ってはいけないという禁忌は、流産への恐れから特別の禁忌になっているのは確かである。知ってのとおり、競漕用の舟は悪霊プリアイが守っていて[132]、プリアイの最大の敵は妊産婦であると信じられている。これについては後述する。

禁忌とは呼び難い一連の事項がある。というのは、しないようにすることではなく、反対に、することまたはすべきことだからである。それをしなければならないのは月食[38]または日食の時で、妊婦は戸外に出て、月あるいは太陽を呑み込みつつあるリアフー[133]を皆と一緒に追い払わなければならない。その時に、「お月様（またはお日様）を助けてください」と叫びながら鞭か棒で木などを叩く。その女性が寝床でぐっすり眠っている場合は、起こして参加させなければならない。さらに、その女性は、キンマ用の石灰を入れる小さな容器か、ビンロウの実を切るペンチ型ナイフなどの物を、巻スカートを腰で留めた個所に入れておかなければならない。これは、赤ん坊がすでに母体から外に出てリアフーを追い出す行動に参加しているという意味である。こうしなければその子は「月食または日食が跨いだ」（クリアハ・コンローング）[134]と呼ばれるからだ。

この他すべきことは、臨月が近づいたら生薬を飲み、護符を腰に着ける[135]ことなどである。この護符は子供が産まれたら外さなければならない。

【第2節】 出産

「チロング・トンレー」（川を渡る＝出産）という言葉は非常にきれいに聞こえる言葉である。出産の状況を、川を渡るのではなく、危険に遭遇するかもしれない広大な水面を渡ることに例えている、と理解している人もいる。なぜなら、サンスクリット語から「サモト」（海）という語をまだ借用していない時代に、カンボジアでは海を「トンレー」と呼んでいたからだ[39]。今日でさえ、例えば「トンレー・サープ」（サープ湖）、「トンレー・バティ」（バティ湖）など、広大な水面やそれより小さい水面をまだトンレーと呼んでいる。出産の状況を広大な水面を渡ることに例えている、というこの説明を否定はしないものの、母親の出産の状況ではなく、胎内から出てくる赤ん坊の状況を大海を渡って岸にたどり着くことに例えている、と

いう考え方もある•40。この水を渡るという意味が母親のことを言っているのか、赤ん坊のことを言っているのかはさておき、いずれにしても「破水する」(バエク・トゥク・プロホ)という言葉があるので、まだこういう言い方が残っているのである。

このきれいな言葉以外に、「カアト・コーン」(子供を産む)、「ソムラール・コーン」(出産する)とも言う。タイ東北部に住んでいるカンボジア系の人々(▶102参照)はこれとは別に、「レイチ・コーン」(子供が出てくる)という言い方をする•136。以上のように、出産に関しては妊娠中とは違って遠回しな言い方はせずに、「コーン」(子供)という言葉を使う。

カンボジアに住んでいる各民族に限ってその風習を検討すると、必ず母屋から離れた所に仮小屋や小屋を作るので•41、家の中で出産するのはまれである。地元の人の説明では、血などの後始末が簡単なためだという。確かにこの風習は、出産に際して産婦はひどい「汚れ」にまみれると分かっているあらゆる民族の考え方にも通じている•42。コムポング・スプー州のトゥク・プッ地域で見たポア人の風習について述べると、離れた所に作る小屋は1つだけではなく、2つある。1番目の小屋は家の垣根の外にあり、出産用である。出産後、母子をざっと洗って清潔にした後、2人を抱きかかえてもう1つの小屋に移す。その小屋の大きさは1番目の小屋と大差はないが、家の垣根の内側にある。その小屋の床下で、未熟な血管(後述)の産婦を熱するために火を焚く(アング・プラーング)。3日経って炉の火を落としたら、産婦はようやく母屋に戻ることができる。**図111**で出産の場所としてのみに使う垣根の外の小屋は左に、3日間産婦を熱するための垣根の内側の小屋は中央奥にあり、1番目の小屋同様ビニールシートで覆って隠されている。炉の火を落とした後に戻ることができる母屋は、木の葉の壁と屋根がある右の家である。小

111

【第2節】出産

112

屋を2つ作る風習はめったに見られないというのは事実であるが、出産用と加熱用の小屋が母屋から離れたところに1つだけ、というのはそう珍しいことではない。これは、東北地方であろうと他の地方であろうと、様々な民族について言えることである。**図112**はプラウ人のある村で撮ったものである。この竹製でカヤ葺き屋根の離れは、これから臨月を迎える自分の妻のために、ある男性が作ったばかりの小屋である。この小屋には寝床のすぐ近くに、妻を火で熱するための土を盛った炉を作ってあるが、それは明らかに、床下の地面で火を焚かないということである。これは重要な点である。なぜなら、炉を同じように家の床上に作るのなら、なぜ右側にある母屋に作らないのだろうか。家から離れた所に出産場所を建てるのは、火を焚きやすいとか様々なことをしやすいとか、そういうことには関係がなく、実際には汚れを避けるという考えから来ているのである。カンボジア人の場合は、この風習は特に町から離れた農村でまだ若干行なわれている。以上述べてきたのは、産婦は汚れにまみれているので、しばらくの間、家族関係も含め社会から切り離すのが一般的である、ということを説明するためである。

　この期間に必要な物は産婦を熱する火である。この火を消さないように、

熱している間は常に燃やし続けていなければならない。「クロラー・プラーング」▶137 と呼ぶ一定の決まった場所とは、今述べた離れた場所にある出産用の小屋、あるいは悪霊が侵入ないように呪文の境界を張り巡らせた屋内の出産用の部屋のことである。炉の火を落とさない限り、その小屋や部屋は特別な「場所」である。なぜなら、その火によって区切られた「時間」は同じように特別な時間だからだ ●43。それで、この期間にこの部屋の中で行なうことも特別なこととなり、要するに禁忌の中であれこれ行なうのである。炉を設置する場所は室内でも家の床下でもかまわない。室内に設置する場合は、売っている既製品を使うこともあるが新品でなければならず、それを寝台の下に置く。土を盛った「プノォ」という炉を作って寝台や寝床の横で火を焚くこともある。火が家の床下にある場合は、火の熱が家の床板または簀子状の床近くまで届くように、四脚で支えたプノォ炉を作ることもできるが、そうでない場合は直接地面で太い薪を燃やす ▶138。

　今まで述べてきたこの「汚れ」はとてもひどくて、世界の民族の中には女性が出産して死に至ることもあるほどである。カンボジアではそれほどではないにせよ ▶139、産婦の身体は完全に元には戻らないと常に考えているので、「体力がまだ回復していない」といって短期間または長期間火で熱し ▶140、ようやく「骨も血管も」丈夫になり、そして元通り「手足がしっかりする」のである。この火には産婦を熱するという役目があり ●44、これは東南アジア全域のあらゆる種類の民族と同じである ▶141。

　この火の上にいる間は禁忌の種類もたくさんあり、産婦に限らず、火を焚いている場所に入った外部の人も口をきかないようにする。例えば、火が熱過ぎると気付いた人が、「やけに熱いね」などと言ってはならない。一言も言葉を発せずに、その熱さを何とか和らげてあげなければならないのである。

　出産という状況は特別である。なぜなら、産婦に危害を与え苦しめようとする悪霊が2ついる一方で、何の障害もなく出産できるよう助ける者も2人いるからである。ここでは超自然的信仰について述べるに留め、起こり得るけれど地方の人が信仰とは無関係だと考えている危険については触れない。

【 第2節 】出産

1……産婦の敵

　産婦の敵は 2 つある。それは危害を与えるプリアイとアープである。ここで取り上げる民間信仰▶142 はカンボジア特有のものではなく、同じように信じている民族は東南アジアに数多くいる。

——プリアイ：普通、プリアイとは 2 つの原因で死んだ女の悪霊である。1 つはまだ若い娘が首を吊ったり水に溺れたりして死亡した場合で、これをプリアイ・クロモム（娘プリアイ）と呼ぶ。もう 1 つは難産で子供が出なくて死亡した場合で、これをプリアイ・クロラー・プラーンゲと呼ぶのは、死亡したのが上述した火を焚く場所（クロラー・プラーンゲ）だからである。プリアイ・クロラー・プラーンゲが産婦を襲うというのは理解しやすい。人は誰しも、自分と似たような境遇にありながら、さらに恵まれた状況になろうとする人に対して、必ず嫉妬するからである。例えば、或ることに関して国王に嫉妬する国民はいない。何故なら両者の境遇は最初からまったくかけ離れているからだ。プリアイ・クロラー・プラーンゲは、産婦が自分より恵まれた境遇にならないよう常にあれこれ企み、自分と同じ状況で産婦を死なせてやろうと躍起になっているのである。同じ意図を持つプリアイ・クロモムの方も理解しやすい。自分も女性でありながら、妻という立場も母親という立場も経験したことがないので、産婦に嫉妬しているのである。火を焚く場所に侵入して危害を加えようとするプリアイに気付く、その手掛かりは、例えば、産婦がうわごとを言い、目をきょろきょろさせ、手でゴザなどを掻きむしったりするような時である。

——アープ：アープは人間とも言えるし悪霊とも言える。というのは、村の普通の老女で、他の人より不潔でだらしないだけだが、夜になると身体から首と内臓だけが抜け出て、家の外で食べ物を探すこともあると信じられているからだ。考えるべき点は第 1 に老女であること、第 2 に酒を飲み不潔でだらしない等の理由により、人々から尊敬されない年寄りであるということである。老女というのは、もう子供を産むことができない女性のことであり、不潔というのは、アープは汚泥や血、何よりも産婦の血を喰らうのを好むと信じられているのである。この 2 点は辻褄が合っていて、子供ができない老女が、新生児の象徴と見なされている血を舐め啜りに行

くということである。プリアイと違うところは、アープとなった老女自身には他人を苦しめる悪意はないが、何らかの悪霊が身体の中にいて、その悪霊が本人に気付かれることなくあれこれ命令している、と信じられている点である●45。このアープの存在を信じているからこそ、血を舐めに来たアープがその血の出どころである産婦に危害を及ばさないよう、刺さったら取れにくい棘のある木や枝などで血が落ちてくる場所を必ず囲うのである［図113］。アープは棘があるのに気付いたら、腸がそこに引っ掛かるのを恐れて退散してしまう▶143。

　プリアイもアープも産婦に苦しみをもたらす点は同じだ。しかし、心理学的に言うと原因は全く違う。一方は嫉妬の問題である。なぜなら自分も出産に際して命に関わる危険を体験したことがあるからだ。それで、どうにかして「他人を自分と同じように」《お前を私と同じ目に》しようとする。逆にもう一方は、自分は人並みに子供を持つことができないという僻みであり、それで、何とかして「自分を他人と同じように」《私をお前と同じように》しようとするのである。

113

【第2節】出産

2……出産の世話をする人

　伝統的な方法で出産する場合に、最も必要とされる人は産婆 ▶144 である。2番目は必要とされる時も必要とされない時もあるが、出産の場に悪霊が侵入しないよう呪文の境界を張り巡らせるなど、いくつかの特別な務めを心得ている呪医またはアチャーである。

──産婆：産婆は必ず女性であり、その多くは少し年を取っている普通の農村の人である。産婆としての知識は自分の経験を基に、人に教わったり自分で習ったりして、ずっと伝えられてきたものである。産婆には大抵若い女性や年配女性の助手がいて、親戚あるいは産婦の近所の人がその役目をするが、そういう人たちが産婆になる経験を積む。

　産婆は通常の出産技術の他、俗信に関連するいくつかの決まりを守らなければならない。例えば、誰それの陣痛が始まったと慌てて呼びに来た場合、何かの用事で手が離せなくても、産婆はぐずぐずしないで急いで駆け付けなければならない。そうしなければ陣痛は長引き、難産になると信じられている。

　産婆にはこのような決まった役目があるので、何かちょっとした謝礼を用意して贈らなければならない。それで、出産から何日か経ったら必ず産婆への御礼の式をする。これは、出産に尽力したため、産婆の身体に付いた汚れをきれいさっぱり洗い落とすという式である。誕生に関わる儀礼で述べたように、産婆の式《産婆への御礼》と一緒に新生児の式《髪切り》も行なうことができる。そして、産婦を熱している間の禁忌も終わらせる《炉の火を落とす》。

　新生児に関する儀礼はもう述べたので、ここでは母親と産婆に限って述べる。事実上、この産婆自身が儀礼を執り行なう人である。なぜなら、普通はこの産婆が炉の火を落とす、つまり炉の火を消すからである。体力がまだ回復していない産婦が寒いと思って、もっと火を焚いて加熱したかったら、再度火を焚くこともできるが、一度消した後の火は自分を暖める単なる普通の火であって、決まった期間や禁忌は何もない。いつ焚いても、いつ消してもかまわない。産婆が炉の火を消したら、クロラー・プラーング（▶137 参照）という意味も同時に終了する。**図114** は産婆が寝台の下に

第 5 章　妻から母親へ

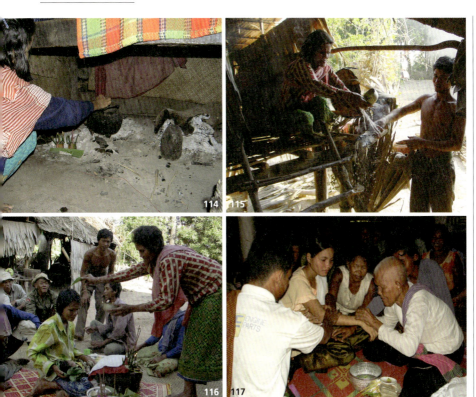

ある炉の火を消しているところである。図 115 は家の下で燃えている薪を持ってこさせて、産婆が消しているところである。

　新生児の髪切り式と産婆への御礼式がそれほど盛大でない場合は、その産婆が他の務めもこなし、母子に聖水を振りかけたり [図 116]、母子 2 人の手に吉祥の糸を結んだりする [図 117]。新生児の両親とその周囲にいる人たちは、ソムブオ水 ▶145 で産婆の手を洗ってから吉祥の糸を手に結んであげる。
——呪医（クルー）：境界を張り巡らして出産の場所を定めるのは、呪医かアチャーにしてもらう。その出産が障害もなく通常の経過をたどった場合は、この呪医には何の出番もない。障害がある時、呪医はプリアイを追い払うために色々な呪文を唱える。新生児の髪切りと産婆への御礼の式では、同じ呪医またはアチャーが、前に自分が張り巡らせた境界を解かなければならない [図 118]。産婆と呪医の役割は異なる。産婆は産婦に直接手を触

【第 2 節】出産

れ、今まで学んだ身体に関する専門技術を使って出産させる。一方、呪医の関わり方は、出産の場から少し離れた所で呪文を唱えるだけである•46。

　万全を期した準備、子供が胎内から生まれ出てくるまでの危険と隣り合わせの妊娠期間と出産、これらはまさに「チロンゲ・トンレー」(川または広大な水面を渡る) という言葉にふさわしい。初めての子供であればその言葉の意味する所はなおさら重要である。なぜなら、ただ単に妻として過ごしてきた女性が、様々な生活上の苦労の他に、困難を乗り越えて母親としての状態にたどり着いたのだから [図 119]。

◇ 原註

●36 ………Ang.1982. 参照。

●37 ……… どんな言語でも、言いたい言葉をはっきり言わずに忌避する言い方が必ずある。特別なある状態に関連していて、はっきりと言うべきではないからだ。英語では言い換える語のことを Euphemizum（婉曲語句）と言う。忌避すべきあるいは忌避した方がいい言葉や状態は一般的に Taboo（禁句・禁忌）と言う。

●38 ……… 「チャンクリア ចន្ទ្រគ្រាស（月食）」：北部地方では「カエ・リア ខែរាហ៍」（リアの月）だが、正しく書けば ខែរាហុ（カエ・リアフ）。

●39 ……… タイ語ではまだこのカンボジア語の言葉を昔と同じ意味で使っている。（訳註：タイ語で海を意味する言葉には「タレー」、「サムット」がある。それぞれカンボジア語の「トンレー」、「サモト」にあたる）

●40 ……… 子供がなかなか出産しない時に唱える短い文句では、渡るのは子供のようであり、母胎は川である。なぜなら、「おまえのヨーニー យោនី（女性器）は川ほどで、お前の子供は小舟ほど、すぽっと抜け出てしまえ」と唱えるからである。

●41 ……… モンドル・キリー州のプノン人（ជនជាតិព្នង）は例外である。家の中で出産することもあれば、家の外に別の小屋を建てて出産することもある。

●42 ……… カンボジアでは妊娠中ばかりでなく月経中でも、女性は村内の果物をもがないようにする。それは、その木にこれからも実が生って欲しいからだ。

●43 ……… 「時間」と「空間」は互いに切り離すことができない。

●44 ……… 「加熱した（チアン ឆ្អិន）←→生の（チャウ ឆៅ）」、「熟した（トム ទុំ）←→未熟な（クチャイ ខ្ចី）」のような考え方は世界中の人々に普通にある。良いものや肯定するものは「加熱した」か「熟した」である。文化的領域では「生の」と「未熟な」は、充分ではなく何かが欠けているという意味である。例えば「未熟な中国人」（チャン・チャウ ចិនឆៅ）とはカンボジアに来たばかりで、カンボジア語を知らず、カンボジア語を正しく話せない中国人のことである。霊的存在について言えば「未熟な霊魂」（クマオイチ・チャウ ខ្មោចឆៅ）とは凶悪な霊魂のことであり、引導を渡してきちんと回向することができない霊魂のことである。

●45 ……… 紙幅の都合上、ここではアープ អាប やプリアイ ប្រាយ に関する信仰については詳しく述べない。

●46 ……… 女性は生まれながらに備わっている潜在的な力を呪文に与え、男性の方は女性の潜在的な力を使う人である、という点に関しては、Ang.1987-90. 参照。

140

◈ 訳註

▶**129** ………著者によると、呪術師はパーリ語の文句や呪文を唱えながら墨に胡麻油を加え、そこに母乳をほんの少し混ぜて、呪いの入墨を施すそうだ。こうすると霊験あらたかになるという。

▶**130** ………原文中の各種「妊娠中」という言葉のカンボジア語の綴りを記しておく。「パアム ផើម」、「ポホ・トム ពោះធំ」、「ミアン・トムゴン មានទម្ងន់」、「ミアン・ポホ・ミアン・プン មានពោះមានពង」、「ミアン・プテイ・ポホ មានផ្ទៃពោះ」、「ポ・ポホ ពពោះ」、「コア គភ៌」。

▶**131** ………バナナの花を包んでいる赤紫色をした大きな蓮の蕾のような部分を、カンボジアでは一般的に「バナナの花」（プカー・チェーク ផ្កាចេក）と言っているが、正確には「花」（プカー ផ្កា）ではなく「苞」（トロボーク ត្រប៉ក）と言う。原文では「トロユーン・チェーク ត្រយ៉ូងចេក」（バナナの花序）となっている。「トロボーク」（苞）の内側の軟らかい部分を野菜のように食べる。

▶**132** ………著者によると、悪霊プリアイと競漕用の舟には直接何らかの繋がりがあるわけではない。俗信では何かに付着している穢れが強ければ強いほど、それを利用した呪文や霊力も強くなると信じられている。プリアイは尋常でない死に方をした、つまり穢れが強い状態で死んだ女性の悪霊である（第5章第2節1）。それで、この穢れが持っている強い潜在力を最大限利用するために、プリアイを舟の舳先に祀って、競漕に勝とうというのである。この競漕が行なわれる行事（ボン・オム・トゥーク បុណ្យអុំទូក）は陰暦12月の満月の日の前後3日間（2018年では陽暦11月21〜23日）に、プノム・ペニュ（プノンペン）の王宮前のトンレ・サープ川で行なわれるのが有名で、その始まりは、16世紀に当時のオング・チャン王がメコンデルタの領主に命じて行なわせた、水軍の戦闘訓練だと言われている。この昼間行なわれる競漕は、夜間に行なわれる灯篭流し（ピティー・ボンダエト・プロティープ ពិធីបណ្តែតប្រទីប）と対になって行なわれる。この行事が近づくと、メコン川やトンレ・サープ川、バサック川沿いの寺々では、境内の一角に1年間寝かせておいた舟を起こす儀式が行なわれる。悪霊プリアイを呼び出す音楽が演奏されると、プリアイに取り憑かれた役をする人が舟を漕ぐ動作の踊りをして、木綿糸を漕ぎ手の手に結ぶ。それから、勝利を祈願して僧侶が呪文をかけた聖水を舟と漕ぎ手に振り掛ける。その翌朝、その舟に命を吹き込むために目を取り付け、人々はチャッ・ホー（▶**183** 参照）を3回して、それから水に浮かべるのである。（ពេជ្រ សល់『ក្រមជំនុំនៀមទម្លាប់ខ្មែរ ពីដើមប្រចាំដល់ពីរវេង』、វ៉ក់ វណ្ណារុំ『តន្ត្រីនិងជីវិតខ្មែរ』

▶**133** ………「リアフー រាហុ」とは阿修羅（ラーフ）のこと。インド神話によると、乳海攪拌の時、この悪魔は神に変装して紛れ込み、不死の甘露アムリタを飲んだ。それを見つけた太陽と月がシヴァ神に告げ口したので、シヴァ神は武器を投げつけラーフの頭を切り落とした。その時、ラーフの喉のところまでアムリタが入っていたので、頭だけが不死となった。それでラーフの頭は太陽

と月を怨み、以来今日に至るまで日食（ソークリアハ សុរ្យគ្រាស）・月食（チャンクリアハ ចន្ទគ្រាស）を起こすと言う。リアフーが月と太陽を呑み込んでまた吐き出すのは「死から誕生」「闇から光」という意味があり、カンボジアでは死と誕生の象徴となっていて、その姿形は遺跡、寺院、儀式や信仰に関する絵画・彫刻など、あらゆる場所に表されている。（ひろさちや『仏教とインドの神』、អាំងដួលាន「រាហុ」『កម្រងអត្ថបទក្នុងបណ្ណាញព័ត៌មានប្បធម៌ខ្មែរ លេខ១និង លេខ៣』）

▶134 ……… 日食・月食の時に、その原因となっているリアフーを追い出す行動に胎児が母親と一緒に参加しなければ、「クリアハ・コンローング គ្រាសកន្លង」（日食や月食が跨ぐ）と言って、生まれつきの知恵遅れになると信じられている。また、អ៊ីម សុខទ្ធី「កិច្ចការពារគ្រាសកន្លង」『កម្រងអត្ថបទក្នុងបណ្ណាញព័ត៌មានប្បធម៌ខ្មែរ（インター・ネット版）』によると、アンコール地域には月食・日食の悪影響から婚約済みの娘を守るために行なう風習がある。2015年に実際あった例では、月食が始まると、婚約済みの娘に衣服の包みを持たせ、相手の婚約者の家だと仮定した近所の家に急いで連れていく。その家にはすでに婚約者の若者の他、老人から子供まで集まっている。月食が終わるまでに済ませなければならないので、すぐに娘と若者を供え物の前に並んで座らせ、2人の手に糸を結ぶ。この時まで、娘の両親は参加できず、家の外に立って見ているだけだ。相手の若者が近くに不在の場合は、その衣服を代わりとしてもいい。以上のことを行なえば、婚約済の娘は月・日食の悪運を避けることができると言う。また、ឈិន យួន編訳『ជំនឿផ្សេងៗនៃជនជាតិខ្មែរ』によると、家を建てるために運んできた柱材は、日食・月食の時に、すぐに地面に置いて筵などで隠さなければならない。そうしないでその柱材を使った家には災いが降りかかると言う。

▶135 ……… この種の護符には3種類ある。①キアター តាហា またはカター កហា：縦4cm、横3cmほどの金、銀、銅、鉛などの薄片にヨアンや呪文を彫るように描いて、筒状に丸める。それに金の鎖や木綿の紐を通して、腰に着けたり、首にぶら下げる。②クサエ・チョンケヘ ខ្សែចង្កេះ：7〜9本の木綿糸を縒り合わせて紐にし、それに薬を結んで腰に着ける。③コーン・ソングコト កូនសង្កត់：多くは鉛で親指の先ほどの数珠玉を作り、それに紐を通して腰につける。これには呪文などは書かない。もう1つ、ヨアンと呪文を描いた白布で薬をぎゅっと包み、ピンで留めたものを腰に着ける。これもコーン・ソングコトと言う。①と②は主に女性が、③は主に男性が身に着ける。（ញ៉ាណា រឿន、សុខ ហ៊យ『លំអានទំនៀមខ្មែរបុរាណ』 ភាគ២）

▶136 ……… 原文中の各種「出産」という言葉のカンボジア語の綴りを記しておく。「チロング・トンレー ឆ្លងទន្លេ」、「カアト・コーン កើតកូន」、「ソムラール・コーン សម្រាលកូន」、「レイチ・コーン លេចកូន」

▶137 ……… この「クロラー・プラーング ក្រឡាភ្លើង」という語には「産褥熱（さんじょくねつ）をもたらす悪霊」という意味もあるが、原文ではこの悪霊が侵入しないように呪文の境界を張り巡らせた出産場所のこと。「クロラー」は「区切られた一定

の場所、病気をもたらす悪霊」、「プラーング」は「火」という意味。

▶138 ……… 薪にする木はフタバガキ科の「コキー តគីរ」という木以外なら何でもよい。数種を混ぜて燃やすと悪霊除けになるが、コキーを混ぜて燃やすと効果を妨げるとされる。また、水に浮いて流れるような木を燃やすと、生まれてくる赤ん坊に痒いブツブツができるので使ってはいけないとされる（ឈិនឈ្លន編訳『ជំនឿផ្សេងៗនៃជនជាតិខ្មែរ』）。

▶139 ……… 高橋美和「カンボジア農村部における出産の医療化プロセス」によれば、1994～2000年におけるカンボジア女性の死亡原因の約5分の1、25～39歳に限ると3割弱が分娩時あるいは分娩が原因の死亡で、主に中絶に伴う合併症、子癇（発作性の全身痙攣）、出血によるとされる。カンボジアの母子保健の全般的状況は東南アジア大陸部諸国の中で最低レベルだと言う。

▶140 ……… その期間の長さには決まりはないが、初産の場合は1週間、それ以降の出産では3日間などとする場合もあるようである。（មៀច ប៉ុណ្ណ『កម្រងឯកសារស្ដីពីប្រពៃណីនិងទំនៀមទម្លាប់ខ្មែរ ភាគ៤』）

▶141 ……… 東南アジアにおける産婦加熱の風習の分布図は『国立民族学博物館研究報告別冊11号』（平成2年刊）の723ページ参照。

▶142 ……… カンボジアの主な霊魂・精霊・悪霊名を大雑把にまとめておく。興味深いのは、動物や物が化けて悪霊・妖怪の類になるというのは、あまり聞かないということである。霊魂・精霊にも二面性があって、人間を守ってくれる時もあれば、罰を下すこともある。人間が霊魂・精霊の不興を買った場合の罰は、死に至ることもある重い病に罹ることである。そこで登場するのが呪術師クルー（គ្រូ）であり、供え物をしたり呪いをしたりしてその怒りを解く。また、霊的存在の名前が違うからと言って、それぞれを厳密に区別して認識しているわけではなく、例えばネアッ・ターとアーラッのように違いが漠然としているものもある。敬虔な仏教徒の中には、これら霊的存在を迷信として信じない人もいる。霊的存在 … クマオイチ ខ្មោច（この言葉は死者・死体から悪霊・妖怪・幽霊の類にいたるまで幅広く使われる。死者も時には生者に害をもたらすので、たとえ身内であっても死者を恐れる）、アモヌフ អមនុស្ស（一般的に人間に非ざる霊的存在を指す）、バイサーイチ បិសាច（同前）、ピーング ពីង（同前）。先祖の霊魂 … ドーン・ター ដូនតា（一般的に先祖や祖霊を指す）、アーラッ អារក្ស（▶83参照）、クマオイチ・チョムブオ ខ្មោចជំពួរ（父方、母方がある。チョムブオは家系という意味）、メーバー មេបា（第4章第2節）、プレアハ・ベドー ព្រះបិតរ（一般的に祖霊）、プラエト ប្រេត（▶186参照）、ラバッ・サー ល្បាក់សា など。土地や地域の守護神・精霊 … ネアッ・ター អ្នកតា（チャハ・スロク ចាស់ស្រុក とも言う）、プレアハ・プーム ព្រះភូមិ（土地や田畑の守護神）、テピアレアッ ទេពារក្ស（土地神）、アーラッ・プレイ អារក្សព្រៃ（森の守護神）、クロング・ピアリー ក្រុងពាលី（●11参照）、ムレニュ・コングヴィアル ម្រេញកុងវាល（森や山の神）、ボング・ボト បង់បត（森の神）、メー・モト មេមត់（霊媒をも指す）、バー

ヤープ បាយាប（水の神で漁師が信仰する）、プレアハ・サコー ព្រះសាគរ（海の守護神）など。家の守護神…ムニアング・プテアハ ម្ចាស់ផ្ទះ またはチュムニアング・プテアハ ជំនាងផ្ទះ（この守護神は家だけではなく、人を運ぶ大型自動車やバスなどの守護神でもある）、ムニアング・チョンダア ម្ចាស់ជណ្ដើរ（家の階段の守護神）。悪霊の類…マダーイ・ダアム ម្ដាយដើម（▶5 参照）、アープ អាប（第5章第2節1）、プリアイ ព្រាយ（同前）、ロムボル របល់、ミアカー មារការ（▶24 参照）、アソラカーイ អសុរកាយ（阿修羅）、コントーング・キアウ កន្ត្រោងខ្យៅ（人に乗り移る強力な悪霊）など。（យិន គឹមវាណា『ព្រលឹងរូបធម៌ធម្មជាតិ』、មៀច ប៊ុណ្ណ『កម្រងឯកសារស្ដីពីប្រពៃណីនិងទំនៀមទម្លាប់ខ្មែរ ភាគ១, ភាគ២』。なお、カンボジアの祖霊・精霊信仰に関しては三浦恵子『アンコール遺跡と共に生きる』参照）

▶143 ……… 「アープ」に関する詳しい調査報告は、井伊誠「母子の健康を脅かす？　カンボジアの妖怪アープ」『トーマダー　05 号』（2008 年）参照。

▶144 ……… 「産婆」（チモープ ឆ្មប）は近代的な医療教育機関などで教育を受けていない、いわゆる伝統産婆。「ドーン・モープ ដូនម៉ប」または「イアイ・モープ យាយម៉ប」とも呼ばれる。自分が取り上げた人とは生涯の付き合いとなるので、技術的な知識、経験の他に、責任感、礼儀正しさ、寛容さ、尊敬されるような人柄なども産婆の資質として求められている。（មៀច ប៊ុណ្ណ『កម្រងឯកសារស្ដីពីប្រពៃណីនិងទំនៀមទម្លាប់ខ្មែរ ភាគ៤』。なお、詳しくは高橋美和「カンボジア農村部における出産の医療化プロセス」『カンボジア新時代』参照）

▶145 ……… 「ソムブオ水」（トゥック・ソムブオ ទឹកសម្បួរ）とは、コブミカンの薄切りとソムブオ・コッ សម្បួរកក់ の実の汁を水に溶かし出し、ろうそくの煙の匂いを付けた聖水。（ソムブオの学名、和名については ▶86 参照）。

第6章
寿命を延ばす儀礼
（長寿を祝う儀礼）

一見したところ趣旨が他の通過儀礼とは違うように見えるので、この儀礼は本当に通過儀礼なのか疑問に思われるかもしれない。これは、年齢が低い方に向かう通過儀礼なのである。そう説明すれば納得してもらえるだろう。通常、通過していく年齢は子供から老人へと将来に向かって過ぎていくが、寿命を延ばす儀礼の違うところは、老人になったらまた子供に返るのである。正確に言うと、儀礼の主役となる人は、そのほとんどが老人であるが、その老人がこれから先もずっと長生きできるようにと願って、一度死んでまた新たに誕生したことにするのである。「チョムラアン・アーユッ」（寿命を延ばす）▶146 儀礼というのは一般的に言われている言葉である。風習は様々であり、その名称も儀礼の種類または地域によって異なる。大よそ整理すると、特に首都プノンペン（プノム・ペニュ）とその周辺では「ボン・パイチャイ・ブオン」▶147 と呼ぶようである。他の地域では、町や村も含めてこの儀礼を「チャン・ソク・キリー・ソート」●47 と呼んで時間をかけて行なう傾向があるが、「チャーク・モハー・バングスコール」▶148 と呼んでさらに時間をかけて行なう所もある。儀礼にかける時間が長くても短くても、儀礼の中の小儀礼が多くても少なくても、重要な基本的考え方は、儀礼の主役が死んで新たに誕生するという一点に尽きる。この儀礼は陰暦の4月から6月にかけて行なうが、陰暦5月に行なうのが一番多いようである。これは恐らく、陰暦5月に行なっていた新年の儀礼▶149 の中に、寿命を延ばす儀礼と意味が似ているいくつかの行事があって、それが由来となっているからだろう。例えば「チャン・ソク・キリー・ソート」儀礼では砂山を作るし、どの寿命を延ばす儀礼にも必ず水掛けの行事▶150 がある。

【第1節】儀礼の主役

　一般的に、祝ってもらう儀礼の主役はほとんどが老齢者であり、その子や孫ならびに近縁や遠縁の親戚友人がこの儀礼を行なう。主役となる人が儀礼をしてあげるのにふさわしいほど高齢なのかどうか、はっきりしない場合でも、この人たちは恩返しとして儀礼を行なう。儀礼の主役となる老人は、近縁遠縁の子や孫たちが自分に対して恩を忘れずに尊敬の念を表す

のを見て、少なからず満足し喜ぶのである。

　まだ昔ながらのしきたりを守って生活している田舎では、尊敬する人に対してこの儀礼をしてあげるということもよくある。年を取ったその人が、今まで色々な面で自分たちを助けてくれたと感じているからである。例えば村人が常日頃尊敬しているアチャーなどである。このような場合、親戚付き合いをしている必要はないようである。それでこの本の最初で、通過儀礼は社会が要求していることなのか、それとも社会にとって面倒なことなのかと指摘したことが、ここでは明確な形で問題となる ▶151。

【 第2節 】パイチャイ・ブオン

　上述したように、パイチャイ・ブオン儀礼は最もありふれた儀礼である。パイチャイ・ブオンとは、托鉢で得た食べ物、僧衣（▶109 参照）、僧の住居、薬のことである。これらは、この布施をしたことによって儀礼の主役にその功徳が生じるようにと、人々が僧侶に寄進するものである。もう1つ、執り行なう儀礼がどんなに短い場合であっても、その主役は死んでまた生き返るという意味があるので、人々は必ず僧侶が拾って使うための布などを森に放置しておく ▶152。これは葬式と変わらない。

　この儀礼が夜をはさんで2日にわたって営まれる時は、第1日目の重要な小儀礼は「チャーク」である。このチャークとはおおよそ以下のようなことである。儀礼の主役が自分を覆っている1枚の白布の下で平伏している。その前で僧侶が経を唱えて引導を渡しながら、儀礼の主役が姿を現すようにその布を少しずつたぐり寄せる。これは主役本人が新たに誕生するということを意味している。この白布は遺体を包む白布に他ならない。普通は遺体の口に入れるビンロウを、その布の端に結び付けることで、このことはもっと明確になる。その夜は僧侶を招いて儀礼にふさわしい説法を聞くこともある。

　翌日の重要な小儀礼は、食べ物を僧侶の鉢に入れること等を除けば、儀礼の主役に水を掛けることである。バナナの葉柄に模様を彫ったり（▶39 参照）して装飾をほどこした、儀礼の主役が坐るための高い台《ボスボクと呼ぶこともある》を作るのが一般的である。儀礼を執り行なう子や孫たちは

【 第1節 】儀礼の主役　【 第2節 】パイチャイ・ブオン

それぞれ水を入れた容器を持ち、儀礼の主役に水を掛けてあげる。

　ざっと見てきたが、パイチャイ・ブオン儀礼の主な小儀礼は以上である。

【第3節】チャン・ソク・キリー・ソート

　僧侶が唱える経は「チャン・ソク・キリー・ソート」という名前なので [図120]、この儀礼の名称も経典の名前にちなんでいる▶153。アンコール地域でよく目にするのは、必ず2ヵ所に砂山を作る。1ヵ所目の砂山は家の中で、バナナの葉鞘（ようしょう）（▶49参照）を何段にも重ねた台の上に作る。台の上を4つの面に分け、その中央に1番大きい砂山を作り、各面には小さい砂山を25個ずつ作る [図121]。4つの面の小山だけ数えると100個あるので「100歳になりますように」と祝福する言葉になる。中央の大きな山も含めて数えると数が101に増えて、「100歳を超える長寿」という言葉にふさわしくなる。2ヵ所目の砂山は地面に作るが、原綿の糸で家の中の小儀礼を行なう場と繋がっている。この地面に作る山は、延ばそうとしてい

るその人の寿命とは関係なく、正月に作る砂山と同じように深遠な世界、つまり仏教的世界を縮小したものである [図122]。

　儀礼の場では、儀礼の主役をただ単に死者を包む白い布の下に平伏させるだけではなく、その身代わりとなる物の上に平伏させる。これを「身代わりの米」と呼ぶ。まず最初に人の体重と同じ重さの米を量り [図123]、1枚の白い布の上に広げる。その上に半分にしたココヤシの実の殻、切ったサトウキビ、バナナをそれぞれ頭蓋骨や背骨、手足の骨、肋骨に見立てて並べ [図124]、それを全部しっかりと包んで長い形にする。この1包みの米には、儀礼の主役以外の何者でもない（つまり、儀礼の主役の遺体）という意味がある。この主役は死んだことにしなければならないので、バナナの葉鞘で作った小さな棺をその包んだ物の上に置く [図125]。この棺にはター・トラウ（▶63参照）の木片が結び付けられている。**図126** は老女である儀礼の主役を白い布で覆い、身代わりの米の上に平伏させているところである。彼女の後ろには厄払いしたバナナの葉鞘で作った四角い容器が

【第3節】チャン・ソク・キリー・ソート

ある。これを作るのは、僧侶が経を唱えながら老女を覆っている白い布を剥がし、それを入れて持っていくためである。白い布を剥がすのは、この老女が新たに誕生したことを表していて、パイチャイ・ブオン儀礼で述べたことと同じである。白い布を剥がし終わったら、このバナナの葉鞘で作った容器をアチャーが指示する方角に捨てる。そして、先刻の棺をその近くに持っていき、結び付けてあるター・トラウの木で焼く[図127]。この小儀礼が明確に表現しているのは、老女が死んで、彼女の新しい身体がその白い布から出てきた、ということである。

　僧侶の鉢に食べ物を入れる式事の他、この儀礼の主役が涼しくなるよう水を掛けてあげるのは、儀礼の終わりを告げているのである[図128]。

【第4節】 チャーク・モハー・バングスコール

　これまで大まかに見てきた例はアンコール地域で目にしたものである。1家族の儀礼でありながら、同じ村に住んでいる人々が大勢集まる。**図129**では幡を掲げ、**図130**では椅子▶[154]の上で説法する5人の僧侶をはじめ大勢の僧侶たちがいて、なかなか盛大である。

　この儀礼の主役である老夫婦は儀礼の施主の両親でもあるが、その2人

を連れていって種々の小儀礼を行なう前に、家族全員と地元の人たちが2人を寝台に乗せ、儀礼を行なう場所を右回りに3周練り歩く[図131]。

　ここでは、ある特別の小儀礼について述べるに留め、他の小儀礼は取り上げない。それは、「ローング・チャーク」と呼ぶ大変きれいに作られた小屋の中で、真夜中に行なわれる小儀礼である[図132]。この小屋の周囲に低く杭を打ち、紐を結んで幾重もの道を作る。そこを、止観(しかん)▶155に通じている1人の僧侶が瞑想しながら歩を進め、杭の間をゆっくりと歩きながら水を滴らせる•48[図133]。この僧侶がゆっくり歩き回るという小儀礼は、教理（アビトアム អភិធម្ម）の中で説くように▶156、ひとりひとりの人間が、1本の毛髪の先端に付着した胡麻油と同じ大きさから少しずつ成長するまで、母親の胎内に宿る経過通りに行なわれる•49。詳しく検討するなら、この僧侶は、子宮に入って1人の人間として誕生する精子に例えられているのである。この子宮こそローング・チャークという小屋に他ならない。

129

130

131

132

【第3節】チャン・ソク・キリー・ソート　【第4節】チャーク・モハー・バングスコール

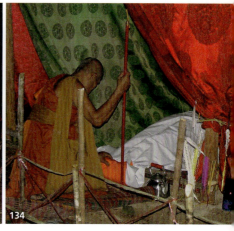

幾重もの道を一歩一歩瞑想しながらゆっくりと辿り、ついにはローング・チャークの入り口にたどり着く。儀礼の主役が再び誕生することに例えて、新たに姿を現すようにするため、僧侶は白い布をつかんでたぐり寄せるが、その白い布の下にはさらに一重ねの僧衣がある [**図 134**]。

　3種の儀礼について、ざっと要約して終わりとなってしまったが、この章の目的がその重要な小儀礼の意味に重点を置いたからである。簡単に述べてきたように、この儀礼の主役を死なせて再び誕生させるのは、さらに長生きしてもらいたいとの願いが込められているのである。

◇ 原註

• **47** ………… 正確な綴りははっきりしない。古文書や貝葉の綴りには誤りもある。

• **48** ………… この方法のチャーク・モハー・バングスコールについては Bizot. 1981. 参照。

• **49** ………… 人間の誕生について述べている中に、論蔵研究がある。Bzot.1976. 参照。

◇ 訳註

▶ **146** ………… 「チョムラアン ចម្រើន」は「増やす、繁栄する」、「アーユッ អាយុ」は「年齢、寿命」という意味。「寿命を延ばす儀礼」というのは一般的には「長寿を祝う儀礼」のこと。

▶ **147** ………… 「ボン・パイチャイ・ブオン បុណ្យបច្ច័យបួន」とは、僧に4種の必要な物を寄進する儀式。「ボン」は「儀式」、「パイチャイ・ブオン」は「僧侶の四種の必要物（衣、食、住、薬）」という意味。

▶ **148** ………… 「チャーク・モハー・バングスコール ឆាកមហាបង្សុកូល」の「チャーク」は「葬式で経を唱えている間、遺体につながっている糸または布を手に持つこと」、「モハー」は「偉大な」、「バングスコール」は「僧が死者に引導を渡す」という意味と、「糞掃衣」という意味がある。糞掃衣とは糞やゴミのように捨てられたぼろ布を洗って黄色に染めて作った僧衣。僧に対する布施物であるが、棺の上に被せておき、死者の冥福を祈り引導を渡した後、火葬にする前に、捨てられた物を拾うという形で僧が持ち去る。

▶ **149** ………… 最初は正月は陰暦1月に行なっていたが、後の時代になって小暦を用いるのに従い、陰暦5月に変えた。陰暦1月は農民が農作業で忙しいからである。それで、陰暦5月の白分の4日以前、陰暦6月の白分の4日以後は正月をしないことにしたのである。現在カンボジア正月は陽暦の4月13日または14日から始まり、年によって違うが、どちらになるかは占星術を司る王宮のバラモン僧（バクー បាគូ）が決める。始まりから3日間が正月と決められている。正月の第1日目はトガイ・ソングクラーン ថ្ងៃសង្ក្រាន្ត と言い、新年の神様を迎える儀式が行なわれる。2日目はボアン・ボート វ័នបត、3日目はトガイ・ラアング・サッ ថ្ងៃឡើងស័ក と言い、年が改まるつまり年始は正月の第3日である。（ពេជ្រ សល់『ក្រមជំនុំទំនៀមទម្លាប់ខ្មែរ ពិធីប្រចាំដប់ពីរខែ』、កែវ ណារុំ『តន្រ្តីនិងជីវិតខ្មែរ』）

▶ **150** ………… 正月の行事や方法は地域や寺によって様々で一概に言えないが、正月の第2日または3日に新年の「砂山作り」と「水掛け」の行事を行なう。寺では、広場に設けられた四角い垣根の中央に仏塔の形（円錐形）をした砂山（ピアルカチェダイ ពលុកចេតិយ）を作り、その周囲の大方角（東・西・南・北）にそれより小さめの砂山を4つ作るが、小方角（東北・西北・東南・西南）

にも作ることがある。中心の砂山は須弥山に、その周囲の砂山は須弥山を取り巻く山々に例えられ、仏教的世界を表したものである。砂山を囲む垣根の外側の8方角に、それぞれの方角の神を祭る祭壇を設け、幡を立てる。各方角の神は、東は月と閻魔大王、西は木星、南は水星、北は金星、東南は火星、東北は太陽、西南は土星、西北はリアフー（▶133 参照）である。またこれとは別に、東には閻魔大王の祭壇を設ける。アチャーが経文を唱えながら砂山に白布を斜めに掛けて、砂山を出家させると、還俗させるまでの間、これを踏んずけたり壊したりすると悪業となる。中心の砂山を釈迦の遺髪が納められているとされる忉利天のチョーラーマニー仏塔（ចូឡាមណីចេតិយ）に例えている、とする地域もある。正月の水掛けは仏像、僧侶、両親、祖父母、村の長老などに対して行なう。寺では信者が仏像をきれいにした後、花の香りを付けた水を掛けるスロング・プレアハ ស្រង់ព្រះ という式を行ない、僧侶にも水を掛ける。また、信者が僧侶から水を掛けてもらうこともある。各家では子供が、日頃色々と心配や迷惑をかけたことを詫びながら、両親、祖父母に水を掛ける。（កែវ ណារុំ『តន្ត្រីនិងរបាំរបៃខ្មែរ』、ពេជ្រ សល់『ពិធីប្រចាំដប់ពីរខែ』、ញាណ ក្លៀន、សុខ ហាយ『សំអានទំនៀមខ្មែរបុរាណ ភាគ២』）

▶151 ……… 儀礼の主役となる人は、他の通過儀礼では明確である。しかし、長寿を祝う儀礼では、主役となる人が親族以外の場合、村内で誰を祝って誰を祝わないのか、それを決めるのが難しい面もある。

▶152 ……… 死者の供養のために、森の樹の枝に掛けておくという形式で僧に布などを献じ、僧は捨ててある物を拾って使うという形式で受け取る。カンボジア語でこの布のことを「ボンロング បន្សុង」と言う。

▶153 ……… 「チャン・ソク・キリー・ソート ច័ន្ទសុក្រគិរីស្សូត្រ」とは、パーリ語で書かれた全1巻からなる経の名前。仏陀の教えである十波羅蜜やあらゆる護符・お守りの偉力が書かれている。また巻末にはパーリ語の護符のカンボジア語訳もある。地域によっては僧が説法する時にこの経を読むこともある。「チャン」は「月」、「ソク」は「金曜日、金星」、「キリー」は「山」、「ソート」は「経」という意味だが、全体でどのような意味なのか不明。●47 にあるように、綴りが違えば意味も違ってくる。（មៀច ប៉ុណ្ណ『កម្រងឯកសារស្ដីពីប្រពៃណីនិងទំនៀមទម្លាប់ខ្មែរ ភាគទី៣』）

▶154 ……… 図130 で僧侶の坐っている椅子も、図131 で老夫婦が乗っている縁台も、カンボジア語で「クレー គ្រែ」と言う。農村などでよく見かけるクレーは、大きさが畳1畳分ほどの木製の台で、寝台や縁台として、その上に寝たり坐ったり、また屋内の土間にいくつか並べて床にしたりと用途が広い家具の一種である。このような家具以外に、高位の人や僧侶などが座る少し高い「台座」や「椅子」、「輿」、「蓮台」なども「クレー」と言い、形も様々である。（ព្រាប ចាន់ម៉ារ៉ា『គ្រែ』『កម្រងអត្ថបទក្នុងបណ្ណាញពត៌មានវប្បធម៌ខ្មែរ លេខ៩៥』）。

▶155 ……… 「止観」（カムマッターン កម្មដ្ឋាន）の「止」とは一切の外境や乱

想に動かされず、心を特定の対象にそそぐこと、「観」とはそれによって正しい智慧を起こし、対象を観ること。つまり「止観」とは、心を静めて一の対象に集中し、正しく観察することである。（中村元『佛教語大辞典』）

▶156 ………妊娠について説いている仏典については、福永勝美『仏教医学事典』の「産科学」参照。

第 7 章
葬送儀礼

カンボジアでは死に関わる儀礼は同じではなく、地域によって違いが大きかったり小さかったりするのが普通であり、国内のカンボジア人と他の民族とで異なるだけではなく、同じカンボジア人同士でさえも異なる。

まず最初に確認しておきたいのは、先史時代ではカンボジア人は火葬せず[50]、種々の副葬品と一緒に遺体をそのまま土中に埋めたということである[51]。この風習はカンボジア東北部などに住んでいる様々な民族では今日までなお守られている。先史時代の埋葬は、ただ1度永久的に埋めたのか、それとも2段階に分けた中の1つなのか、つまり、最初に1度埋めておいて、一定の期間が経ったら掘り出して元の場所の近くまたは遠くの新たな場所に埋めたのか、それは分からない。こう述べたのは、同じように2度埋葬する風習は、特に古い時代に世界の多くの人々が行なっていた風習だからである。最終的に落ち着く前に、あるいは再びこの世に生まれる前に、遺体は様々な段階を経なければならないと理解している民族は実に多い[52]。この点については、紙幅の都合上触れない。カンボジアの都市部や農村部について検討するだけである。

一般的に新しい遺体は、例えば1日から3日後というように、死後それほど時間が経たない内に火葬しに行く。こうするのは、人々の説明によると、都市という場所と暮らし方がそうさせるのだという[53]。いずれにしてもカンボジア人の遺体は火葬するのが普通である。地方の場合によく目にするのは、葬送儀礼をはっきりと2段階に分けて行なうことである。アンコール地域をはじめとして北部地方の場合、1段階目はまず「大地に抱かせる」ために1年という短い期間遺体を土中に埋め、2段階目は「遺体を引き上げる」、つまり骨を土中から掘り出して火葬する。こうすることで葬儀は全て終了とみなされるのである。

遺体に関わる風習は多種多様であり、その全てを取り上げて説明することは不可能である[157]。ここでは、アンコール地域の風習だけを取り上げ、できるだけ重要な小儀礼の意味を説明することでその概観を示すことにする。一般的に地元の人の説明によると、最初の埋葬はその土地の土と水でまず1度溶かすためであり、肉がすっかり溶けて骨だけ残ったら最後の仕上げとして、その骨を火と風で火葬する。この説明によれば、我々ひとり

ひとりの身体を構成する 4 つの元素（土、水、火、風）は、この同じ 4 つの元素によって溶けて元に帰る。この説明に意味があるのかないのかはさておき、重要なことは、死者が再びこの世に生れるようにするためには一定の時間が必要だ、ということある。

最初から述べてきたように、通過儀礼はどれ 1 つ取っても社会にとっては面倒な事である。この章において面倒な事とは、どう手助けしたら死者がきちんと再生できるのか、ということ以外に、社会がどう努力すればその死者が最もふさわしい場所に再生することができるのか、ということである。それで、火葬する場所は神々の住む場所または天上界に見立てて作らねばならず、そのものずばり「メーン」（須弥山）▶54 と呼ぶこともある。例えば図 135 は 1960 年代のトアムマユト派 ▶158 の大僧正の火葬台メーンである。しかし、どんなに貧しい田舎であろうと、メーンとは呼ばないまでも「プノム・ヨーンヶ」（ヨーンヶ山）▶159 という呼び方はする。知っての通り、信仰では神々の住む場所は全て山である。古代カンボジアでは「プラサート」（宮殿）を「プノム」（山）と呼んだ《当時は「ヴノム」と書いた》。なぜなら、プラサートは色々な神々を安置する場所だったからである。

図 136 はアンコール地域で目にした一番小さい火葬式の写真である ▶55。

135

136

きちんとした火葬台もなく、火葬する棺を置く場所は「サギの脚を折った」ような小枝を敷いただけなので、この火葬は大変粗末だと思われている。このようなものであっても、普通の火葬台のように屋根の骨組みを作って蚊帳の布で覆い、屋根の先端は上方に尖らせなければならない。あらかじめ分かっているのは、焼く時はその屋根が燃えないように取り除かなければならないということである [図137]。これではっきりするのは、火葬する場所は普通の場所ではなく、その全てが天上界であると考えられているということである。神の形を作り、その神に火を持たせて、張り渡したロープ伝いに火葬する場所に持ってくるようにすることもよくあるが、これも火葬する火でさえ天上界の火であるという意味である。身分のある人の遺体の場合、遺体を火葬台（メーン）に移す葬列で、この世に存在しない奇妙な動物《獅子王や象の鼻と牙を持った獅子など》ばかりが先導するのも、その意味するところは、火葬台にいたる葬列の儀式は我々の住んでいる地上世界で行なっているのではないということである [図138]。亡くなったばかりの要人の遺体を入れる座棺の蓋も、上方に尖っている《図139は前述した大僧正の遺体を入れた座棺を行列して

持ってきて、火葬台に安置した写真である》。注意すべきは、この座棺に入れた遺体が胎児と同じ姿勢になるように、その手足を急いで整えるということである。これは、この死者は再生するということである。

普通の人々が火葬し終わった骨を入れる大理石または金属製の骨壺の場合、小さくても形は要人の座棺と違わない。これよりもずっと安価な食器を買ってきて使う人も、必ず原綿の綿布でしっかりと包み、先端を真っ直ぐ上方に尖らせた形になるよう縛る。お椀形の鉢ではなく、平べったい皿であっても同じようにする▶160 [図 140〜141]。同じ考えから、高官や要人の火葬の場合は、必ず白檀の心材▶161を薪と一緒に混ぜる。なぜなら、その火は天上界の火または太陽の火であると考えられているからである。アンコール地域の農村の人たちは、良い香りのするチノート▶162というツタを同じようによく使う[図 142]。

図 143を子細に検討すると、1つの火葬場の垣根の前に異なった幡が2つある。幡の数はこれより多くてもかまわないし、立てる場所も違っていいが、重要なことは「仏法幡」《または「論蔵幡」》と呼ぶ白い幡▶163と、もう1種類「輝く幡」と呼ぶ多色の幡が必ずあることである▶164。分かっているのは、火葬場以外では白

い幡は葬式だけに用い、派手な色の幡は喜ばしい祭りの時に使うということである。2種類の幡をこのように1つの場所で一緒に立てるのは、2つの性質が合わさってその場所にあるということを表している。この背景にある基本的な考えは、死とは「死んでまた誕生すること」であり、死は最後ではなく、死が最後だと考えるなら葬式などする必要はないということである。信仰では、人は死ぬと必ず自然に再生するが、一方、葬式を営む生きている人は、その再生が天上界のしきたり通りに運ぶよう最善を尽くすのである。

　正反対のものが対になっているという特徴を表しているのは幡だけではない •56。1つの葬式の中で、正反対のものが対になっているのは小儀礼や物の中にたくさんある。一例をあげれば、火葬台（プノム・ヨーング）の屋根に描く図は必ずと言っていいほどリアフー（▶133 参照）であるが、東西南北にリアフーの図が描かれているだけの場合もあれば [図 144]、前世の悪業の報いを受けている様子を表した図のように、他の絵が一緒に描かれている場合もある [図 145]。棺の方も同様で、多くは中央にリアフーの図があり、そのリアフーが大きな目玉を開けてはっきり描かれていることもあれば、装飾模様の中に紛れ込んでいて、よく見なければ分からないようなこともある。リアフーをここで取り上げたのは、リアフーは2つの特徴を合わせ持つ悪霊だからである。詳細な研究がすでにあるので •57、本稿では

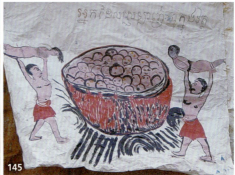

　これ以上詳しく分析しない。ただ思い出してほしいのは、リアフーは月と太陽を呑み込んでから、またこの 2 つを必ず吐き出す阿修羅だということである。そのため、この世界は一時的に闇に包まれ、そしてまた明るくなる。要するに、リアフーは死と誕生の象徴であり、上記したように正反対の特徴を合わせ持っているのである。

　火葬の時にもう 1 つ特別な点は音楽である。アンコール地域では「トプムイ」と呼ぶ一種の両面太鼓の音楽がある。楽器の数は最も多い時でいくつあるのか分からないが、よく目にするのは 3 人で演奏する 4 つの楽器である。演奏者の 1 人が 2 つの楽器を担当し、太鼓と大銅鑼を叩く。2 人目の演奏家は縦笛を吹き、3 人目はコーング・ヴォング（小銅鑼 16 〜 19 個を輪状に並べた楽器）の小銅鑼 6 つから成る楽器を叩く [図 146]。重要な点は演奏の仕方にあり、それは太鼓を叩く人と小銅鑼 6 つから成る楽器を叩く人は、必ず背を向け合うようにしなければならない、という点である。一方、縦笛を吹く人は好きな方向を向いてよい。この一緒に演奏するけれど互いに反対の方向を向くという点は、正反対のものが対になっているという特徴に含まれるのかどうか。確かにそうだと断言することはできないので、疑問としておく ▶165。

【第1節】儀礼を執り行なう人

　僧侶は別として、各小儀礼を共に担う人は大勢いるが、その役目もたくさんある。ここでは必要不可欠な人たちだけを取り上げる。その人たちは5人で、いずれもアチャー（▶17 参照）である。それも、結婚式を司るアチャー（アチャー・ペーリア）のような普通のアチャーではなく、特に中心となるアチャーは「ヨーキー」▶166 と呼ぶ。ヨーキーの指示の下に仕事をする他の4人のアチャーは「プルク」▶167 と呼ぶ《人によっては「プルク・コイ」とも言う》。

　ヨーキーを探すのは難しい。これを務めるアチャーは、仏教の「トア・クノンゲ」あるいは「プラウ・ゴグト」▶168 という修行を長年行なった経験がなければならないからである。その修行も、成し遂げることができなければ役に立たない。ヨーキーのいない村が多いので、火葬がある時はヨーキーのいるどこかの村から探してこなければならない。このヨーキーは人々の眼前で行なう務めから、たった1人で密かに行なう務めまでこなす。なぜなら、普通、葬式用の小屋のすぐ西側に特別の小部屋が1つ必ずあって、火葬の火が燃えている間は、ヨーキーはその小部屋に籠って瞑想に耽ったり、ひとり静かに何やら色々唱えたりするからである。これはほんの一例であって、ヨーキーが果たす務めは実に多い。プルクの務めはこんなに厳しくはないが、それでも火葬後に死者の身体を作り変える（プラエ・

147

148

ループ）▶169 といった、いくつかの特別な務めを心得ていなければならない。**図147** は「遺体に火を点ける」《遺体を焼く》ためにヨーキーがプルクに火を分配しているところである。**図148** ではヨーキーは呪文をかけた聖水が入っている容器を手にし、プルクの方も同じ聖水が入っている「スラー・コオーム」という甕（かめ）を手にし、そして全員で火を消す仕事をしている。

　それぞれの務めに応じた役割を担っている人たちについて、かいつまんで見てきた。次項では葬儀の進行について手短に述べることにする。

【第2節】葬儀の概略

　ここで取り上げる葬儀の方法は基本的にアンコール地域の風習なので、上述したように手間暇かけて執り行なわれる。まず最初に死んだばかりの遺体を埋めておき、火葬するために何年か機会を待つ。地域には低木が茂った「コーク・クマオイチ」と呼ぶ埋葬地が大抵どこかにはあり、人々はそこに埋葬する。人によっては家族の遺体を村内の家々のすぐそばに埋葬することもあるが、一般的な埋葬手引書によるとあまり良くないとされている •58。非業の死を遂げた遺体《例えば切り殺されたり、水に溺れたり、首を括ったり・・・等々》の場合は、必ず遠く離れた場所に持っていって埋める。このような死に方は「汚れ」ている、つまり遺体にはひどい穢れと不運が付いていると考えられているからである。

　アンコール地域では遺体を1体だけで火葬することは稀であり、多くの場合何体か一緒に行なう。平均すると1つの火葬台で5体の遺体を火葬するが、よく目にするのはこれより多く、20体にもなることがある。その場合は火葬台それ自体には火葬の施主の棺と、そのすぐ傍にいくつかの棺を置くことになる。なぜなら、一般的に火葬台が少し大き目であっても、5〜6基もの棺を載せることはできず、その他の棺はその近くで焼くことになるからだ。近くといっても垣根で囲まれた火葬場の敷地内である。寺の住職などの火葬の場合は沢山の地元の人の遺体を一緒に火葬するのが普通であり、2004年のソンダン村のクナーイチ・トラーイチ寺住職の火葬の時のように、50〜60体あるいは100体以上になることもある。

　火葬は遺体を埋葬してから何年も後に行なわれ、さらに合同で行なわれ

【第1節】儀礼を執り行なう人　【第2節】葬儀の概略

るので、火葬の日取りをいつにするかは自由に決めることができる。ほとんどの場合は陰暦4月に火葬する。その火葬が数日間に及ぶ場合でも、「火葬の炎を大きくする」日、すなわち月の黒分（満月の翌日から新月まで）に行なわなければならない。

　経済的要因を見た場合、施主の火葬に便乗するだけなので、どんなに貧しい人であっても身内の死者をねんごろに火葬することができる。

　ここで火葬というのは骨を焼くことであり、死んだばかりの遺体を焼くことではない▶170。この骨は墓から掘り出してきたもので、「遺体を引っ張り上げる」（ヨーング・ソプ）と言う。この仕事はアチャーの務めではあるが、普通のアチャーだけでも可能で、アチャー・ヨーキーが行なう必要はない。それから、少人数または大勢の僧侶も必要である [図149]。その墓の地面を掘り、バナナの葉の中肋（▶49 参照）で作った梯子を掛けるが、その段数は偶数《多くは4段》である▶171。原綿の糸がその梯子から墓の脇で経を唱えながら坐っている僧侶へと繋がっている。この仕事が終わると骨を集め [図150]、きれいに洗って白布に包んでから、さらに茣蓙を1

枚重ねて包んでおく。その茣蓙の包みを墓の上に置いた棺の中に入れておくこともあれば [図151]、その包みを各自が持っていって、どれか1本の樹木の枝に挟んでおくこともある [図152]。いずれにせよこれは「遺体を放置する」ことである。この段階では、棺に入れた骨であっても棺に入れてない骨の包みであっても、垣根で仕切られた場所（つまり火葬する場所）に持っていくのは、しきたり上まだ許されないからである。以上は普通の村人の場合であるが、住職など僧侶の遺体の場合は、まず「遺体を盗む」ことをしなければならない。普通このような遺体は地中に埋めないで、空気が出入りしないようにしっかり蓋をした棺の中に安置する。その棺には遺体から溶けた物を地中に流すための筒が1つあるだけである。数年後《一般的に3～5年》、その遺体は全部溶けて肉がなくなり骨だけが残るので、それを火葬すべき時に持ってきて、別の棺に入れる準備をする。前述の遺体を盗むというのは、その骨だけが入った新しい棺をこっそりと、例えば真夜中などに寺からどこか別の場所に運んで、しばらく置いておくということである。火葬の日が近づいたら盛大に行列して火葬台（メーン）に入れる。上述した村人の遺体も同じように、一定の時間が経ったらにぎやかに行列して火葬台（プノム・ヨーング）に入れる [図153]。

「遺体を放置する」のも「遺体を盗む」のも、この2つの行為は同じ意味であり、方法はどうであれ、様々な儀礼がまだ済んでいないので、その遺体をしばらく村から出すのを避けるのである。避けるのはこれだけではなく、避けるために行なう仕事や行為はこれ以降もたくさんあり、その遺体に穢れとなって付着している災いや悪運を避けたり追い払ったりするために、村人は様々なことを絶えず行なっているというのがよく分かる。例えば、棺の葬列が火葬台（プノム・ヨーング）

153

【第2節】葬儀の概略

へと向かう時には必ず「炒って爆ぜさせた米を撒く」[図154]。知っての通り、「リアイチ」とは爆ぜるまで炒った籾米であり、籾米を炒る容器でさえ、その多くは鍋や水瓶の破片である。どうして炒って爆ぜさせた籾米を使うことが避けるという意味になるのか、どうして災いや悪運をもたらすものとして、何かを砕いてばらばらにするのか、その理由を理解するのは難しいことではない▶172。炒って爆ぜさせた米を撒くだけではまだ充分ではないと見えて、炒り米を撒く人はそれを摑んで後方に放り投げても、自分自身は決してそれを振り返って見ないようにする。

　災いを追い払って避けるために、張り子の人形▶173を持ってきて一緒に練り歩くこともある[図155]。さらに、「遺体を移す」《葬列して遺体を火葬場に運ぶ》時に災いを避けるために、色々な破裂玉（爆竹など）を仕掛けることもある。この時に、出家期間が最も長い僧侶を1人招請し、霊柩車を先導する車に乗ってもらうのが普通である。遺体を運ぶ行列が厳かに出発して火葬台に至る道すがら、にぎやかな雰囲気の中で、その僧侶は常にひとり静かに瞑想し、そして経を唱えている。

　今まで何度も言及したように、遺体に関連する各小儀礼には必ず対になっている2つの意味がある。1つは今見てきたばかりの「避ける」ということであり、もう1つは死者が天国に通じる正しい道を「目指す」ようにすることである。この同じ葬列で目にするのは、1人のドーン・チー▶174が「宝石の指輪を掻き落とす」▶175役目をしていることである。この言葉の正確な意味は分からないが、分かっているのは、このドーン・チー

154

155

が片方の手に燃えている松明を持ち、もう片方の手には、火が消えずにちゃんと燃えているように、松明の灰を落とすための鎌を持っているということだけである [図156]。彼女は、その死者が天国を目指して、つまり火葬台を目指してまっしぐらに進むよう精一杯手助けし、ばらばらになってどこかへ行ってしまわないよう、ひたすら心を配らなければならない。松明の火はその道を照らす灯なのである。後に見るように、このドーン・チーはこれ以後も同じ様な役目を担うことになる。

　ここで、尋常でない死に方をした遺体について二、三述べておく必要がある。このような遺体の儀礼はそれぞれ違いはあるものの、1つの重要な信仰に基づいている。それは、遺体に付いている穢れは強烈すぎるので、普通の遺体のように取り扱うことができないということである。そのような遺体でも他の遺体の近くで火葬することができる場合もある。それは、骨を掘り起こしてきた後にそれをいったん置いておく場所で、ヨーキーが「浄める」儀式を行なった場合に限って、ということである。これは経済的に最もゆとりのある場合である。それより経済的にゆとりのない人は、全て人並みに火葬しなければならないのは同じだが、他とは分離して行なう必要があり、火葬場の垣根に近づいてはならない [図157]。さらに経済的にゆとりのない人は、アチャーと僧侶が遺体を埋めた墓に行って、そこで火葬に付してしまう。小儀礼の方も一番簡単に済ませる。例えば、骨を1つか2つ墓から掘り出しただけで全部掘り出したことにし、小さな木片を薪にしてその墓穴の縁で燃やして火葬する。このような簡略化した火葬

【第2節】葬儀の概略

では、手早く済ませて身体を作り変え（プラエ・ループ）、霊魂幡（トング・プロルング）を含め何もかも全部その同じ土中に埋めてしまう。どこかに持っていって埋めるわけではないので、骨を選んで骨壺に入れるということはしない [図 158 〜 159]。

　垣根で仕切られた火葬場の敷地内には、東北の角に 2 つの重要な祭壇があるのをよく目にするが、これは通常 4 つの角全てにある方角の祭壇 ▶176 ではない。入念に飾りを施した 1 番大きな祭壇は「仏陀の恩徳の祭壇」と呼ばれる。その近くには、それより少し東北の角にずらした所に「閻魔大王の祭壇」あるいは「ニミ王の祭壇」とも呼ばれる祭壇があり、この祭壇は 1 番目の祭壇より少し小さいのが普通である。**図 160** では仏陀の恩徳の祭壇が中央に、閻魔大王の祭壇が右側にある。村人の説明によると、仏陀の恩徳の祭壇というのは、仏陀の恩徳を思い出させるための祭壇だそうだが、それ以外にこの祭壇にはどのような深い意味があるのか分からない。2 番目の祭壇の役割の方は分かる。この祭壇のことを閻魔大王と呼ぶ人もいれば、ニミ王 ▶177 と呼ぶ人もいるが、名前を取り違えているのだろうか。詳しく検討してみると、取り違えているわけではなく、名前が変わったのは、カンボジアの歴史においてヒンドゥー教から仏教に変わったことに対応しているのである。その変わり方は、がらっと一変したわけではないので、いくつかの変化は外見上の変化と言えなくもない。閻魔大王とは何者か。閻魔大王が神であるのは確かだが、この神は他の神々とは異なる ●59。最も大きく異なる点は、死んだことがある閻魔大王以外の神々は、《乳海攪

拌から湧き出た不老不死の甘露アムリタを飲んだので》不死身であるという考え方にある。この死んだことがあるというのは、天国も地獄も含め死後の世界の全てを理解するために故意に死んだということである。このことが閻魔大王を死者の神としたのである。一方、その死者も延々と広がって生者のところまで達している。まだ生きている人もいずれ必ず死ぬからである。ニミ王とは何者なのかというと、ジャータカ物語の最後の10話▶178に登場する10人の菩薩の中の1人である。なぜ人々は有名なマホーサダ賢者▶179や布施太子▶180などの重要な菩薩を思い浮かべないのだろう。なぜ10人の菩薩の中でニミ王を誰よりも特別だと言って思い浮かべるのだろう。このジャータカ物語を検討してみると、ニミ王とは、インドラ神が1人の御者に神の車を御させて、天界と地獄界をはっきり見せるために連れていった、その王であることが分かる。だから、閻魔大王とニミ王は、まだ生きている人々全員の来世を知っているという点で、両者には何の違いもないのである。

　図 161 で閻魔大王の祭壇は向かって左側の小さな方である《大きい方は仏陀の恩徳の祭壇》。少し詳細に見てみると、葬儀用の建物から出てきた木綿糸が火葬台まで延びてから、この閻魔大王の祭壇まで来ている。それがさらに、この台のすぐ脇の地面に作った砂山とも繋がっている。通常この砂山作りは村人たちがアチャーの指示に従って行なう。この砂を探しに行くのにも儀式がある [図 162]。村人の説明によれば、この盛り上げた砂粒の数は、種々の地獄の役人に1粒残らず数えさせるためであり、全部数え

第2節 葬儀の概略

162

163

られない場合には、砂山を作った人に責め苦を与えることができないという。なぜなら、ひとりひとりの人間は多かれ少なかれ避けることができない罪業を背負っているからである ▶181。しかし、この砂山の形を見て分かることは、深遠な世界を意味しているということであり、それはつまり、縮小して1つの小さな形にした仏教的宇宙世界そのものであるということである。普通、砂山はチョール・チナム（年に入る＝新年）に作る。忘れてならないのは、チョール・チナムは「チョール・チナム・トマイ」（新たな年に入る）という言葉の略語であり、その意味は輪である時間が完全に1回転して再び元に戻るという意味である。時間は衰退の主たる原因である。時間は常に前へと進み、止まるところを知らない。それにつれてこの世界とこの世界に存在するものは何であれどんどん衰える。常に不可分のこの時間と空間については、出産に関する章で述べたので再述はしない。時間が完全に1回転したということは、世界も勢いがすっかり衰えたということである。それで時間が新たに回転し始めると、人々は世界が元通り新しくなるよう準備しなければならないが、それがこの砂山を作るということである ●60 ▶182。それでは火葬の時になぜ砂山を作るのだろう。チャン・ソク・キリー・ソート儀礼（第6章第3節）で砂山を作るのを見てきたが、それは寿命を延ばすためであった。その寿命を延ばす儀礼では、人は死んで再び生れるとみなされる《第6章》。それで火葬の時に砂山を作る意味が一層はっきりする。というのは、人が実際に死んだ場合《儀礼で仮に死んだことにする場合だけではなく》、その死者は再び別の世に生まれ変わらなければならないからだ。

火勢を強める時に、ヨーキーがただ1人、閻魔大王の祭壇の前に坐って祈ることもあれば、その祈りに人々が参加したり、音楽があったり、チャッ・ホー▶183をしたりなど、非常に盛大なこともある[図163]。この祈りは閻魔大王と砂山の両方に向かって行なう。このことは、閻魔大王は死にも再生にも関わりがあるということをはっきり表している。ひとりひとりの人間が生きている間に行なった行為を全て知り尽くしているのがこの神であり、その人間たちをそれぞれの生前の業にふさわしい、しかるべき場所へ分けて送るからである。

　上述した「避ける」小儀礼と「目指す」小儀礼は、この一連の火葬儀礼でまだまだ続く。いくつかの小儀礼はまるで素晴らしい眺めのようでもある。例えば、最も際立っているのは花火の打ち上げだ。花火を打ち上げるのは見て楽しいし[図164]、こういう葬式は人々を非常に喜ばせるが、花火には「死」に付着している災いや穢れを避けるという役目があり、それが第1の目的なのである。空飛ぶ灯篭（コーム・ホゥ）も同じで、灯篭に火を点けて飛ばすのは見ていて大変楽しいが[図165]、理解すべきは、災いを何とかして遠ざけるというのが本来の目的なのである。だから、もし空飛ぶ灯篭がどこかの村に落下したら、それが凶兆となり必ずその村に良くないことが起こる、と人々はよく言う。その場合、その空飛ぶ灯篭のお祓いをすれば問題はないが、そうでない場合は、油を注ぎ足して点火し、そこからさらに遠くへ飛ばさなければならないのだと言う。実際には、どこかに落下した空飛ぶ灯篭が破けてぼろぼ

ろにもならず、まだ続けて使えるなどというのはきわめてまれだ。人々がこんなことを言うのは、空飛ぶ灯籠が村に入るのを避けたい一心からである ▶184。

　一方、「目指す」小儀礼は、例をあげれば、上述したように宝石の指輪を掻き落とすドーン・チーが、燃え盛る棺の火の方を向いて座り、一心に瞑想に耽ることである。これは、再生する新たな世を目指して旅する死者が、仏法の道によって迷わず進むようにするためである [図166]。火の勢いが下火になる頃、アチャーは必ずその火葬の残り火で小鍋1杯分のご飯を炊く [図167]。これを「バーイ・ソングキアト បាយសង្កត់」（団子状にしたご飯）と呼ぶ。サンスクリット語で「ソムキアト」《ソングキアトと同じ》は、元々の意味は「何かを丸めた物」であったが、それが「1つにまとまって何か組織だったものを生み出す」という意味になった。ここでの意味は、例えば五蘊▶185 などというように、人間存在を構成する要素（カン）が集まることである。このバーイ・ソングキアトは、プチョム・バン祭り▶186 のバーイ・バンと違わない。つまり、もち米のご飯を丸めて団子状にしたものであり、それを霊魂が宿るのを待って新たに誕生する中身のない身体に例えているのである ●61。ヒンドゥー教あるいは仏教の考えに即して言えば、誕生に関わる儀礼の章で述べたように、この2つ（霊魂と団子状にしたもち米ご飯）は名前と身体に当たる。名前とは霊魂のことであるから、それでアチャーは火葬後に死者の身体を作り変える時に、積み重なった炭と骨を死者の名前が書いてある霊魂幡で覆うのである。一方、この段階の

166

167

168

身体は団子状にしたもち米ご飯のことであり、それは、餓鬼に中身のない身体を与えてふさわしい世に再生させるためのバーイ・バンと違わない。今日の解釈ではこれとは違って、バーイ・バンもバーイ・ソンクキアトも死者のための食事であると考える人が多くなった。それで、**図168**のバーイ・ソンクキアトはバナナの葉で作った容器に入れ、おかずとして魚が添えられているのである。

　火葬を終わらせるにあたり最も重要な小儀礼は「死者の身体を作り変える」こと（プラエ・ループ ▶169 参照）である。骨が燃えて灰となり、その火を完全に消したら、炭と骨を盛って両手を合掌した人の形を作る [**図169**]。より一層人に酷似させるために、指輪を置いて両目にしたり、象豆 ▶187 を置いて両脚の膝頭にすることもある。それが終わると、ヨーキーはバナナの葉で人の形を覆ってから、その上に死者それぞれの霊魂幡を置く。この幡には死者の名前が書かれているだけではなく、それを書いたアチャーの名前も記されていることがあるので、この死者の霊魂幡は生きている人の身分証明書に例えられる。閻魔大王の前に出頭した死者は誰であろうと、死ぬ時にアチャーがきちんと務めを果たしたかどうか、たちどころに見抜かれてしまうと信じられているからである [**図170**]。しかし、この小儀礼が終わった後は、この死者は名前と身体が新しくなる。だからアチャーはそれにふさわしく髪を切ってあげるのである [**図171**]。これは、産婆が同じように新生児

169

170

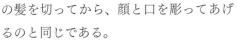

の髪を切ってから、顔と口を彫ってあげるのと同じである。

　名前と身体がどういうものか分かったので、身体を作り変えると、その時から名前も一緒に変わるというのも理解できる。ここで、ヨーキーは覆っていたバナナの葉と霊魂幡を遠くに放り投げる。これは手で行なうこともあれば、掘り棒の先で弾き飛ばすこともある［図172］。

【第3節】仏教の役割

　遺体に関連する各小儀礼について、そのあらましをざっと述べてきたが、仏教の重要性は他の全ての通過儀礼とは比較にならないほど大きいということが分かる。役目によっては僧侶が一緒に行なうこともあれば、並行して別の小儀礼を行なうこともあるが、まだ沢山あるそのような小儀礼については言及できなかった。たとえ僧侶が小儀礼の務めを担当していない場合でも、それでも仏教の重要性は非常に重いということが分かる。例えば、上述した宝石の指輪を掻き落とすドーン・チーの瞑想、室内でのヨーキーの瞑想などである。地域が関わる仕事１つ取っても仏教の重要性は変わらない。例えば火葬台や葬儀用建物に使った木材など、儀礼で使った物は、終われば必ず僧侶に全て寄進されるのである。

　ここで葬儀における仏教の役割を明らかにするために、さらに１、２の事項を取り上げることにする。再び新しい世に生まれる死者に功徳を廻らすために、しばしば葬儀に付随して仏像の開眼式を執り行なうこともある•62。

この儀式は取るに足らない小さな儀式とは言えない。祭壇を設けるにしても、きちんとやり方を心得ているアチャーが取り仕切るか、あるいは僧侶たちと一緒に執り行なうアチャーがいなければならないからである。例えば、その祭壇に原綿の木綿糸を幾重かに巻き付けるにしても、その数でさえ全て決まりがある [図173]。儀式の方はほとんど夜通し行なわれ《図174は僧侶たちが経典を開いて一心に経を唱えているところ》、さらに翌朝の一定時間まで続けなければならない。この儀式全体の中で仏伝の一場面が演じられるが、それはスジャータが蜂蜜入り乳粥を仏陀に献上する場面である。この蜂蜜入り乳粥は非常に手間をかけて実際に作る。ご飯を炊く米も、何かで搗いたり摺ったりしないで、籾米の殻を1粒ずつ手ではがす。明け方に、ココヤシの実の果液とココナツミルクを水の代わりに使ってその米を炊く。全て甘い味のするものばかりなので、かき混ぜるしゃもじも皮をはいできちんと処理したサトウキビである [図175]。朝になると、処女の女の子4人にスジャータ、ペイサーカー、ウマーテイ、ボンティアサイ ▶188 の役を演じさせて、乳粥を仏陀に献じる [図176]。他

のアチャーは四天王 ▶189、インドラ神、仙人などの役を演じ、そして4人の女の子が仏陀に食べ物を献じる前に、その女の子たちと問答する小儀礼 ▶190 を行なう。

　カンボジア語には、例えばその死者の子供や妻など、何らかの理由によって死者の近くで暮らしていたために、その死者から穢れ（モントゥル）が伝染してしまった生者に関して、その状態を指す特別な言葉がない。カンボジアでは「カン・トゥク កន់ទុក្ខ」（苦しみを持つ＝喪に服する）という言葉を使うが、実際は、死者から穢れが伝染した状態というのは苦しみ（トゥク）とは関係がない。つまり、人間なら誰しも考えるのは、死は強い穢れを生じ、その穢れはどんどん広がって他人に伝染するが、特に近くにいる人に伝染し、病気がうつって蔓延するのと少しも違わないということである。他の人々に伝染しないよう、社会は1つの人間集団に生じた不浄な状態を全て忌避するのが当然である。本当は、葬式で髪を剃るのは、髪を剃った人の苦しみとは関係ない。そうする理由の1つは、穢れている人は誰なのか、このように他の人とは違うんですよと、一目で分かるように社会がそうさせているのである •63。2つ目は、この剃るという行為は穢れを清浄にすることでもある。例えば、ある人がある事で苦しみから逃れることができますようにと願を掛け、それが成就したら、その人は必ず願解（がんほど）きをし、髪を剃って自分が願を掛けた神に献上する。これは、髪を剃ることは穢れを清浄にすることであり、苦しみとは全く関係ないということを明らかにしている。カンボジアの葬式の風習では、喪に服している《つまり他の誰よりも穢れに汚染されている》家族は、必ずその中の1人に穢れを集中させるが、そのほとんどは男の子である。その男の子は頭を丸めるだけではなく、遺体を貴人用あるいは普通人用の火葬台に移す時に、棺に結んだ木綿糸やチガヤを自分の頭に1周させてつなぐ

177

《図 154 の肩車をされている子供》。火葬の火の勢いを強める時に、その子は「火の前で出家」しなければならない [図 177]。この出家は一時的であり、すぐに還俗するので「象の一時停止のような短い出家」と言い、普通の出家に関するような意味は全くない。このことは、葬式では仏教が重要な役目を担い、穢れに関する信仰と実践に影響を与えているということを示していて、穢れを火の前の出家に変えているのである。

十分に焼けて火葬の炭の山から出てきた骨は「ティアト ពាតុ」（遺骨）と呼び、どこかに安置するために、選り分けて骨壺か容器に入れておく。余った炭と灰の山は、集めてどこか適当と思われる場所に持っていって捨てる。いくつかの風習は恐らくインド伝来の考え方に関係しており、川に持っていって捨てるが、大きな川の近くではガンジス河に見立てて、そのまま捨てて流す。骨壺を安置しておく場所は地方の風習によって異なる。家の中の何かの台上に置いておく場合でも一時的であり、最終的には家から出さなければならない。風習によっては、家の建物から出すには出すが、家の敷地内に置くのは構わない。色々な供え物と一緒に骨壺を土中に埋葬する人もいる ●64 [図 178 〜 179]。さらに、様々な呼び名がある家の前の祭壇に安置する人もいる。その祭壇が村内の仏塔（チェディ）になることもある ●65 [図 180]。一般的に好まれているもう 1 つの風習は、その遺骨を寺の仏塔に埋葬することである。経済的に苦しい人は他の多く

【第 3 節】仏教の役割

の遺骨と一緒に、1つの共同の仏塔に埋葬することも可能だ。その場合には、僧侶とアチャーが執り行わなければならない儀式がいくつかある［図181］。「共同の」（サティア សាធារណ៍）という語には大変強い意味があり、ただ単に他人の遺骨もあれば自分の遺骨もあるということではなく、そういうことを遥かに超える。蓮の葉とインド菩提樹の葉を敷いて、骨壺の蓋を全部開き［図182］、他人の骨とごちゃ混ぜになって、どれが誰の骨だか分からなくなっても構わず、その敷いた葉の上に骨を空けるのである。より裕福な人は自分の両親のために仏塔を築き、それを代々引き継いで、その子孫の遺骨も一緒に埋葬する［図183］▶191。

　いずれにしても、カンボジア人のような民族と、インド文明の影響を受けていないカンボジア国内の少数民族は、長い間ずっと暮らし方はほとんど同じであったと言っても過言ではないのに、死者に関する両者の風習は、近年ではかなり隔たったものとなっている。カンボジア人の方は常に死者を忘れないようにと心掛け、途切れることなく当たり前のこととして儀式を営んでいるからである。その儀式から生じる善行の報いが死者に届いて、

その死者が相応しい界にいられるよう助け、相応しくない界に落ちていかないようにと願っているのである。毎年必ず行なわれるプチョム・バン（▶186参照）の行事以外にも、その善行が「絶えず死者に注ぎ込む」ように、カンボジア人が家族ごとに死者の冥福を祈る機会は他にも色々とある。これらは全て、生者と死者との関係が確実につながっていることを意味している▶66。以上のようなカンボジア人の風習を理解するためには、カンボジア東北地方にいる少数民族の遺体に関する風習に目を向ける必要がある。一般的に、これらの人々は異なる民族であるにもかかわらず、生者と死者との関係はよく見るとただ1種類のようである。ざっと述べると、誰かが死ぬと家の中で供え物をする儀礼を行ない、それから遺体を運んで墓に埋める。1週間経ったら供え物を捧げる盛大な儀式を行なう。裕福な人は水牛を屠ることもできるが、そうでない場合は豚を屠ったり、最低限でもアヒルをつぶして供える。その7日忌には、人々は酒を壺ごと持ち寄って飲む▶192。墓に持っていった酒壺は決して村に持ち帰らない。必ず何かで叩くか、底に穴を開けて壊す。これは酒壺を遺体に例えていて、家や村に帰ってこないようにしているのである。この7日忌のお供えが過ぎた後は、生者と死者との付き合いは一切なく、死者を偲ぶ儀式や命日といったような儀式は何も行なわない。この点が、種々の文明、特にインド文明の影響を受けて久しいカンボジア人と一番大きく異なる点である。

　この生者と死者との関係が完全に途絶えることについて、墓を取り上げて検討すると、少数民族によって違いがあるようにも見えるが、実際に見た様子では、違いは単に外見上だけである。図184はプノング人の墓地の一部分である。一見して分かるのは、きれいかどうか、きちんとしているかどうかには全く無頓着なことで

【第3節】仏教の役割

ある。はっきりそれと分かる目印が何 1 つなく、物の痕跡、特に叩き割った酒壺が散乱しているだけで、地面がきちんと片づけられていないので、墓地に入って行く時に、気付かずに沢山の墓を踏んづけてしまうことがよくある。このことから、プノンゲ人は墓地を忌避すべき場所、近付くべきではない場所と考えている、ということが分かる。

　一方、同じ東北地方の別の少数民族も、外部の人間から見れば目を疑うほど墓が沢山あるにもかかわらず、同様に墓地の世話をしない。確かに作ったばかりの頃はきれいな状態であったのかも知れない。**図 185** はクルング人の墓で、カンマー ▶193 の葉で作ったちゃんとした屋根がある。酒壺の方は一部分を土中に埋めてきちんと立ててあるが、よく見るとこの壺は再び使うことがないよう、底に穴があけてある •67。**図 186** はトムプオン人の墓である。墓の前に男女各一体の像があるので、一段ときれいにしたことが分かる •68。この墓にも酒壺を埋めてきちんと立ててあるが、同じように底に穴があけてある。このクルング人とトムプオン人の墓は、死んだ日から 1 週間後に行なわれるお供え儀礼の後は、全く掃除をしたり世話をしたりしないのである。

◇ 原註

- 50 ……… ここでは「ボーチア បូជា」という語を、「神に供犠する」というサンスクリット語の広義の意味では使わない。カンボジアの人々が一般的に理解している「火葬する」という意味で使う。

- 51 ……… 近年カンボジア各地では研究者による先史時代の墓の発見が増えている。

- 52 ……… Hertz.1928. 参照。

- 53 ……… しかし、それでも首都プノム・ペニュ（プノンペン）には1960年代の初めまでは「トゥオル・プレアハ・スライ ទួលព្រះស្រី」（吉祥の丘）という名の一時的に死体を埋める場所は確かにあった《この場所は後に「ボライ・カイラー បូរីកីឡា」（スポーツの町）に変わった》。

- 54 ……… タイ語風に「メーン មេន」と読む。

- 55 ……… この葬儀の施主は生まれ故郷を離れて30年以上経っている。初めての束の間の帰省である。戦争が起こったせいで、彼が村を離れている間に親類友人すべてを失った。村人たちは、本当の火葬をするかのように、親身になって彼の両親の火葬を助けた。というのは、彼の両親がどこに埋葬されたのか分からないからである。その際に、村の貧しい者も2体の遺体を持ってきて一緒に火葬した。

- 56 ……… 英語で Bivalency。

- 57 ……… Ang.2004. 参照。

- 58 ……… 例えば、村内の西側に埋葬した場合、その遺体は「村を蹴飛ばす」と言われている。というのは、遺体は頭を西にして埋めるのが普通だ。すると、その足は東にある家々の方を向くことになるからである。

- 59 ……… Malamoud.2002. 参照。

- 60 ……… Eliade.1969. 参照。この研究では、1周し終わって同じようにゼロ点から回転し始めるものについて述べている。

- 61 ……… その基本的考え方は、「スラート ស្រាទ្ធ」（故人となった親族への追善供養）と呼ぶ死体に関係するインドの信仰と実践に基づいている。Sinclair Stevenson.1920. 参照。

- 62 ……… 知ってのとおり、仏像の開眼式は広く知られている儀式の1つであり、単独で行なうこともできる。そうでない場合は、よく目にするのは、寺の境界石を建てる儀式に付随して執り行なわれる。この後者の点についてはGiteau.1969. 参照。

- 63 ……… 以前は村人が、悪漢や掟に背くとんでもない過ちをしでかした人を捕まえた時には、必ずそういう者の頭を剃った。これには「苦しみを持つ」（カン・トゥク កាន់ទុក្ខ）人という意味はなく、正真正銘の悪人であるという意味である。髪を剃ることで、死者の家族は最も強い穢れを受けていることが分かるように、社会が人々に知らせている、という考え方と比較するために取り上

げた。

• 64 ……… インドにもこのような風習がある《Malamoud.2002.p.27,69》。

• 65 ……… この遺骨を安置する祭壇を、間違えて「神を祭る台」（リアン・テヴァダー កន្លែងទេព） と呼ばないように。この語は一般的に土地の守り神を指して言う言葉だからだ。

• 66 ……… これはかなり大雑把な言い方である。中国式の風習を守るカンボジア人に関して言えば、多かれ少なかれ死者と密接な繋がりを持つのは同じであり、その方法が異なるだけだからである。例えば、中国式に行なうとしたら、家の中に祖霊がいる場所を作らねばならず、普通は故人の肖像の下に吊り棚を設ける。カンボジア式ではこれとは違い、先祖を敬うのは同じだが、身近に先祖がいる場所を作らず、プチョム・バンの日 ▶186 が終わったら必ず遠いあの世へと先祖を送り、そして「来年までお待ちください。その月日になったらまたお迎えします」と言うのである。

• 67 ……… Matras Troubetzkoy.1979.p.220. によると、プラオ人《この少数民族はクルング人にきわめて近い》の墓は念入りに作られていて、きれいな装飾模様がほどこされているが、このような墓であっても、調査したところによると、壺の底に必ず穴を開けなければならない。

• 68 ……… この 2 つの図は裸の人であるが、紙幅の都合上ここでは取り上げない。東南アジアの島嶼部に住む大きな民族の風習は、中部ベトナムの山間部やカンボジア東北地方などに住む各民族に、長年にわたって直接あるいは間接に影響を与えてきたが、それについて検討しなければならないからである。例えば Kalpana.1999. 参照。

◇ 訳註

▶157 ……… 例えば、家で亡くなったばかりの遺体は、その足元にアチャー・ヨーキーが水を入れた小さな瓶 1 つと小石 1 個、線香 3 本を置くか、あるいは遺体の周囲に呪文の境界を張り廻らせる、というのもある。そうしなければ、黒猫が遺体を飛び越えた時に悪霊どもがその遺体の中に入り込んでしまうと言う。悪霊は腐乱物を探し回って食ったり、人間を恐怖に陥れたりすると信じられているので、人々は様々な方法で遺体を護ろうとするのである。（ញាណ រឿង, ម៉ម ថៃ『លំអានទំនៀមខ្មែរបុរាណ』）

▶158 ……… カンボジアの僧団には「モハー・ニカイ មហានិកាយ」派と「トアンマユット ធម្មយុត្តិ」派があるが、モハー・ニカイ派に属する僧侶は 97％と圧倒的に多い。トアムマユット派は 19 世紀初めにタイのラーマ 4 世王（モンクット）が興した派で（タイ語ではタムマユット）、それがカンボジアの王族によって 19 世紀半ばにカンボジアにもたらされた。両派には教義上の大きな対立点や違いはないが、トアムマユット派は作られた経緯から両国とも王族の支持者が多い。（詳しくは小林知「ポル・ポト時代以降のカンボジア仏教における僧

と俗」『〈境域〉の実践宗教』、「カンボジア仏教の歴史と現在」『新アジア仏教史 04』参照）

▶159 ……… 「プノム・ヨーング ភ្នំយោង」は普通の人の火葬台のこと。「プノム」は「山」、「ヨーング」には「引っ張り上げて助ける」という意味がある。

▶160 ……… 皿や鉢を骨壺として使うことに関連して、カンボジアには「1 つの世に生まれ、1 皿の骨になる」（カアト・ムオイ・チアト・ティアト・ムオイ・チャーン កើតមួយជាតិ ជាតុមួយចាន）という言葉がある。これは仏教の「無常」感に基づいていて、生きている時にどんなに強欲になっても何の意味もない、あの世に何も持っていくことはできないからだ。金持ちであろうと貧乏人であろうと、1 皿分の骨になるだけ、という皮肉が込められている。（អាំង ជូលាន「កើតមួយជាតិ ជាតុមួយចាន」『កម្រងអត្ថបទក្នុងបណ្ណាញព័ត៌មានវប្បធម៌ខ្មែរ លេខ២』）

▶161 ……… 「白檀の心材」（クルム・チャン ខ្លឹមច័ន្ទន៍）には強い芳香がある。

▶162 ……… 「チノート ឆ្នើត」Alyxia pisiformis Pierre、2 ～ 6 m のツタ性植物。樹皮に芳香がある。木部は頭痛に、葉を絞った汁は吐き気に効果があるとされる。樹皮は線香の材料の一種。

▶163 ……… この白幡は火葬台を囲む垣根の 4 隅全てに立てる場合も、東北の隅に 1 本だけ立てる場合もある。いずれにせよ、東北の隅に立てる白幡だけは、旗竿の根元部分を地中に埋めないで、旗竿の両側に杭を立てて横木で支え、旗竿を地面から浮かすようにして立てなければならない。なぜなら、東北の隅には閻魔大王の祭壇と 5 つの砂山が作ってあり、他の 3 隅とは違った意味がある。東北の方角は死者が再び生まれ変わる方角で、それは地中ではなく、天上界にあると信じられているからである。（គឹង តាវ៉ា, ងម គឹមស្រៀង「ចាប់ជាតិ」『កម្រងអត្ថបទក្នុងបណ្ណាញព័ត៌មានវប្បធម៌ខ្មែរ លេខ៩』）

▶164 ……… **図 143** でははっきり分からないが、この白色の仏法幡（トング・プレアハ・トアム ទង់ព្រះធម្ម）と多色の輝く幡（トング・ロローク ទង់លេក）の 2 つは、どちらもワニの形をしている。このワニ幡〈トング・クロパー ទង់ក្រពើ〉は命があるように扱われ、縫製した後にアチャーが開眼式をして、それから使う。さらに葬式や正月のお祝いなど大きな儀式や行事では、揚げる前にこの幡を出家させ、儀式が終わって降ろしたら還俗させなければならない。田舎では幡を揚げる時は盛大に行なわれ、人々は現生における善果を積むために、揚げる前に幡に縫い付けた袋に寄付金を入れる。また幡が揚がり始めると、人々はこぞって幡に触れたりする。さらに、旗竿を立てる時は線香などの供え物をしたり、銅鑼が鳴り響く中でチャッ・ホー（▶183 参照）をする（ម៉ៅ សេងយាន, អាំង ជូលាន「ទង់」『កម្រងអត្ថបទក្នុងបណ្ណាញព័ត៌មានវប្បធម៌ខ្មែរ លេខ៣』）。ちなみに、儀礼の中で幡などを出家させるというのは、普通の性質の物を一定期間聖なる性質や状態へと変えることである。役目が終れば還俗させて普通の性質に戻す。例えば、正月に造る砂山（▶150）、娘と一緒に暗い部屋（ムロプ）に置かれるバナナやサトウキビ（第 3 章第 1 節 3 儀礼）など。また、普通の物から聖

───────────────

原註 64 ～ 68　訳註 157 ～ 164

なる物へと性質を変える儀式ではボン・チローング បុណ្យធ្លង というのもある。例えば、仏教で使う特別な絹織物であるピダン・プレアハを仏像の頭上に張る前にこの儀式を行なうなど。（シヨン・ソピアルット『ピダン・プレア』）

▶165 ………… このトプムイ音楽について、さらに興味深いことは、練習する場合は個人の家や村の中で行なってはならず、必ず遺体の埋葬地となっている場所（コーク・クマオイチ គោកខ្មោច）か寺院で行なわなければならない。また、この音楽で使う縦笛のリード部分は砂糖椰子の葉で作るが、それを取り換える場所も同様である。確かな理由は分からないが、遺体に関する儀礼では、避けたり、逆にしたり様々な風習がある。（អាំង ជូលាន「ភ្លេងទុបមុស」『កម្រងអត្ថបទក្នុងបណ្ដាញព័ត៌មានវប្បធម៌ខ្មែរ លេខ៨』）

▶166 ………… 「ヨーキー យោគី」とは葬儀・火葬を司るアチャーのこと。この語の元々の意味は「ヨガ行者」である。日本でもヨガの音訳である「瑜伽（ゆが）」という語として使われ、瑜伽阿闍梨（ゆがあじゃり）、瑜伽行（ゆがぎょう）などの仏教語が多くある。

▶167 ………… 「プルク（ភ្លុក または ភ្លុក）とは「茶毘師（だびし）」を務めるアチャーのこと。

▶168 ………… 「トア・クノング ធម្មក្នុង」、「プラウ・ゴグト ផ្លូវងងឹត」とは、著者によれば、アチャーが瞑想して、仏法から引用した特別の文句を唱えながら、生や死などについて思考をめぐらす行（ぎょう）。なお、「プラウ・ゴグト」（暗い道）という黒魔術的な術があると言う人もいるが、ここではそのような悪い意味はない。また、著者がある人から聞いた話として、この行を成し遂げた時には、瞑想から覚めた人の頭上に光が現れて輝くという。しかし、何ヵ月瞑想してもそのようにならない人もいるという。

▶169 ………… 「死者の身体を作り変える」（プラエ・ループ ប្រែរូប）の「プラエ」は「変える」、「ループ」は「身体」という意味。遺体を焼き終わったら、茶毘師（プルク）が残った炭と骨灰で身体を作り変える。死とは終わりではなく、次の世に生まれ変わる1つの段階であると考えられているので、身体を新しく作って旅立たせるのである。また、地域によってはヨーキーが遺体を焼き終わった場所に人の姿を描き、故人と同じかどうか遺族に尋ね、遺族が違うと答えると、ヨーキーはそれを消してまた描く。同じことを2回繰り返し、3回目に遺族が同じだと答えると、ヨーキーは、これが真実であり、霊魂が我々の身体からが抜け出すと、身体は溶けて実体のない水、土、火、風となり、元の姿に戻ることはできないと説明することもある。また、3回目に同じだと答えるところまでは同じだが、それを聞いたヨーキーが焼き終わった遺体に対して、もう次の世に生まれ変わったのだから、この世に現れて子孫や親族に悪さをしないように言う、というやり方もある。アンコール遺跡群の中に、この火葬時の小儀礼の名称が付いた遺跡、通称「プレ・ループ」がある。また、このプラエ・ループの時に、アンコール地域では興味深いことを行なうこともある。それは、家族が遺骨をココヤシの液で洗い、香水や白粉で化粧を施してから布の中に入

れ、その布をハンモックのように揺らしながら、子守唄を歌ってあげるのである。これはその遺骨に対してそうするのではなく、その死者が赤ん坊となってこの世に生まれ変わったばかりだと仮定して、その赤ん坊に歌ってあげるのである。この時に、故人は肉体から完全に抜け出て旅立ってしまったと感じて、その人を偲んで涙する人もいるという。（កែវ ណារុំ『តម្រៃនិងជីវិតខ្មែរ』、ញាណ រៀង、ម៉ម ថៃ『លំអានទំនៀមខ្មែរបុរាណ』、គឹង តារា、ឯង គឹមស្រៀង「ចាប់ជាតិ」『កម្រងអត្ថបទក្នុងបណ្ណាញាតិមានវប្បធម៌ខ្មែរ លេ៩៩』）

▶170 ………… したがって、紛らわしいが、原文通りに、火葬に付す前は骨であっても「遺体」、火葬後の骨を「遺骨」とした。

▶171 ………… この場合に作る梯子は4段つまり偶数となっている。家に入るための外付けの階段の段数は奇数であることに注意（▶30、106 参照）。これ以外にも葬式では4という数が色々使われる。例えば茶毘師は4人であり、葬列の時に棺を囲んでいる僧も、火葬の火を強める時に論蔵経を唱える僧も4人である。また、貴人用、普通人用を問わず火葬台の4本柱全部にココヤシの実を結ぶ。カンボジアでは「4」は特別重要な数字とみなされ、そのため他の数とは違った言い方もある。例えば、「4」は普通はブオン បួន だがムオイ・ドムボー មួយដំប という言い方もある。「40」はサエサプ សែសិប だがムオイ・プローン មួយផ្លូន とも言う、「400」はブオン・ローイ បួនរយ だがムオイ・スラク មួយស្លឹក とも言う、「4000」はブオン・ポアン បួនពាន់ だがムオイ・クナーニャ មួយឃ្លាញ とも言う。この最後の言い方は現在使われていない。（ស៊ុំ សុភាទី「មនុស្សសំខាន់ៗក្នុងពិធីបុណ្យសពក្រោយពីព្រះសង្ឃ」、អាំង ជូលាន「ចតុមុខ」『កម្រងអត្ថបទក្នុងបណ្ណាញាតិមានវប្បធម៌ខ្មែរ លេ៩៤、លេ៩៩』）

▶172 ………… カンボジアでは死者は不運をもたらし、害をなす存在であるとも考えられているので、それを避けるために、炒って爆ぜさせた籾米を路上に撒いて葬列の足跡を消し、死者が足跡をたどって家に戻らないようにする。また、籾米を炒って爆ぜさせると、元の籾米に戻ることができないのと同様、遺体が生き返らないようにとの意味も込められている（គិន សំណាង『ស្រុកក្នុងប្រពៃណីខ្មែរ』、ញាណ រៀង、ម៉ម ថៃ『លំអានទំនៀមខ្មែរបុរាណ』）。籾米を炒るのに土鍋や水瓶の破片を用いるのも同様で、砕いたものは元に戻らないからである。ちなみに、中国の元朝から派遣された使節の随行員として1296年から約1年間、当時のアンコール朝に滞在した周達観の見聞録『真臘風土記』にも、棺を送り出す時に「2つの盆に炒り米を盛り、路をめぐって抛げ撒く」という記述がある。

▶173 ………… 「張り子の人形」（ティーング・モーング ទីងមោង）とは、竹の骨組みに紙や布を張り、それに絵を描いた人形で、案山子または厄除け人形のこと。悪霊の侵入を防ぐために、家の垣根の入り口にティーング・モーングを立て掛けておくという風習も見られる。祭りや儀式の時に中に人が入って練り歩く場合は「イェアク・チアル យក្សជាល」（張り子の鬼）とも言う。その場合の人形の顔と大きな図体は、まだヨーロッパ人が珍しかった時代に村人が怖がっ

訳註 165 〜 173

て逃げたことから、特にカンボジアを支配していたフランス人に似せて作ったという。（អាំង ជូលាន「ទឹងមោង」「យក្សជាល」『បណ្ណាញពត៌មានវប្បធម៌ខ្មែរ លេខ១៧』）

▶174 ……… 「ドーン・チー ដូនជី」のことを「イアイ・チー យាយជី」とも言う。「ドーン」も「イアイ」も「年とった女性」、「チー」は「尼」という意。カンボジアを含め東南アジアの上座仏教では、女性が出家して僧侶になる条件が整っていないので、尼僧はいない。ドーン・チーは尼僧ではないが、寺の境内の一角に小屋を建て、白衣を着て剃髪し、10 の戒律を守りながら瞑想したり読経したりして過ごしている人たちで、時には儀式や行事に参加して一定の役割を担う。まれに若い女性もいるが（その場合もドーン・チーと言う）、多くは人生の晩年を寺で過ごす女性たちである。「ター・チー តាជី」と言って、男性で僧侶にならず、ドーン・チーのように寺で暮らしている人もまれに見かける。「ター」は「年を取った男性」という意味。（ドーン・チーについて詳しくは、高橋美和「出家と在家の境域―カンボジア仏教寺院における俗人女性修行者」『〈境域〉の実践宗教』、「女性と仏教寺院」『新アジア仏教史 04』参照）

▶175 ……… この役目を果たすドーン・チーのことを「イアイ・キアハ・チュニュチアン・トボーング យាយកៀសចិញ្ចៀនត្បូង」（宝石の指輪を掻き落とすおばあさん）という。葬列が火葬場に入って行く時に、このドーン・チーが松明に点火し、そして、火が消えないように鎌の刃先でその灰を落とす。また、この松明のことを「ティアン・トボーング ទៀនត្បូង」（宝石のろうそく）と婉曲に言うのは、灰を掻き落とす時以外は、松明と鎌は梭と指輪が立ててある籾米の入った笊に置いておくからである。（ស៊ុយ៉ន សុកាទ្ធ「មនុស្សសំខាន់ៗក្នុងពិធីបុណ្ណសពក្រោយពីព្រះសង្ឃ」『កម្រងអត្ថបទក្នុងបណ្ណាញពត៌មានវប្បធម៌ខ្មែរ លេខ៩៤』）

▶176 ……… 「方角の祭壇」（リアン・トゥッ រនទិស）については、▶150 で大方位、小方位の 8 ヵ所に設けることに触れた。同様に、火葬する場所の四角く区切られた垣根の内側にも、4 隅と 4 辺の中央の出入り口両側に 1 つづつ、計 12 の小さな祭壇を作る。（អាំង ជូលាន，គង់ វី៖「សុខុមលោក」『កម្រងអត្ថបទក្នុងបណ្ណាញពត៌មានវប្បធម៌ខ្មែរ លេខ៩៤』）

▶177 ……… 「ニミ王」（ニム・リアイチ និមរាជ）とは、ジャータカ物語第 541 話「ニミ王前生物語」のニミ王のこと。この物語は中村元監修「ジャータカ全集」第 9 巻の粗筋によると、「布施と正しい行ないによってよい果報を得るということに疑念を抱いたニミ王が、神の乗り物に乗って地獄と天界を巡る…」話である。

▶178 ……… 全 547 話からなるジャータカ物語の、特に最後の 538 話～ 547 話の 10 話をカンボジアでは「大ジャータカ」（チアドッ・トム ជាតកធំ）と言う。ジャータカ物語は釈迦前世物語、本生譚とも言い、律蔵・経蔵・論蔵からなるパーリ仏典中の経蔵の小部に属する本生経のこと。中村元監修『ジャータカ全集 1』の「まえがき」によれば、この物語は古くからガンジス河流域で民衆の間に伝えられていた教訓的寓話を釈迦の前世と結び付けたものとされる。

▶179 ……… 「マホーサダ賢者」（メアハオソト មហោសធ）とは、ジャータカ物語第546話「大トンネル前世物語」（大隧道本生物語）に登場する賢者のこと。この物語は中村元監修「ジャータカ全集」第10巻の粗筋によると、「大トンネルを掘って、ヴェーデーハ王を、敵王の城内から脱出させた、比類なき最高の賢者、マホーサダの物語」である。

▶180 ……… ジャータカ物語第547話「布施太子前世物語」の布施太子のこと。この物語は中村元監修「ジャータカ全集10」の粗筋によると、「国を追われるまでも布施を行ない続け、ついには最愛の妻と2児をさえ布施するにいたるヴェッサンタラ（ヴェッソンド វេស្សន្តរ）太子の物語」である。全13話で構成されるこの物語はカンボジアでは特に好まれ、寺院の壁画として描かれたり、書籍として出版されている。各題名は①十福（テアサポー ទសពរ）の巻、②雪山（ヘメアピアン ហេមពន្ត）の巻、③布施（ティアン ទាន）の巻④、森の住まい（ヴェアネアヴェーヘ វនប្រវេស៍）の巻、⑤ジュージャカ（チューチョッ ជូជក）の巻、⑥小森林（チョルポン ចុល្លពន）の巻、⑦大森林（モハポン មហាពន）の巻、⑧子供（コマー កុមារ）の巻、⑨マドリー（メアトリー ម្ទ្រី）の巻、⑩インドラ神（サッカ សក្ក）の巻、⑪大王（モハーリアイチ មហារាជ）の巻、⑫六王（チョクサト ឆក្រត្រ）の巻、⑬都（ノコー នគរ）の巻。

▶181 ……… つまり、砂粒1粒1粒を積んだ人は、自らの悪業の報いから逃れることができる、そのような御利益があると信じられているのである。（ពេជ្រសល់ 『ពិធីប្រចាំដប់ពីរខែ』）

▶182 ……… カンボジアの首都の名前となっている「プノム・ペニュ ភ្នំពេញ」（日本では「プノンペン」、「ペン夫人の丘」と呼ばれる）も土を積み上げた丘だが、この丘の元々の意味は、暦が1回転して新たな年を迎えるにあたって積み上げる砂山ではなく、稲作を始める季節になってその年の豊作を願って積み上げる砂山と同じである。「プノム・ペニュ」の「ペニュ ពេញ」（一杯に満ちた）は「ボリボー បរិបូណ៌」（豊富な）を意味し、稲の収穫が豊富でありますようにとの願いが込められている。（អាំង ជូលាន「ភ្នំចេត្រ」『កម្រងអត្ថបទក្នុងបណ្ណាញពត៌មានវប្បធម៌ខ្មែរ លេខ៦』）。これは、カンボジアの昔話で一般的に知られている「ペン夫人の丘」の伝承とは違うが、風習に関する昔話の多くは、先行する風習や事柄に後から物語を作って説明したものが多く、必ずしも事実に基づいているわけではない（例えば、『カンボジアの昔話集第9巻』の「娘を暗い部屋に籠らせる儀礼」、「結婚式で刀を持って合掌することと、茣蓙と枕のお祓いをする儀礼」等々は儀礼の謂れを面白く作ってある）。

▶183 ……… 「チャッ・ホー ឆកហោ」とは、カンボジアの北部地方、特にシアム・リアプ州に見られる風習で、儀礼や行事を盛り上げ、悪霊や邪気を払うために、女性たちが一斉に甲高い大声を出す。火葬する時、ナーガの出家式、霊魂を呼び戻す儀礼、幡を揚げる時、開村式、建築中の家の棟木にする板を引っ張り上げる時など、様々な儀式や行事に付随して行なわれる。その儀礼や行事

の規模により、チャッ・ホーと一緒に銅鑼や太鼓などの鳴り物が加わったり、時には爆竹を鳴らしたり、花火を打ち上げたりすることもある（គង់ វ៉ា:「ជាតហើយ」『កម្រងអត្ថបទក្នុងបណ្តាញព័ត៌មានវប្បធម៌ខ្មែរ』インターネット・サイト版）。

▶184 ………夜に行なわれる高僧などの盛大な火葬では、神の姿をした人形がロープ伝いに棺に点火すると同時に、花火が打ち上げられ、象などの強い力を持った動物の鳴き声を出す仕掛け花火にも点火され、女性たちはチャッ・ホーの大声を一斉に上げる。空飛ぶ灯篭も次々と揚がっていく。火葬場の周囲は光と音で溢れかえり、確かに見物するには素晴らしいが、これらは皆「死」に付着している災いや穢れを遠ざけるためである。午後に行なわれる地味な火葬では、棺に点火されると同時に火葬台に仕掛けた爆竹に点火して大音を出すようにしてあるのもある。（អាំង ជូលាន「កំសាន្តភ្នែកបួបញ្ចេញស្ចប្រៃ?」『កម្រងអត្ថបទក្នុងបណ្តាញព័ត៌មានវប្បធម៌ខ្មែរ លេខ១០』）

▶185 ………「五蘊」（カン・テアング・プラム ខន្ធទាំងប្រាំ またはパニャチャッカン បញ្ចក្ខន្ធ）とは、仏教で物質と精神を5つに分類したもの。「色」（ルパッカン រូបក្ខន្ធ）は物質一般あるいは身体、「受」（ヴェテアニアカン វេទនាខន្ធ）は感受作用のこと、「想」（サニャニャーカン សញ្ញាខន្ធ）は心に浮かぶ像で表象作用のこと、「行」（ソンカーラッカン សង្ខារក្ខន្ធ）は意志あるいは衝動的欲求に当たるべき心作用のこと、「識」（ヴィニュニィアナッカン វិញ្ញាណក្ខន្ធ）は認識作用のこと。人間の個人存在は物質面（色）と精神面（他の4つ）からなり、この5つの集まり以外に独立した我はないと考える（中村元『仏教語大事典』）。

▶186 ………「プチョム・バン祭り」（បុណ្យភ្ជុំបិណ្ឌ）は陰暦10月に行なわれる死者・先祖供養の祭。期間は毎年陰暦の10月下弦1日（満月の翌日）から15日（新月）までの半月間である（2018年では陽暦9月25日～10月9日）。下弦の14日までをカン・バン កាន់បិណ្ឌ（プチョム・バン祭りの開催）と言い、最終日の15日を特にトゥガイ・プチョム・バン ថ្ងៃភ្ជុំបិណ្ឌ（プチョム・バンの日）と言って、その前後の日を含めた3日間が連休となる。この祭りの期間は、僧侶が雨安吾の最中（陰暦8月下弦1日から11月の満月の日まで。2018年では陽暦7月28日～10月24日）でもあり、托鉢に行くことができない僧侶のために、信徒が毎日、朝・昼の食事を作って寺に持っていく。祭りの期間中寺では僧侶の読経や説法があり、夜には歌や芝居などの催しもあって、昼夜を問わず寺々は賑わう。また、黒雲に覆われ、雷が鳴り、雨が多いこの暗い時期に、閻魔大王は餓鬼（プラエト ប្រេត）を地獄から解き放ち、それぞれの出身地に帰して、腹一杯食べさせると信じられている。この餓鬼は次の世に生まれ損ねた祖霊であり、何も身に纏っていないので、明るいうちは恥ずかしくて姿を現すことができないとされる。それで、この祭りの期間中、毎日夜になると、人々はもち米に炒った黒胡麻などを混ぜて搗き、団子状にしたバーイ・バン បាយបិណ្ឌ を寺の周囲のあらゆる方角にばら撒いて、餓鬼に食べさせる。祭りの名前となっている「プチョム ភ្ជុំ」も「バン បិណ្ឌ」も「集める」という意味で

あり、本来は、第7章第2節で述べているように、人間存在を構成する要素を集めて1つにするという意味である。バーイ・バンはそれらの要素の1つとして餓鬼に与える身体であったが、今日では食べ物と考えられている。餓鬼は7ヵ所の寺々を回って家族や子孫を探すが、見つけられない時は、家族・子孫が回向した功徳を受けることができず、それを呪って祟ると信じられている。下弦15日は一番重要なプチョム・バンの日で、老若男女は着飾り行楽をかねて遠近の寺へ繰り出し、前日から準備した料理を僧に布施し、寄付金などを寺に寄進する。寺では僧侶が読経して祖霊を追善供養したり、午後には僧侶の説法や楽しい催しがある。夕方になると、それぞれの家で供え物をして、祖霊の冥福を祈る。地域によっては、祖霊と共に一晩過ごした後、バナナの幹で作った筏に食べ物などを載せ、ろうそくと線香に点火して川に流し、祖霊があの世に帰るのを見送る風習もある。また、プチョム・バンの日の翌日（3連休の最終日）に、農村では農作業で使う牛や水牛に日頃の酷使を謝罪し、苦労をねぎらう行事を行なう所もある。（ហ៊ុន នាង、មៀច ប៊ុណ្ណ『កម្រងឯកសារស្ដីពីប្រពៃណីនិងទំនៀមទម្លាប់ខ្មែរ』、ពេជ្រ សល់『ក្រមជំនុំទំនៀមទម្លាប់ខ្មែរ ពិធីប្រចាំដប់ពីរខែ』、ញាណ កៀន、ម៉ម ផៃ『លំអានទំនៀមទម្លាប់ខ្មែរបុរាណ』）

▶187 ………「象豆」（オングコニョ អង្គញ់）はマメ科モダマ属モダマ Entada phaseloides（S）の種子。モダマは別名タイワンフジとも言う大形蔓植物。長さ1m、幅15cm、厚さ10cmもある莢の中に種子が7〜8個入っている。その直径4〜5cmほどの扁平な種子を象豆と言う。カンボジアにはこの種子を投げて遊ぶ正月遊びがある。負けた方はこの豆を膝に当て、もう1つの豆でその上から叩かれる罰を受ける。また、その形状から膝頭のことをクバール・オングコニョ ក្បាលអង្គញ់（象豆の頭）と言う。

▶188 ………ソチアター（スジャータ）は苦行が終わったシッダールタに乳粥を作って食べさせた仏伝に登場する女性。著者によると、他の3人も仏伝に登場する女性だという。ព្រាប ចាន់ម៉ារ៉ា『មធុបាយាស』『កម្រងអត្ថបទក្នុងបណ្ណាញព័ត៌មានវប្បធម៌ខ្មែរ លេខ២』によると、この4人の女の子が年寄りに手伝ってもらって乳粥を作ることもある。この乳粥を献上する小儀礼を盛大に行なう地域では、仏伝中の4人に扮した女の子たちは、須弥山を取り巻く外海の東西南北にあるという4洲から来たことにして、ペイサーカーは勝身洲（ボピアタビープ ប៉ុព៌ទ្វីប）＝東部から来て水を持ち、ソチアターは牛貨洲（アマラコイアンタビープ អមរគោយានីទ្វីប）＝西部から来て乳粥を持ち、ウマーティは倶盧洲（ウッタラコルタビープ ឧត្តរកុរុទ្វីប）＝北部から来てビンロウジとキンマを入れた容器を持ち、ボンティアサイは贍部洲（チョムプータビープ ជម្ពូទ្វីប）＝南部から来てキンマの噛み滓を吐くための金の壺を持ち、そして仏陀に捧げる。**図176**で先頭の人物はブラフマ神の役をするアチャーであり、4人の女の子に傘を差しかけている4人の男の子は仏教の護法神である四天王の役をしていて、乳粥を献上する女性を悪魔から護り、悟りを開いた仏陀が乳粥を食べて体力を回

訳註 184 〜 188

復するのを手助けするという設定になっている。

▶189 ……… 「四天王」（ローカバール លោកបាល）は須弥山の中腹にある四天王天（チャト・ローカバール ចតុលោកបាល）の主で、仏教の護法神。東方を守る持国天（テアタロアト ធតរដ្ឋ）、南方を守る増長天（ヴィルルハカ វិរូឡក）、西方を守る広目天（ヴィルパ វិរូបក្ខ）、北方を守る多聞天（コヴェレア កុវេរៈ）またの名を毘沙門天（ヴェッサヴォアン វេស្សវណ្ណ）の４神である。

▶190 ……… 著者によれば、それぞれの役を演じているアチャーが部屋の入り口に立ち、４人の女性の役を演じている女の子に、ここに来た目的や理由を問いただしてから中に入れるという演技。

▶191 ……… 普通の骨壺あるいは食器を代用した骨壺を様々な場所に安置することもある。神々が住むとされる場所や神像や仏像を安置する場所である。例えば、寺院内の仏像の台座の下の隙間、遺跡の「楣」という部分の上、洞窟内に造られた塔の中などである。（អាំង ជូលាន「រស់នៅក្លិណាៈ」『កម្រងអត្ថបទក្នុងបណ្ណាញពត៌មានវប្បធម៌ខ្មែរ លេខ៩』）

▶192 ……… この「酒壺」に入った酒とは、東南アジア内陸部で作られている「壺酒」のことだろう。現在カンボジアでは少数民族で作られているが、昔はカンボジア人も作って飲んでいたようで、「壺酒」（スラー・ピアング ស្រាពាង）とも「吸う酒」（スラー・バート ស្រាបឺត）とも言い、バイヨン（バーヨアン បាយ័ន្ត）、アンコール・ワット（オングコー・ヴォアト អង្គរវត្ត）、スラ・スラン（スラハ・スロング ស្រះស្រង់）、タ・ソム（ター・サオム តាសោម）などの遺跡には当時のカンボジア人が壺酒を飲んでいる壁面彫刻がある。製法は民族によって異なるが、一般的には、もち米を蒸してから冷まし、麹を混ぜ合わせ、数日寝かせてから図185にあるような壺にほぼ一杯詰める。その上から籾殻を詰め、水で練った灰で蓋をする。10日ぐらいしたら酒になる。飲む時は蓋と籾殻を取り除いて壺に水を注ぎ、管を２〜３本差し込んで数人同時に飲む。なくなったらまた水を注ぎを繰り返し、酒の味がしなくなるまで飲む。（គឹង តាព、អាំង ជូលាន「ស្រាបឺត」『កម្រងអត្ថបទក្នុងបណ្ណាញពត៌មានវប្បធម៌ខ្មែរ』インターネット版、吉田集而「壺酒」『増補　酒づくりの民族誌』）

▶193 ……… この「カンマー ខាន់ម៉ា」は「カンマー・ニー ខាន់ម៉ាញី」のことだと思われる。ツクバネカツラ科ツクバネカツラ属 Ancistrocladus cochinchinensis (s)。ツタの一種で、長さ５〜15 mほど。桶や樽のタガ、建材などに使う。

まとめ

儀礼によって通過する人の年齢は、自然の規則正しい年齢の進み方とは一致せず、少しばかりずれるのが普通である、ということは本稿の序で述べた。実際、社会がひとりひとりに対して決めた通過点は、常に自然の経過より遅くなっている。この点に関しては再述する必要はないだろう。

　1人の人間が命を得て新たに誕生したことを承認する儀礼において、その中の小儀礼《髪切り式と産婆への御礼の式》が明確に示していることは、家族親戚友人はその新生児を「プレイ」（霊界・社会の外）の領域から切り離し、人間社会に存在させるよう尽力するということである。これはひとりひとりの人生の最初の第1歩である。しかし、プレイに向かおうとする傾向は一生を通じてあるのが常で、油断すれば社会の領域外に戻ってしまう可能性がある。大人になる準備、大人になる、配偶者を持つ、子供ができる等の連続する通過年齢において、このプレイという言葉は、人間が住んでいない樹木やツタ、カズラが生い茂った地域という本来の意味ではなく、社会が認めない、または了解しない状態を意味している。正式な結婚を経ないで男性と暮らしている女性は社会が認めないという意味であり、妊娠した場合は「野合の妊娠」と呼ばれるが、それは社会規範から外れた生き方になるからである。社会の構成員が規範から外れて生活するようになると、その社会は間違いなく不安定になる。実際、各通過儀礼を貫く1つの基本的な考えは、プレイへ行ってしまわないようひとりひとりの人間を社会の内に止めるということであり、止める側は家族であろうと親しい人であろうと共同体全体であろうと、つまりは社会なのである。社会自身がこの儀礼の要請者なので、通過儀礼の準備を整えるのはその社会の責任である。この点は理解し易い。なぜなら、すでに見てきたように、それぞれの通過儀礼の基本的内容は、母親の胎内から生まれてくることに例えたものとなっており、実際に誕生した時のように、プレイからその人を切り離さなければならないからである。

　それぞれの通過儀礼で、その儀礼に出演者として出る関係者は誰もが入念に身なりを整えて登場し、自分が出演する時は、儀礼が他にも増して重みがあるようにと力を入れる。この「出演者」という言い方は誇張ではない。儀礼中の様々な場面において、道化が笑わせる演技を含め、芝居と全く変

わらない小儀礼が数多くあるからである。しかし、この芝居はあくまでも小儀礼としての芝居であって、演者によって面白おかしく演じられることがあっても、小儀礼としての枠を超えなければそれもよしとされる。演者は全く普通の村人たちばかりではない。アチャーでさえこの小儀礼の芝居に出演する。これらのことが意味するのは、自然任せの歩みから方向転換させて社会規範の中に存在させるために、人の年齢が新しい段階に移る時には、あらゆる種類の小儀礼を通じて社会から調整されなければならないということである。

　全ての通過儀礼について詳しく検討することができず、一通りざっと見ただけではあるが、誕生に関わる儀礼は葬送に関わる儀礼とは全く違うことがはっきりした。誕生に関わる儀礼は、本稿で取り上げたバーティアイ地域のような盛大なものは恐らくもうないだろう。典型的な例としてこの地域を見た場合、僧侶を招いたり何らかの仏教上の小儀礼を行なったりすることはないようだ。一般的に言っても、この儀礼にはアチャーすら関わっていない。さらに、人の誕生を承認するこの儀礼では、ポプルを回すことも滅多にない。このような意味で、ひとりひとりのカンボジア人が母親の胎内から生まれてくる時は、全くの「アニミズム」信仰の中にあると言っても過言ではない。

　葬送儀礼の方は、アニミズム信仰の影響があるとしても、儀礼全体の柱となる主たる小儀礼の基本はインド伝来であることが分かる。これらのインドの考え方は、カンボジア人が何世紀にもわたって継続的に受容してきたヒンドゥー教と数種の仏教を通じて浸透し、自らの考えに深く定着するまでになったのである。カンボジア人は約1000年もの間正式にヒンドゥー教を信仰していたことがあるので、ヒンドゥー教は現代にいたるまで非常に影響を与えている。しかし、古代のカンボジアでは仏教も知られていたし、12世紀末から13世紀初めにかけて大乗仏教を実践していたこともある▶194。特に14世紀からは上座仏教をずっと信仰してきた。仏教がカンボジア社会のあらゆる面においてごく当たり前に存在する信仰となって久しいので、健在するヒンドゥー教やアニミズムの様々な風習も、カンボジア人は仏教の風習だと思っている•69。この意味で、ひとりひとりのカン

ボジア人は死ぬ時には仏教徒として死んでいく、と言うことができる。

そこで、カンボジア人の一生の初めと終わりを一言で言えば、「アニミズムで生まれ仏教で死ぬ」と要約することもできる。

ここでインドの影響の深さをよく検討する必要がある。もしこの影響が浸透しなかったならば、カンボジア人の暮らし方、風俗習慣、一般的な人生観は、おそらくカンボジア国内や周辺国に住んでいる種々の民族と似ているか、あるいは大して違わないと言えるだろう。カンボジア（クマエ）、プノン、クルング、プラウ、トムプオン、カーヴェト、ソオーイ、チョン、ポア、クオイなどの民族はすべて同じ系統の言語を話すことを忘れてはならない •70。言語系統が異なる民族もいくつかあるが《例えばラタナ・キリー州のジャライ、カーチョク》、一般的な風習は上述した民族と大して違わない。このインドの影響で、人生に対するカンボジア人の考え方は少しずつ変化し、上述した自分と近い関係にある諸民族の考え方とはかなり隔たったものとなった。これら少数民族の人たちにとっては、死んでしまった人は遺体となってそこで終わりである。たとえその死者が幽霊となって生者の所に現れようとも、生者が何らかの祭事をして、その死者がこの世に何かとなって再生できるようにしてあげよう、などとは考えない。死者に対して行なう葬式は災いを除けて村から出すため、ただそれだけのために営むのである。死者がこの世に再び生まれ変わるために「身体を作り変える」（プラエ・ループ）という考え方や、功徳を死者に廻らすという考え方、あるいはこのような何らかの考え方は過去に一切なく、様々な界が人間界の上や下、高所や低所にあるとする考え方すらない ▸195。

一方、カンボジア人は生命は輪廻だと信じている。これは、止まることなく回り続ける円あるいは輪を意味し、際限なく生 − 死の輪廻転生を繰り返すということである。死んだらまた生まれなければならないので、人々にとって面倒な事は、どうすればその再生をきちんとなし得るかということである。重要な部分はすでに述べたように、葬送儀礼では儀式や小儀礼が非常に多く、規模も大きい。それは、生者もいつかは死ぬのが定めであり、死んだ後はずっと生者に頼ることになるので、生者と死者の関係はいつまでも続くということである。この生者と死者との間の避けることがで

きない関係にも問題が生じる。なぜなら、人間の世界と人間に非ざる霊的存在の世界は完全に切り離すことができず、さらに言えば、スロク（人間界・社会の内）の領域は常にプレイ（霊界・社会の外）の領域に危害を加えられたり苦しめられたりするからである。それで、プレイの領域を切り離すために、人間の一生の各段階ごとに、霊的存在に対して必ず何らかの供え物をするのである。

　上述したプレイに例えられる霊的存在たちは、プレイの程度がそれぞれ違うだけである。前世の母の場合はすぱっと切り離すが、祖霊の場合は切り離さないで、社会が営む行為によって互いに意思の疎通をはかるよう、ねんごろに供え物をする。地域によっては、見知らぬ霊的存在である「ミア・カー」（▶24参照）に供え物をすることもある。メーバー祖霊（第4章第2節）の場合は、供え物をする儀礼の意味は両者の中間にある。なぜなら、若い男女が結婚式をする前にすでに一緒に暮らしている場合、「祖霊を切り離す」供え物をするからである。これは怒りを鎮めるためにメーバー祖霊に償いをするという意味である。

　まだ生きている時でも、人は一つ所に止まってはいない。何段階にもわたって生死を繰り返しているかのようであり、生き返るごとに同じ状態にいるわけではなく、常に次の新たな段階に移っていくのである。暗い部屋（ムロプ）に籠る娘は、すでに見てきたように、母親の胎内に宿っている赤ん坊に例えられる。そして、いくつもの過程を経た後に、暗い部屋から出てきて太陽を拝むのは、明らかに母親の胎内から出たという意味である。しかし今度は、自分が実際に誕生したばかりの時と同じ太陽の光を見るのではなく、近い将来に人の妻となる女性となって生まれて来るのである。この新たな段階に移るという点は、出家する若者に置き換えても当てはまり、残しておいた髪を剃る子供にも当てはまる。要するに、どの通過儀礼についても当てはまり、寿命を延ばす儀礼は説明したように逆の方向に通過するだけであって、この儀礼にも当てはまる。各年齢段階で、バーイ・スライ・ダアム（第2章第1節）は人の身体であるということが分かるのは以上の理由からであり、人が年齢段階を換える時は常に身体も換えるので、それで各通過儀礼では、バーイ・スライ・ダアムを持ち上げて儀礼の主役の頭

上にかざした後は捨てるのである。

　ここで少し明らかにしておかなければならない考え方がもう1つある。それは、自然が作ったり与えたりしたままの状態を超えるために、人間はどのように自己を確立しなければならないかということである。人間は、自分を自然から切り離すことができないことも、自然から与えられた恵みを超えるよう自分を作り直さなければならないことも、よく理解している。これが「文化」（ヴァッパトア）●71という語の意味であり、種を播いたり植えたりして育てるということである。植物に例えるなら、人間は野生植物ではなく、ありとあらゆる世話が必要な栽培植物である。

　文化について論じるために、この栽培植物についてもう少し述べる。カンボジア社会で栽培植物といえば、最も重要なのは稲であるというのは衆目の一致するところだろう。穀物であれ、樹木または野菜であれ、稲ほど育てるのが難しいものはない。種を播いてから刈るまで、米を収穫するまでの一連の仕事は多くの段階ごとにそれぞれ異なるが、カンボジアではただ一言「稲を作る」（トヴァー・スラエ）と簡単な言葉を使う。もし、この「作る」（トヴァー）というありふれた言葉を使わなかったら、多くの違った言葉を総動員しければならないからである。例えば種を水に浸ける（トラム・プーィチ）、種を播く《「サープ」または「プロ ホ」》、抜く（ドーク）、苗を植える（ストゥーング）、刈る（チロート）、脱穀する（叩いて脱穀する「バオク」、足で踏んで脱穀する「パエン」）などである。これらの言葉は、稲が大きく育った時に行なうもっと細かい作業に関しては除いてある。上述した稲に関する一連の過程は、人の一生と社会に直接影響を与えている。各祭礼や活動が常に季節に従って営まれるのは、稲作の周期に合わせて行なわれるからである。さらに説明を加えるまでもなく、これだけで稲は文化の一番大きな象徴であるということが分かる。人は文化によって育まれるので、一生の過程において、より大きく育っていくことの象徴としては、この稲が一番ふさわしい。

　さて、各通過儀礼に論を戻すと、本稿で取り上げた観点で興味深い点は何だろう。それは、誕生から死まで、全ての儀礼には必要品として必ず笊に入った籾米が付きものとなっており、スラウ・ポンレイ、スラウ・ボン

ゲクイ（第1章第1節）などと呼ぶことがあっても、これらは全て籾米であるという点である。誕生したてにプレイ（霊界・社会の外）の髪の毛を切る時、第2章で述べた髪の毛を剃る儀礼で歯を整える時、結婚式で歯を整える時などに、儀礼の主役を籾米の上に坐らせることもある。この笊に入った籾米は、第3章で述べた暗い部屋に籠る儀礼のように、よりはっきりと、まるで生きているかのような場合もある。それは笊に入ったこの籾米は「暗い部屋の母」（メー・ムロプ）であると言えるからである。

　籾米だけではなく、籾殻を取り除いた米（▶76参照）も通過儀礼では重要である。オングコー・リアプ（第2章第3節）の上に寝る小儀礼は米が必要不可欠である。この米も必ず人の身体に触れるが、それは米の中に用意した吉祥祭具の霊力が少しずつ身体に浸透するように、儀礼の主役をその上に寝かせるからである。チャン・ソク・キリー・ソート儀礼（第6章第3節）における身代わりの米に関しては、上記のような役目はないけれども、その米は儀礼の主役と同じ重さになるように量ってあるので、人の身代わりの役目をしている。

　この籾米と籾殻を取り除いた米については、もう1つ興味深いことがあるのだが、以下に問いとして取り上げるに留めておく。アンコール地域では火葬する時に、籾米が入った笊の脇に白米が入った笊が置いてあるのをよく見かける[図187]。同地域の誕生に関わる儀礼では、見てきたようにただ1種類、籾米が入った笊があるだけである。これは、白米は播いて発芽させ育てることができないので、白米は稲作の最終点であるという意味なのだろうか。もしそのような意味があるなら、前に「輪廻」という言葉でちょっと述べたように、一緒に置いてある籾

米が入った笊と白米が入った笊は、誕生と死を表わしていることになる。

　図 187 を見ると籾米が入った笊に鎌が 1 つ立て掛けてある。これは偶然そうしたのではなく、葬式では籾米が入った笊に鎌が添えられているのをよく見かける。このことは掘り棒（▶14 参照）を思い出させる。掘り棒の刃を籾米が入った笊に刺しておき、生まれた時からの髪の毛を切る時に、赤ん坊を抱き上げてその刃に跨って坐らせる《あるいは坐らせる真似をする》というのは見てきた。もう 1 つ、歯を整える小儀礼で薬を掬うためにこの掘り棒の刃を使うが、まるでカンボジア人は液体を掬うためのスプーンやしゃもじ、あるいは何らかの道具を知らないかのようである。そればかりか、火にかけて薬を煎じる時から、この掘り棒の刃を鍋の中に浸けたままにしておく。あたかもこの掘り棒から何か成分が出て、種々の薬種と混ざり合うようにと期待しているかのようである。この歯を整える小儀礼では、掘り棒の刃で新生児の口を彫る真似をするが、その子がこれから先、大切な言葉だけを話すようにするためである。葬式について言うなら、ヨーキー（葬式を司るアチャー）とプルク（荼毘師）は掘り棒や霊魂幡を我身から手放すことがないと言っても過言ではなく、何かの作業で手が離せなくて、ちょっとどこかに置いておくことがあっても、ほんの一時だけである。掘り棒は死者の身体を作り変える（プラエ・ループ）時に最も重要な道具である。ヨーキーが、死者の身体あるいはその死者が向くべき方角をざっと描いたりするのに使うからである。さらに、ヨーキーはこの掘り棒で霊魂幡を遠くに放り投げる。これは、死者を遠くの場所に送るのにも、道具として掘り棒を使わなければならないということである。

　先ほど述べたばかりの鎌は刈る道具なので、籾米に添えて置くのは当たり前のことであり、理解しやすい。鎌は明らかに文化の 1 つの象徴である。掘り棒の方も、ちょっと考えれば鎌と同じ意味がある。掘り棒はあらゆる植物を栽培するための最もありふれた道具であるが、この「ありふれた」という語は重要ではないという意味ではなく、必要欠くべからざる道具なのでどこにでも当たり前にあるという意味である。市街地を別にすれば、掘り棒がない家などというのは考えられない。レモングラスなどのような、こまごました農作物を植えたり掘り起こしたりするのに、掘り棒は必ず必

要である。それで、文化の最もありふれた象徴として、掘り棒が各通過儀礼で務めを果たしているのは少しも不思議なことではない。そればかりか、この道具には、次のようなもっと深い意味が込められているのである。

　人間は文化を持つことによって獣から分かれた

◇ 原註

•69 ………カンボジアの最初の憲法（訳註：1947年公布）と現在の憲法（訳註：1993年公布）は、仏教が国教であると宣言している。（訳註：現在の憲法の第3章第43条の全文を以下に掲げておく。訳文は四本健二『カンボジア憲法論』の資料に掲載されている訳による。「クメール市民は、性別を問わず、信仰の自由の権利を有する。信仰及び礼拝の自由は、それらが他人の信仰に影響を及ぼさず、公共の秩序及び安全を侵害しない限り、国家により保障される。仏教は、国教とする」）。

•70 ………クオイやポア等のいくつかの民族は他の民族とは違い、カンボジア人と同じ風習をたくさん持っている。古くからカンボジア人の近隣で、あるいは入り混じって暮らしていたからである。

•71 ………「ヴァッパトア ប្បធម៌」（文化）の意味はカンボジア語辞典参照。（訳註：仏教研究所編『カンボジア国語辞典　1990年再復刻版』では「様々な学問あるいは技術・芸術などにより、知識や見識を接ぎ木して育て、成長発展させること」（ការផ្សាំបណ្ដុះបណ្ដាលវិជ្ជានឹងប្រាជ្ញាស្មារតីឲ្យបានលូតលាស់ចម្រើនដោយវិទ្យាសាស្ត្រប្រដោយសិល្បៈផ្សេងៗជាដើម)。

◇ 訳註

▶194 ………大乗仏教が盛んになったこの期間はジャヤヴァルマン7世の治世（1181～1218年頃）にあたり、ヒンドゥー教から仏教への宗教改革があった。13世紀後半には王位継承戦争に勝利したジャヤヴァルマン8世（1243～95年）による仏像破壊が行なわれ、ヒンドゥー教へと戻された。その時の廃仏274体が、2001年にバンティアイ・クデイ遺跡で上智大学アンコール遺跡国際調査団による実習中に発掘された。（カンボジアの仏教の受容については石澤良昭『新古代カンボジア史研究』611ページ以下参照。）

▶195 ………世界は欲界（カマポプ កាមភព）、色界（ルパポプ រូបភព）、無色界（アルパポプ អរូបភព）の三界（トライポプ ត្រៃភព）から成っているとする仏教の世界観。人間は欲界に属し、人間界（モヌッサローク មនុស្សលោក）の下に畜生（デライチャーン តិរច្ឆាន）、阿修羅（アソラカーイ អសុរកាយ）、餓鬼（プラエト ប្រេត）、地獄（ノロッ នរក）の各界が続き、人間界の上には、四天王天（チャトムモハーリアチカー ចាតុម្មហារាជិក）、忉利天（ターヴォアッタング តាវត្តឹង្ស）、夜摩天（イアミア យាម）、兜率天（ドサト តុសិត）、化楽天（ニムミアンレアタイ និម្មានរតី）、他化自在天（パラニムミタヴェアサヴォアトダイ បរនិម្មិតវសវត្តី）がある。さらにその上に色界、無色界と続く。欲界は11界、色界は16界、無色界は4界から成り、三界は合計31界から成るとする。

訳者あとがき

　私が最初にカンボジアへ行ったのは 1992 年だった。それからカンボジアへ通うようになったが、97 年 7 月には第 1 首相、第 2 首相両派の内戦に遭遇するというハプニングがあった。首都プノンペンの中央を貫く賑やかなモニボン通りからは人気が絶え、ポルポト時代を想像させるような閑散とした光景が強烈に印象に残っている（この内戦については、後藤勝『カンボジア　僕の戦場日記』めこん、1999 年刊に詳しい）。

　カンボジアの風俗習慣について意識して興味を持ったのは、99 年から 2 年余り NGO の仕事でプノンペンに住んでいた時だった。当時、私はカンボジア語を習っていて、教科書は『カンボジアの音楽と人生』という本だった。その本は、カンボジアの様々な行事や儀礼の中で音楽がどのような役割を果しているかを述べたものだった。本の内容もさることながら、カンボジア人である先生ご自身もカンボジアの行事や儀礼に詳しく、私たち生徒が質問するたびに、待ってましたとばかりに脱線に脱線を重ねながら何でも詳しく説明してくれた。その話の面白さについ引き込まれてしまい、そのようにして 2 年が経ち、帰国する頃にはすっかりカンボジアの風俗習慣の面白さにはまっていたのである。

　数年前にたまたま手に取った本書が、カンボジアの人々の生き方、考え方を知る上でとても興味深い内容だった。それで、ただ自分が読むだけではもったいない、関心ある人にも読んで頂こうと、自分の能力も顧みず取り組んだ結果出来上がったのがこの翻訳書である。

　知ってのとおり、現在のカンボジアは様々な問題を抱えながらも長年の戦乱による遅れを挽回しようと、社会のあらゆる分野が急速に変化している。それにつれて人々の意識や暮らし方も変わらざるを得なくなり、その上、日本とは逆の若年層が多いという人口構成も相まって、風俗習慣や伝統文化の継承にも様々な問題が生じているようである。このような状況の中で、著者も述べているように、カンボジアの通過儀礼の多くは行なわれなくなりつつある。この本は、掲載されている写真も含めて、まだ儀礼が行なわれているうちに調査研究した貴重な内容となっている。

また、誕生から死まで一連の儀礼を通過儀礼としてまとめて検討し、各儀礼に共通した事項の意味を明らかにしていることも大きな特色となっている。さらに、若干とはいえカンボジア国内または周辺の他の民族にも言及した視野の広い研究にもなっている。また、東南アジア、特にカンボジアは古来よりインド文化の影響を受けた国だと言われているが、それが各通過儀礼の中で具体的にどのような形で表れているのかも興味深い点である。

この本で述べられているのは通過儀礼の概要とその意味であるが、そこからは、カンボジアの人々の昔から受け継がれてきた考え方、暮らし方の蓄積、重みといったようなものまで感じ取ることができる。そして、その生き方、考え方が急速な社会変化の中で、今後どのように変わっていくのかを理解する上でも興味深い内容となっている。

カンボジアではこの本以外にも風俗習慣を扱った本は過去に何冊か出版されてはいるものの、どのようなことを行なうかは書かれていても、それにどのような意味があるのかに言及したものは管見によればほとんどない（カンボジア語以外の言語で書かれたものは除く）。おそらくこの本は、今後のカンボジアにおける伝統文化、風俗習慣に関する新たな研究の土台、出発点となるのではないか。

この本で述べている各儀礼の中には、外国人の目から見れば異文化ならではの珍しい事柄も数多く見られ、何故、どうしてと問い続けながら読み進めると興味が尽きない内容となっている。しかし、この本はカンボジア人読者を対象としたものなので、カンボジア人にとっては説明するまでもない当たり前の事であっても、訳者の私も含め外国人である日本人には分からない事が多くある。そこで、著者に質問したり調べたりして可能な限り訳註を付けた。訳註を書くに際して用いた資料は、なるべくカンボジア人研究者の書いたカンボジア語の文献を優先した。ただ、風俗習慣、特に通過儀礼に関するカンボジア語の文書資料があまりなく、プノンペンにある国立図書館やプノム・ペニュ（プノンペン）大学図書館（現首相の名前が付いたフン・サエン図書館）にも期待したような資料はほとんどなかった。使った資料は、私がカンボジアへ行くたびに書店や市場の本屋を回って集

めたものが主となっている。限られた資料を基に書いた訳註なので、他にも異なった事実や解釈があるやも知れず、また事項によっては著者の見解とは異なる可能性があることをお断りしておく。

訳者である私にとって訳註を1つ1つ調べて書くことは、カンボジアの風俗習慣についての漠然とした知識を整理することにもなり、少しずつ分かってくるにつれてその喜びも一入だった。ただ反省すべきは、調べる過程で面白い事柄を見つけると、本文の内容とは直接関連がなくても、いささか強引に訳註に書きこんでしまったことである。そうしたのは、カンボジアの風俗習慣を理解する上で重要だと思われる事項は、広く取り上げた方が本書の内容を理解する上で役に立つと思ったからである。また、このような本を手に取ってくださる読者はかなりカンボジアに興味をお持ちの方ではないか、それならできるだけ多方面からカンボジアの、特に農村の暮らしの雰囲気を感じ取っていただこうと、あえて余計なことをした次第である。

何らかの仕事や活動に携わっているために現在カンボジアに滞在されている、またその予定があるという幸運な機会に恵まれた読者の皆様が、長期滞在の徒然にこの本を活用して、カンボジア人スタッフや近所の人々と交流していただけたら訳者冥利に尽きるというものである。カンボジアの風俗習慣やしきたりに関する面白い話が集まるかも知れない。文字を指させば分かるように、訳註にカンボジア文字を併記したのはそのためでもある。

近頃では、日本のテレビや新聞等のマスコミでカンボジアのことはあまり話題にならないが、たまに取り上げられても、アンコールワット観光、ポルポト政権下の大量虐殺、そして貧困などに関することが主である。最近では以上に加えて、日本企業の海外進出などに関連してカンボジアが取り上げられるくらいだろう。どちらかといえば、カンボジアに関する情報は観光を除くと負の側面に偏っていると言えなくもない。もっとも、このようなことはカンボジアについてのみ言えることではなく、日本の近隣諸国についてさえ同じである。その国の人々が日頃どのような生活をして、どんな悩みがあり、どんな喜びがあるのか、一個人が共感し判断できる範

囲のことがもっと分かれば、お互いの存在がより身近に感じられるのではないだろうか。この本を通じてカンボジアに暮らす人々への関心と理解が深まることを切に願っている次第である。

　翻訳が完成するまでに多くの方々のお世話になった。3人の著者の中心とも言うべきアン・チュリアン教授は、私が質問リストを持って突然研究室を訪ねたにもかかわらず、快く自宅に招いてださり4時間以上にもわたって説明してくださった。その後も何回か質問リストをメールで送り、説明していただいた。また、以前に私がプノンペンでカンボジア語を習っていたシーサーパンター先生にはカンボジア語フォントの打ち方を特訓して頂いた。この本の翻訳でカンボジア語を併記することができたのはそのお陰である。長年の友人であるワンナッ氏やカンボジア在住18年にもなる丸山氏にもお世話になった。今までカンボジア関連でお付き合いくださった皆様にも御礼申し上げたい。この翻訳作業をずっと応援してくれ、最初の読者となって助言してくれた妻にも、この場を借りて感謝の言葉を贈りたい。

　また、カンボジア語文字を多用したためにレイアウト担当の臼井さんと佐野さんには大変御苦労をお掛けしてしまった。改めて御礼申し上げる。

　最後に、持ち込み原稿であるにもかかわらず本にしてくださった「めこん」の桑原社長には、心からお礼申し上げたい。本当にありがとうございました。

2017年9月15日

吉野 實

資料

月名

月 名	陽 暦		陰 暦	
1月	メアカラー	មករា	ミケアセー	មិគសិរ
2月	コムペア	កុម្ភៈ	ボホ	បុស្ស
3月	ミナー	មីនា	ミアッ	មាឃ
4月	メサー	មេសា	ポルクン	ផល្គុណ
5月	ウサピア	ឧសភា	チャエト	ចេត្រ
6月	ミトナー	មិថុនា	ヴィサーッ	វិសាខ
7月	カクカダー	កក្កដា	チェーヘ	ជេស្ឋ
8月	サイハー	សីហា	アサート	អាសាឡ
9月	カニャニャー	កញ្ញា	スラープ	ស្រាពណ៍
10月	トラー	តុលា	ポアトレアボト	កត្ដិបទ
11月	ヴィッチェカー	វិច្ឆិកា	アスソイチ	អស្សុជ
12月	トヌー	ធ្នូ	カトダク	កត្ដិក

(陰暦で閏年の 1 番目の 8 月パタマサート បឋមាសាឡ、
2 番目の 8 月トゥテヤサート ទុតិយាសាឡ)

十二支

子	チュート	ជូត	辰	ローング	រោង	申	ヴォーク	វក
丑	チラウ	ឆ្លូវ	巳	ムサニュ	ម្សាញ់	酉	ロカー	រកា
寅	カール	ខាល	午	モミー	មមី	戌	チョー	ច
卯	トホ	ថោះ	羊	モメー	មមែ	亥	カオ	កុរ

曜日

月曜	トガイ・チャン	ថ្ងៃចន្ទ
火曜	トガイ・オングキア	ថ្ងៃអង្គារ
水曜	トガイ・プト	ថ្ងៃពុធ
木曜	トガイ・プロホアハ	ថ្ងៃព្រហស្បតិ៍
金曜	トガイ・ソク	ថ្ងៃសុក្រ
土曜	トガイ・サウ	ថ្ងៃសៅរ៍
日曜	トガイ・アトゥット	ថ្ងៃអាទិត្យ

大方角 （トゥフ・トム ទិសធំ）

東	ボピア	បូព៌ា
	トゥフ・カーング・カアト	ទិសខាងជើងឆៀងខាងកើត
西	パスチャム	បស្ចិម
	トゥフ・カーング・レイチ	ទិសខាងលិច
南	テァッカサン	ទក្សិណ
	トゥフ・カーング・トボーング	ទិសខាងត្បូង
北	ウッドー	ឧត្តរ
	トゥフ・カーング・チャーング	ទិសខាងជើង

小方角 （トゥフ・トーイチ ទិសតូច）

東北	アイサーン	ឦសាន
	トゥフ・カーング・チャーング・チアング・カーング・カアト	ទិសខាងជើងឆៀងខាងកើត
西北	ピアヨアプ	ពាយព្យ
	トゥフ・カーング・チャーング・チアング・カーング・レイチ	ទិសខាងជើងឆៀងខាងលិច
東南	アークネー	អាគ្នេយ៍
	トゥフ・カーング・トボーング・チアング・カーング・カアト	ទិសខាងត្បូងឆៀងខាងកើត
西南	ニレアダイ	និរតី
	トゥフ・カーング・トボーング・チアング・カーング・レイチ	ទិសខាងត្បូងឆៀងខាងលិច

著者の参考文献

ភាសាខ្មែរ (カンボジア語)

_ នៅ និង ញ៉ឹក_នូវ, ១៩៦៥, កុរុនអាចារ្យពិពាហ៍, ភ្នំពេញ។

_ ស៊ុន ចាន់ដីប, ២០០៣, ពិធីចូលមូប, សារណាសម្រាប់យកបរិញ្ញាបត្របុរាណវិទ្យា, មហាវិទ្យាល័យបុរាណវិទ្យា, សាកលវិទ្យាល័យភូមិន្ទវិចិត្រសិល្បៈ, ភ្នំពេញ។

_ ស៊ុន ចាន់ដីប, ២០០៦, ការរិតគាវិស័យមនុស្សប្រុសនិងស្រីនៅពេលពេញវ័យ, សារណាសម្រាប់យកបរិញ្ញា បត្រជាន់ខ្ពស់ផ្នែកបុរាណវិទ្យា, រាជបណ្ឌិតសភាកម្ពុជា_សាកលវិទ្យាល័យភូមិន្ទវិចិត្រសិល្បៈ, ភ្នំពេញ។

_ អាំង ជូលាន, ២០០៤, ព្រះលិង្គ, វ័យ, ភ្នំពេញ។

ភាសាបរទេស (外国語)

- Ang, Chouléan, 1982, «Grossesse et accouchement au Cambodge : aspects rituels», *ASEMI* XIII, 1-4, CeDRASEMI, Paris : 87-109.

- Ang, Chouléan, 1986, *Les êtres surnaturels dans la religion populaire khmère*, Cedoreck, Paris.

- Ang, Chouléan, 1987-90, «Le sacré au féminin», *Seksa Khmer* 13-10, Cedoreck, Paris : 3 -30, Pl.

- Ang, Chouléan, 1994, «De la naissance à la puberté. Rites et croyances khmers» *in* J. Koubi et J. Massard-Vincent Ed., *Enfants et Sociétés d'Asie du Sud-Est*, L'Harmattan, Paris : 153-165.

- Ang, Chouléan, 2004, «La mort-renaissance en abstraction iconographique», *UDAYA* V, Fokci, Phnom-Penh : 85-98.

- Au, Chhieng, 1974, «Etudes de philologie indo-khmère. VIII. un récit ethnographique sur 'popil'», *Journal Asiatique* CCLXII, Paris : 137-141.

- Au, Chhieng, 1968, «Etudes de philologie indo-khmère. V. A propos de la statue dite du 'roi lépreux'», *Journal Asiatique*, Paris : 185-201.

- Aymonier, Etienne, 1883, «Notes sur les coutumes et les croyances superstitieuses des Cambodgiens», *Excursions et Reconnaissances* 16, Paris : 133-220 (article commenté et présenté par Saveros Pou, publié sous forme d'ouvrage par le Cedoreck, Paris 1984).

- Bizot, François, 1976, *Le figuier à cinq branches. Recherche sur le bouddhisme khmer*, EFEO, Paris.

- Bizot, François, 1981, *Le don de soi-même. Recherche sur le bouddhisme khmer III*, EFEO, Paris.

- Bizot, François, 1988, *Les traditions de la pabbajja en Asie du Sud-Est. Recherche sur le bouddhisme khmer IV*, Vandenhoeck & Ruprecht in Göttingen, Göttingen.

- Eliade, Mircea, 1969, *Le mythe de l'éternel retour*, Editions Gallimard, Paris.

- Giteau, Madeleine, 1969, *Le bornage rituel des temples bouddhiques au Cambodge*, EFEO, Paris.

著者の参考文献

- Hertz, Robert, 1928, «Contribution à une étude sur la représentation collective de la mort», in *Mélange de Sociologie Religieuse et Folklore*, Félix Alcan, Paris : 1-98.

- Kartik, Kalpana, 1999, «Images of the dead. Megalithic Stone Tombs and Ancestor Worship in Sumba», *Arts of Asia*, Vol. 29, # 5, Hong Kong: 72-88.

- Leclère, Adhémard, 1901, «Le cûlâ-kantana-mangala ou la fête de la coupe de la houppe d'un prince royal à Phnôm-Pénh, le 16 mai 1901», *BEFEO* I : 208-230, article suivi de «Documents photographiques» commentés de H. Dufour : 231-243.

- Lewitz, Saveros, 1973, «Kpuon abah-bibah ou le Livre de Mariage des Khmers par Ker Nou et Nhieuk Nou», *BEFEO* LX : 243-328, Pl.

- Malamoud, Charles, 2002, *Le jumeau solaire*, Editions du Seuil, Paris.

- Matras-Troubetzkoy, Jacqueline, 1979, «Conduire celui qui part. Funérailles et rites de séparation chez les Brou (Cambodge)» *in* J. Guiard Ed. *Les hommes et la mort*, le Sycomore / Objets et Mondes, Paris : 221-232.

- Meas, Saran, 1987, *Grossesse et accouchement en milieu réfugié khmer (du Cambodge à la France)*, Mémoire pour l'obtention du Diplôme d'Infirmier D.E., Ecole d'Infirmières, Aulnay-sous-Bois (inédit).

- Porée-Maspéro, Eveline, 1961, «Kron Pali et rites de la maison», *Anthropos* 56, fasc.1-2 : 179-251; fasc. 3-4 : 548-628; fasc. 5-6 : 883-929.

- Pou, Saveros, 1970, «Textes en khmer moyen. Inscriptions modernes d'Angkor 2 et 3», *BEFEO* LVII : 99-126.

- Pou, Saveros, 1984, «Lexicographie vieux-khmère», *Seksa Khmer* 7, Cedoreck, Paris : 67-175, Pl.

- Pou, Saveros, 1992, *Dictionnaire vieux khmer-français-anglais*, Cedoreck, Paris.

- Sinclair Stevenson, Margaret, 1920, *The Rites of the Twice-Born*, Oxford University Press, London.

- Thierry, Solange, 1984, *Le Popil : objet rituel cambodgien*, Cedoreck, Paris.

- Thompson, Ashley, 2005, *Calling the Soul. A Cambodian Ritual Text*, Reyum Publishing, Phnom-Penh.

- Van Gennep, Arnold, 1909, *Les rites de passage*, Emile Nourry, Paris.

訳者の参考・引用文献

カンボジア語

* កែវ ជូវិណ្ណ · យន់ ធារ៉ា · អ៊ី លីណា · មៅ ទេ្បណា.1994.ឧបករណ៍តន្ត្រីបុរាណកម្ពុជា
* កែវ ណារុំ.1995.តន្ត្រីនិងជីវិតខ្មែរ
* ជា នាង.2008.សារៈសំខាន់នៃក្បាច់លម្អរបស់ឧបករណ៍និងសំការៈប្រើប្រាស់ក្នុងជីវិភាពខ្មែរ
* ជា ណារិន.2007.ម្ងាស់ម្ងោលប្រើក្នុងសង្គមខ្មែរ. វ៉ិយ
* ជា សោភារ៉ី.2005.ម្ហូបក្នុងសង្គមខ្មែរ.វ៉ិយ
* ជូន ណាត,1997.ថ្វីវគ្គន្លក:សង្ខេប
* ឈិន យ្បុន 編訳 .1999.ជំនឿផ្សេងៗនៃជនជាតិខ្មែរ
* ញ៉ាណ កៀន · ម៉ម តៃ.2004.លំអានទំនៀមខ្មែរបុរាណ
* ញ៉ាណ កៀន · សុខ ហាយ.2008.លំអានទំនៀមខ្មែរបុរាណ ភាគ២
* រៀប ទ្បឹង · កិធើ ដូវហ្ទេន · នីកូឡាស វ៉ាន់ហ្ទ្រាលឹង編.2006.ឧបករណ៍នេសាទទឹកសាបនៃព្រះរាជា
    ណាចក្រកម្ពុជា
* ឌី ផុន.2000. រុក្ខជាតិប្រើប្រាស់ក្នុងប្រទេសកម្ពុជា（この本はカンボジア語、英語、フランス語）
* ធន់ ហ៊ិន.2003.រាជសព្ទក្នុងភាសាខ្មែរ
* ——.2005.បទានុក្រមនៃរឿងរាមាយណៈ.ពុទ្ធសាសនបណ្ឌិត្យ
* ពេជ្រ សល់.1966.ក្រុមជំនុំទំនៀមទម្លាប់ខ្មែរ ពិធីប្រចាំដប់ពីរខែ
* ព្រុំ ស៊ីសាផាន្ន.2012.អត្ថន័យទាក្យក្នុងពិធីបំបួញន់អាករ្យ（論文）
* កិន សំណាង. 出版年不明.ស្រូវក្នុងប្រពៃណីខ្មែរ.នគរវត្ត
* ម៉ៀច ប៉ុណ្ណ.1999~2012.កម្រងឯកសារស្ដីពីប្រពៃណីនិងទំនៀមទម្លាប់ខ្មែរភាគ១ ~ ភាគ៤
* ——.2007.ក្រុម៉ុំចូលម្លប់
* យិន គឹមវាណ.2003.ព្រលឹងវប្បធម៌ធម្មជាតិ
* លី ធាមតេង.1972.អ្នកនិពន្ធខ្មែរដែលមានឈ្មោះល្បី
* លី សុវីរ.2006.ពិធីហៅព្រលឹង
* ——.2007.ប្រពៃណីអាពាហ៍ពិពាហ៍ខ្មែរកំពុងមានវិល្ណាស
* ——.2008. អាពាហ៍ពិពាហ៍ខ្មែរ ប្រៀបធៀបពីសម័យបុរាណនិងសម័យបច្ចុប្បន្ន
* ——.2010.អាពាហ៍ពិពាហ៍បន្ថែមស្ដីពីពិធីកាត់ខាន់ស្លា
* វង់ សុធារ៉ា.2012.សិលាចារឹកនៃប្រទេសកម្ពុជាសម័យកណ្ដាល
* វ៉ាន់ វី.2011.លក្ខណ៍ស្រី
* ស្វ៉ កិច្យា · ហ៊ាន សុខុម · ហ៊ុន ជីវិទ្ធ.2005.ពិធីបំបួសនាគនៅប្រទេសកម្ពុជា អតីតកាលនិងបច្ចុប្បន្នកាល
* សោម.2001.រឿងទំទាវ
* ហ៊ាន សុខុម.2009.ក្រុមជនជាតិភាគតិចនៅកម្ពុជា
* ហ៊ុន សារិន.2000.តន្ត្រីបុរាណកម្ពុជា
* អ៊ី គង្គា.2013. ព្រះគង្គា.នគរវត្ត
* អៀង ហារីស (Ian harris) · បកប្រែដោយ ធោម គន្ថា · សាន ផល្លា.2010. ប្រវត្តិនិងការប្រតិបត្តិព្រះពុទ្ធ
* សាសនានៅប្រទេសកម្ពុជា ភាគទី១

＊អាំង ជូលាន・ព្រាប ចាន់ម៉ារ៉ា・ស៊ីយុន សុភាទ្ធ・គង់ វីៈ編.2005〜2014.KhmeRenaissance កម្រងអត្ថបទក្នុងបណ្ណាញព័ត៌មានវប្បធម៌ខ្មែរ លេខ១ 〜 លេខ២៩

＊អាំង ជូលាន.2004.ព្រះលិង្គ.វៃយំ

＊──.2000.មនុស្សនិងដី.វៃយំ

＊Olivier de Bernon. 1998.Yantra et Mantra យ័ន្តនិងមន្ត（カンボジア語、フランス語）

英語

＊Lavit Kham. 2004.Medicinal Plants of Cambodia.Bendigo Seientific Press

日本語

＊井伊誠編著 .2006 〜 2009.『トーマダー』1 〜 6 号 .

＊石井米雄 . 1991.『タイ仏教入門』めこん .

＊石澤良昭 . 2013.『〈新〉古代カンボジア史研究』風響社 .

＊池田正隆 . 1995.『ビルマ仏教 その歴史と儀礼・信仰』法蔵館 .

＊岩佐俊吉 . 2001.『図説熱帯の果樹』養賢堂 .

＊ウ・ウェーブッラ . 1986.『南方上座部仏教儀式集』中山書房仏書林 .

＊上田広美・岡田知子編著 . 2006.『カンボジアを知るための 60 章』明石書店 .

＊梅谷献二・栗林茂治・松香光夫 . 1998.『アジアの昆虫資源』農林統計協会 .

＊ヴァールミーキ . 岩本裕訳 . 1992.『ラーマーヤナ 1 、2』平凡社 .

＊ヴェロニカ・イオンズ . 酒井傳六訳 . 1995.『インド神話』青土社 .

＊岡田芳朗 . 2002.『アジアの暦』大修館書店 .

＊岡田芳朗・神田泰・佐藤次高・高橋正男・古川麒一郎・松井吉昭編 . 2014.『暦の大事典』朝倉書店 .

＊上村勝彦 . 2014.『インド神話　マハーバーラタの神々』筑摩学芸文庫 .

＊久保田政雄 .1988.『ありとあらゆるアリの話』講談社 .

＊小島麗逸・大岩川嫩編 . 1893.『「こよみ」と「くらし」』アジア経済研究所 .

＊小林知 . 2009.「ポル・ポト時代以後のカンボジア仏教における僧と俗」林行夫編著 .『〈境域〉の実践宗教──大陸部東南アジア地域と宗教のトポロジー』京都大学学術出版会 .

＊──.2011.「カンボジア仏教の歴史と現在」奈良康明・下田正弘編 .『新アジア仏教史 04』佼成出版会 .

＊──. 2011.『カンボジア村落世界の再生』京都大学学術出版会 .

＊──. 2012.「カンボジア農村における死者儀礼」立川武蔵編 .『アジアの仏教と神々』法蔵館 .

＊──. 2013.「カンボジア農村における仏教施設の種類と形成過程」電子版『東南アジア研究』51 巻 1 号』京都大学東南アジア研究所 .

＊坂本恭章 . 2001.『カンボジア語辞典上・中・下』東京外国語大学アジア・アフリカ

言語文化研究所.

* 定方晟. 2011.『インド宇宙論大全』春秋社.

* シヨン・ソピアルット. 吉野實・小味かおる訳. 2008.『ピダン・プレア』ピダン・プロジェクト・チーム & Reyum（カンボジア国内でのみ販売）.

* 周達観・和田久徳訳注. 1989.『真臘風土記　アンコール期のカンボジア』平凡社東洋文庫.

* 高橋美和. 2004.「カンボジア農村部における出産の医療化プロセス」天川直子編.『カンボジア新時代』アジア経済研究所.

* ———. 2011.「出家と在家の境域——カンボジア仏教寺院における俗人女性修行者」林行夫編著.『〈境域〉の実践宗教——大陸部東南アジア地域と宗教のトポロジー』京都大学学術出版会.

* ———. 2011.「女性と仏教寺院」奈良康明・下田正弘編.『新アジア仏教史 04』佼成出版社.

* チューン・シーサワット. 野中耕一編訳. 1991.『象と生きるスワイ族』燦々社発行・タイ東京堂発売.

* 富田竹次郎. 1997.『タイ日大辞典』日本タイクラブ発行・めこん発売.

* 中村元. 1987.『佛教語大辞典』東京書籍.

* 中村元監修. 2009.『ジャータカ全集全 10 巻』春秋社.

* 西野節男編著. 2009.『現代カンボジア教育の諸相』東洋大学アジア文化研究所・アジア地域研究センター.

* 熱帯植物研究会編・北野至亮共著. 1986.『熱帯植物要覧』養賢堂.

* 農林省熱帯農業研究センター. 1975.『熱帯の有用作物』農林統計協会.

* 橋本泰元・宮本久義・山下博司. 2005.『ヒンドゥー教の事典』東京堂出版.

* ひろさちや編著. 1987.『仏教とインドの神』世界聖典刊行協会.

* 福永勝美. 1990.『仏教医学事典』雄山閣出版.

* 三浦恵子. 2011.『アンコール遺跡と共に生きる』めこん.

* 水野弘元. 2005.『パーリ語辞典』春秋社.

* 森本達雄. 2003.『ヒンドゥー教——インドの聖と俗』中公新書.

* 吉田集而. 2008.「壺酒」山本紀夫編著.『増補酒づくりの民族誌』八坂書房.

* 四本健二. 1999.『カンボジア憲法論』勁草書房.

* 渡辺弘之. 1993.『東南アジア林産物 20 の謎』築地書館.

* ———. 1998.『アジア動物誌』めこん.

* 和田博幸. 2001.『カンボジア、地の民』社会評論社.

* 桃木至朗他編集. 2008.『新版東南アジアを知る事典』平凡社.

* 辛島昇他監修. 2012.『新版南アジアを知る事典』平凡社.

索 引

あ

アープ ·················· 32, 134, 135, 139, 143
阿修羅 ············· 52, 140, 143, 163, 202
頭に水を掛ける ···························50
アチャー ····· 23, 24, 25, 26, 32, 34, 35, 43, 45,
　46, 47, 48, 49, 50, 51, 60, 67, 70, 74, 75, 80,
　82, 83, 87, 95, 96, 97, 113, 114, 115, 118, 123,
　126, 136, 137, 147, 150, 154, 164, 166, 169,
　171, 174, 175, 177, 178, 180, 184, 185, 186,
　191, 192, 195, 200
アチャー・ペーリア ············· 118, 126, 164
アニミズム ········· 21, 25, 29, 52, 195, 196
アング・プラーング ······················ 131
アンコール地域 ··· 3, 14, 23, 24, 25, 38, 95, 141,
　148, 150, 158, 159, 161, 163, 165, 186, 199
アンコール・ワット ·········· 9, 21, 29, 95, 192

い

イアイ・クニャエ ········ 77, 78, 80, 90, 104, 123
遺体の口に入れるビンロウ ··············· 147
遺体を移す ··························· 168
遺体を包む白布 ······················ 147
遺体を盗む ··························· 167
遺体を運ぶ行列 ······················ 168
遺体を引き上げる ····················· 158
遺体を引っ張り上げる ·················· 166
遺体を放置する ······················ 167
炒って爆ぜさせた米 ··················· 168
稲を作る ···························· 198
インドナガコショウ ············ 47, 58, 59
インドの影響 ························· 196
インド菩提樹の葉 ·············· 89, 180
インドラ神 ················ 54, 171, 178, 189

う

ヴァーリー ·················· 40, 54
雨安吾 ·················· 33, 98, 99, 105, 190
初産 ···················· 15, 128, 142
初産の女性の乳を用いてある呪術を施す ··· 128
ヴィシュヴァカルマン神 ············· 44, 56
臼 ··· 55, 59, 68, 69, 76, 81, 85, 89, 90
ウテイ ································79
ウマー神 ···················· 31, 113
ウマー神の女性器 ···················· 113
ウマーテイ ·························· 177

え

ウンミーリット・ヴレアハ ·················· 27
エティエンヌ・エモニエ ················· 88
閻魔大王 ··· 154, 170, 171, 173, 175, 185, 190

お

オーストロネシア語族 ············· 15, 17
大銅鑼 ···························· 163
オクニャー・モハー・モントライ ··· 110, 121, 122
オト・カン・スラー ············· 112, 126
踊り手 ···························· 117
お日様の光を見る ····················85
オムボク ························ 48, 59
母屋 ················ 90, 111, 131, 132
折り教本 ····························95
オングコー・チェイ ·················· 112
オングコー・リアプ ··· 43, 46, 47, 49, 70, 71, 74,
　75, 77, 78, 80, 82, 87, 97, 112, 117, 199
オンコット ······················ 40, 54
オンソーム・パアーウ ·············· 44, 56
オンソーム・パアオプ ··················· 44
女のネアッ・ター ············· 34, 90, 105

か

カーチョク ················ 15, 17, 196
カアト・コーン ················ 131, 141
戒和尚 ···················· 97, 98, 107
開眼式 ··· 27, 53, 56, 60, 176, 183, 185
階段に供え物をする ··················· 96
カイラーサ山 ················ 40, 61, 125
カオ・コムパオイ ·····················38
カオ・ソッ ··························38
カオ・チュク ·························38
輝く幡 ····················· 161, 185
餓鬼 ·················· 175, 190, 191, 202
火葬 ··· 17, 30, 54, 58, 60, 61, 88, 126, 153,
　158, 159, 160, 161, 162, 163, 164, 165, 166,
　167, 168, 169, 170, 171, 172, 173, 174, 175,
　176, 178, 179, 183, 185, 186, 187, 188, 189,
　190, 199
火葬台 ··· 60, 159, 160, 161, 162, 165, 167, 168,
　169, 171, 176, 178, 185, 187, 190
「火葬の炎を大きくする」日 ·············· 166
刀 ············· 23, 43, 112, 116, 117, 189
刀を抜く小儀礼 ················ 116, 117

片面長太鼓‥‥‥‥‥‥‥‥‥‥‥‥‥‥‥‥95
ガネーシャ神‥‥‥‥‥‥‥‥‥‥‥‥40, 53
鎌‥‥‥‥‥‥‥‥‥‥‥‥‥‥169, 188, 200
髪切り‥20, 23, 26, 50, 67, 118, 136, 137, 194
髪束‥38, 39, 40, 41, 43, 44, 45, 49, 50, 51, 61,
　64, 67, 73, 80
髪束を剃る台‥‥‥40, 41, 44, 45, 49, 50, 51, 61
蚊帳‥‥‥‥‥82, 83, 84, 85, 89, 100, 160
ガンジス河‥‥‥‥‥‥‥50, 51, 61, 179, 188
カン・スラー‥‥‥‥111, 112, 118, 123, 126
カン・トゥク‥‥‥‥‥‥‥‥‥‥178, 183
カンボジア系の人々‥‥‥‥‥‥‥‥95, 131
顔解き‥‥‥‥‥‥‥‥‥‥‥‥‥‥‥178
カンマー‥‥‥‥‥‥‥‥‥‥‥‥182, 192

き
奇数‥‥‥‥‥‥‥39, 46, 53, 107, 187
吉祥時を待つ‥‥‥‥‥‥‥‥‥‥86, 87
吉祥の糸‥‥‥‥‥‥‥‥‥‥‥74, 137
着付け師‥‥‥43, 44, 55, 104, 118, 123
杵飛び‥‥‥‥‥‥‥‥‥‥‥‥‥‥85
宮殿‥‥‥‥‥‥‥‥‥‥‥‥‥56, 159
境界を画する垣根‥‥‥‥‥‥‥72, 103
行事堂‥‥‥‥‥‥‥‥‥‥96, 97, 107
行者‥‥‥‥40, 54, 79, 85, 186, 188, 214
競漕用の舟‥‥‥‥‥‥‥129, 130, 140
共同の‥‥‥‥‥‥‥‥‥‥‥‥3, 180
「浄める」儀式‥‥‥‥‥‥‥‥‥‥169
教理‥‥‥‥‥‥‥‥‥‥‥‥‥‥‥151
キリスト教‥‥‥‥‥‥‥‥‥‥‥‥16
禁忌‥‥‥20, 69, 70, 71, 72, 82, 128, 129, 130,
　133, 136, 139
キンマの葉‥‥‥30, 31, 69, 85, 89, 90, 112, 114,
　115, 116, 124, 126
キンマ用の石灰を入れる小さい器‥‥‥‥‥112

く
偶数‥‥‥‥‥‥‥‥‥39, 46, 53, 166, 187
クオイ‥‥‥‥‥‥15, 17, 95, 106, 196, 202
薬‥31, 32, 43, 47, 49, 58, 59, 60, 79, 80, 87, 97,
　102, 130, 141, 147, 153, 200
口を彫ってあげる‥‥‥‥‥‥‥‥27, 176
功徳‥‥‥‥‥‥29, 54, 147, 176, 191, 196
クナーイチ・トラーイチ‥‥‥‥‥‥165
クニャエ‥‥43, 44, 55, 77, 78, 80, 81, 82, 90,
　104, 105, 118, 123
首に細帯を引っ掛ける‥‥‥‥‥‥‥‥98

クマオイチ・アモヌフ‥‥‥‥‥‥‥‥118
暗い部屋に籠る儀礼‥13, 14, 60, 64, 65, 67, 75,
　81, 88, 89, 90, 91, 98, 101, 122, 199
クリアハ・コンローング‥‥‥‥‥‥130, 141
クルング‥‥‥15, 17, 90, 91, 121, 182, 184, 196
クロラー・プラーング‥‥‥‥133, 134, 136, 141
クロロー‥‥‥‥‥‥‥‥‥‥‥‥77, 105
クロングの葉‥‥‥‥‥‥‥‥‥‥‥‥111
クロング・ピアリー‥‥‥‥45, 52, 73, 82, 87, 142

け
計量器‥‥‥‥‥‥‥‥‥‥43, 46, 47, 55
穢れ‥56, 61, 140, 165, 167, 169, 173, 178, 179,
　183, 190
結婚式‥‥‥‥‥12, 15, 32, 33, 34, 55, 66, 72,
　85, 86, 104, 110, 111, 112, 114, 115, 116, 117,
　118, 119, 120, 121, 122, 123, 125, 126, 128,
　164, 189, 197, 199
月食‥‥‥‥‥‥‥‥‥‥‥130, 139, 141
月食または日食が跨いだ‥‥‥‥‥‥‥130
還俗‥‥‥‥82, 92, 98, 99, 106, 154, 179, 185
還俗したばかりの人‥‥‥‥‥‥‥92, 99
原綿の糸‥‥‥‥‥‥‥‥‥73, 148, 166

こ
コア‥‥‥‥‥‥‥‥‥‥‥‥‥128, 140
コーク・クマオイチ‥‥‥‥‥‥‥165, 186
コーング・ヴォング‥‥‥‥‥‥‥106, 163
コーン・クニャエ‥‥‥‥‥‥‥‥82, 105
黒分‥‥‥‥‥‥‥‥‥‥‥33, 101, 166
ココナツミルク‥‥‥‥‥‥‥55, 56, 177
ココヤシ‥‥‥43, 46, 56, 76, 80, 103, 149, 177,
　186, 187
骨壺‥‥‥‥‥‥161, 170, 179, 180, 185, 192
小銅鑼6つから成る楽器‥‥‥‥‥‥‥163
この世に存在しない奇妙な動物‥‥‥‥‥160
コホ・コング州スラエ・オムバル郡
　‥‥‥‥‥‥‥‥3, 14, 65, 100, 101
護符を腰に着ける‥‥‥‥‥‥‥‥‥130
コムポング・スプー州‥‥‥‥‥‥15, 131
コムポング・チャーム州バーティアイ郡
　‥‥‥‥‥‥‥‥‥‥‥‥14, 65, 101
コムポング・トム州‥‥‥‥‥‥‥‥‥15
コントゥル‥‥‥‥‥‥‥‥‥‥77, 105
コントーング‥‥‥‥‥‥‥43, 111, 143
婚約式‥‥‥‥‥‥‥‥‥‥‥110, 122
婚礼の手引き‥‥‥‥‥‥‥‥‥‥‥110

索引

子を他人に売った ······························ 21
コングヴェー ···························· 77, 105

さ

在家 ······ 29, 32, 92, 93, 98, 188, 214
栽培植物 ····································· 198
酒壺 ······························ 181, 182, 192
酒 ···24, 25, 31, 58, 70, 77, 78, 84, 103, 134, 181, 182, 192, 213, 214
避ける ··· 13, 25, 33, 39, 71, 110, 129, 132, 141, 167, 168, 172, 173, 187, 196
サッター王 ······························ 21, 31
サトウキビ ··· 42, 48, 68, 70, 82, 84, 87, 88, 90, 149, 177, 185
サトウキビの苗 ········· 68, 82, 84, 87, 88, 90
サモト ································· 130, 139
笊に入れた籾米 ················ 67, 68, 117
サロン ······································· 23
産婆 ······ 20, 23, 24, 25, 27, 28, 50, 67, 84, 90, 136, 137, 143, 175, 194
産婆への御礼式 ················ 28, 67, 137
産婦の敵 ···························· 32, 134
産婦を熱する火 ························· 132

し

シヴァ神 ······ 31, 34, 35, 40, 46, 50, 52, 53, 58, 61, 113, 125, 140
シヴァ神の男性器 ······················ 113
シヴァリンガ ························· 27, 35
止観 ························· 151, 154, 155
地獄 ··············· 171, 188, 190, 202
死者の身体を作り変える ···· 164, 174, 175, 186, 200
死者を偲ぶ儀式 ······················· 181
四天王 ················· 178, 191, 192, 202
ジャータカ物語 ······54, 56, 171, 188, 189
ジャータカ物語の最後の 10 話 ········· 171
ジャライ ························· 15, 17, 196
呪医 ········· 24, 32, 35, 59, 124, 136, 137, 138
十字中廻廊 ························· 21, 29
出演者 ··································· 194
出家 ······ 13, 29, 32, 58, 70, 71, 82, 91, 92, 93, 95, 97, 98, 99, 106, 154, 168, 179, 185, 188, 189, 197, 214
出家させて学ばせる ·····················92
出家者の食事 ·······················71, 98
出産 ························· 13, 14, 15, 20,

28, 33, 84, 128, 129, 130, 131, 132, 133, 135, 136, 137, 138, 139, 141, 142, 143, 172, 214
須弥山 ············· 61, 154, 159, 191, 192
寿命を延ばす儀礼 ···· 15, 60, 146, 153, 172, 197
正午を過ぎたら食べることは禁止 ··········71
少数民族 ··· 8, 17, 103, 180, 181, 182, 184, 192, 196
処女である女の子 ······················76
女性の「性器」 ···························69
初潮 ················· 39, 66, 101, 128
除霊のために供え物をする ············· 119
白い幡 ································· 161
尋常でない死に方をした遺体 ············· 169
新生児 ······· 20, 21, 22, 24, 25, 26, 27, 28, 29, 50, 64, 67, 76, 134, 136, 137, 175, 194, 200
身体を構成する 4 つの元素 ············· 159
死んでまた誕生すること ··············· 162
新年の儀礼 ···························· 146

す

スジャータ ························· 177, 191
スティアング ························· 15, 17
砂山 ······146, 148, 149, 153, 154, 171, 172, 173, 185, 189
スラー・コオーム ······················ 165
スラー・スレヘ ······················ 86, 105
スラー・ポアン・ムルー・ポアン ··· 112, 124
スラウ・コニョチャー ··················· 22
スラウ・ボングクイ ················ 22, 198
スラウ・ポンレイ ················ 22, 198
スラエ・オムバル地域 ··· 14, 66, 82, 86, 104
スリン県 ················· 52, 95, 106
スロク ············· 12, 17, 34, 142, 197

せ

生気 ············· 24, 33, 34, 81, 118
聖剣 ·································43, 45
成人儀礼 ································ 64
聖水 ······ 61, 79, 85, 137, 140, 143, 165
正反対のものが対になっている ······ 162, 163
石碑文 ············· 21, 29, 112, 121
前世の母 ············· 20, 28, 29, 30, 197
千体仏 ························· 9, 21, 29
仙人 ················· 35, 54, 92, 178

そ

僧衣 ················· 107, 147, 152, 153
葬儀用建物 ···························· 176

葬送儀礼 ························ 158, 195, 196
僧の三衣 ·································· 95
僧の住居 ································· 147
僧坊にいる人 ···························· 98
象豆 ······························ 175, 191
僧侶 ····· 24, 32, 33, 34, 35, 44, 45, 50, 51, 54,
　61, 70, 71, 73, 74, 81, 82, 85, 87, 88, 97, 98,
　101, 103, 106, 107, 140, 147, 148, 150, 151,
　152, 153, 154, 164, 166, 167, 168, 169, 176,
　177, 180, 184, 188, 190, 191, 195
育てる ·························· 92, 198, 199
ソッ・プレイ ························ 20, 29
ソムダイチ・プレアハ・ボロム・リアチアティリアイチ・
　ボプト ································· 21
ソムブオ ······················ 28, 104, 143
ソムブオ水 ························· 137, 143
ソムラール・コーン ················ 131, 141
空飛ぶ灯篭 ···················· 173, 174, 190
祖霊 ····· 24, 25, 45, 46, 60, 70, 87, 98, 103, 111,
　119, 120, 126, 142, 143, 184, 190, 191, 197
祖霊に供え物をする ······· 25, 45, 46, 70, 87,
　111, 120

た

ター・クニャエ ······················ 80, 81
ター・トラウ ··············· 49, 60, 149, 150
タイ ·········· 9, 16, 30, 38, 52, 53, 95, 101, 104,
　106, 112, 123, 131, 139, 183, 184, 213, 214
太陰暦 ··························· 24, 32, 33
大僧正 ··························· 159, 160
大地に抱かせる ······················· 158
大の月 ····························· 24, 33
胎盤 ························ 24, 33, 79, 83
松明 ······························ 169, 188
大暦 ··························· 21, 30, 31
高脚の器を開く小儀礼 ················· 116
托鉢で得た食べ物 ···················· 147
托鉢用の鉢 ····················· 50, 51, 82
多色の幡 ··························· 161
縦笛 ················· 55, 107, 163, 186
束ねた木綿糸 ························· 96
垂れ飾り ···························· 79
団子状にしたご飯 ···················· 174
誕生儀礼 ······················ 21, 24, 33
誕生に関わる儀礼 ········ 20, 21, 46, 64, 136,
　174, 195, 199

誕生年の曜日 ······················ 24, 33
男女の領域 ························· 64, 75

ち

チアテカム ························· 21, 31
チェアヨアントー ···················· 26, 35
チガヤ ············· 43, 46, 47, 58, 75, 87, 178
チノート ··························· 161, 185
チャーク ············· 146, 147, 150, 151, 152, 153
チャーク・モハー・バングスコール··· 146, 150, 153
チャーム人 ······················· 76, 103
チャッ・ホー ··········· 140, 173, 185, 189, 190
チャン・ソク・キリー・ソート ·····3, 146, 148,
　149, 151, 154, 172, 199
中央の部屋 ···················· 50, 111, 123
チョウジ ······················ 47, 58, 59
チョール・チナム ····················· 172
チョール・チナム・トマイ ·············· 172
チョム ····················· 23, 31, 43, 44
チョムラアン・アーユッ ················ 146
チョングロブ ························· 105
チリアイ ··························· 15, 17
チロング・トンレー ············· 130, 138, 141

つ

通過儀礼 ····· 2, 3, 12, 13, 15, 20, 22, 23, 24, 29,
　31, 51, 59, 60, 66, 69, 75, 87, 91, 92, 97, 102,
　104, 110, 114, 117, 119, 126, 146, 147, 154, 159,
　176, 194, 195, 197, 198, 199, 201, 204, 205
土を盛った炉 ························· 132
ツムギアリ ························ 77, 104

て

ティアト ························· 179, 185
手引書 ········· 21, 24, 33, 34, 95, 110, 165
寺の側にいる人 ······················· 98
出るお供え ························· 120
天蓋付き台 ··············· 72, 73, 82, 103
天国 ················· 61, 168, 169, 171

と

トア・クノング ··················· 164, 186
トアムマユト派 ······················ 159
道化 ·····74, 75, 76, 77, 78, 81, 83, 84, 88, 89,
　100, 194
トゥク・プフ地域 ···················· 131
ドーン・チー ········· 168, 169, 174, 176, 188
ドーン・ニャエを掘り出す ·············· 84, 86
トプムイ ························· 163, 186

トム・ティアウ物語 ················· 92, 105	バーイ・スライ・ダアム ······ 14, 41, 42, 44, 51,
トムプオン ······ 15, 17, 121, 182, 196	55, 86, 87, 112, 197
ドングハアム・ロホ ················· 24, 33	バーイ・ソングキアト ·············· 174, 175
トング・ロング ·························· 112	バーイ・バン ········· 174, 175, 190, 191
トンレー・サープ ················· 61, 130	バーイ・プロルング ········· 42, 49, 51, 55
トンレー・バーティ ······················ 130	バーティアイ地域 ·· 14, 72, 82, 83, 84, 86, 87, 195
な	バー・プノム州 ··················· 92, 106
ナーガ ······· 34, 82, 92, 93, 94, 95, 96, 97, 98,	パアム ··················· 12, 128, 140
106, 189	パイチャイ・ブオン ····· 146, 147, 148, 150, 153
ナーガの行列 ·························· 94	入るお供え ··························· 120
ナーガの出家 ····················· 93, 189	白米が入った笊 ··················· 199, 200
ナーガの霊魂を呼び戻す ················ 95	破水する ···························· 131
中指を広げた長さ ·················· 45, 56	蓮の葉 ·························· 46, 180
7日忌 ······························· 181	蜂蜜入り乳粥 ························ 177
名前と身体 ········· 21, 174, 175, 176	バナナ浄め ··························· 44
名前をつける手引書 ··················· 21	バナナの苗 ········· 68, 82, 84, 87, 90
に	バナナの葉で作った容器 ······ 23, 26, 43, 45,
ニアング・コングヒーング ·············· 45, 52, 56	80, 175
日食 ··························· 130, 141	バナナの葉の中肋で作った梯子 ············ 166
ニミ王 ···················· 170, 171, 188	バナナの苞 ·························· 129
乳海攪拌 ··················· 140, 170	バナナの葉鞘 ··········· 148, 149, 150
入魂式 ······························· 27	バナナの葉柄を彫って作った飾り模様 ······· 41
ニュク・ナウ ····················· 110, 121	花火 ··························· 173, 190
人間に非ざる霊的存在 ········· 118, 142, 197	張り子の人形 ··················· 168, 187
人間の領域 ················· 20, 26, 28	張り巡らせた境界 ····················· 137
妊娠中の禁忌 ························· 128	破裂玉 ······························ 168
ね	歯を整える ··· 49, 60, 79, 80, 87, 104, 112, 117,
ネアッ・チャエ・チャウ ················· 110, 122	123, 199, 200
ネアッ・プラウ・チャウ・モハー ··········· 110, 122	歯を整える薬 ······················ 49, 60
ネムリグサ ····················· 28, 76, 104	**ひ**
の	梭 ··········· 43, 46, 55, 67, 69, 100, 188
ノム ········· 23, 44, 55, 56, 117, 126, 216	東（カアト）························· 79
ノム・オンソーム ····················· 44	ピティー・カト・カン・スラー ·········· 111, 123
ノム・クニャイ ····················· 44, 55	火の前で出家 ··················· 58, 179
ノム・クロイ ······················ 44, 55	白檀の心材 ··················· 161, 185
ノム・クローイチ ····················· 44, 55	ヒヨコ ······························· 27
ノム・クロート ····················· 44, 55	火を焚く ········· 131, 133, 134, 136
ノム・コング ······················· 44, 55	ヒンドゥー教 ····· 29, 34, 35, 39, 40, 50, 52, 53,
ノム・コントロアム ···················· 44, 55	56, 61, 170, 174, 195, 202, 214
ノム・チアル ······················ 44, 55	ビンロウの実を薄く切るナイフ ············· 112
ノム・トロチアッ・プノング ··············· 44, 55	ビンロウ ···· 110, 111, 112, 114, 115, 118, 126
ノム・ボニョチョク ··············· 23, 44, 56	**ふ**
ノロドム王 ··························· 39	フィリピン ··························· 16
は	プカー・スラー ·········· 34, 110, 114, 122
パアーウ地域 ···················· 22, 26	布施 ····· 54, 101, 147, 153, 171, 188, 189, 191

布施太子 …………………………… 171, 189
蓋付きの高脚皿 …………………………… 86
2 人並んで合掌 …………………………… 111
プチョム・バン … 9, 121, 174, 181, 184, 190, 191
仏教 …………………… 16, 24, 29, 32, 34, 51, 52,
　53, 54, 56, 60, 61, 70, 81, 91, 92, 98, 101, 105,
　106, 141, 142, 149, 154, 155, 164, 170, 172,
　174, 176, 179, 181, 184, 185, 186, 188, 190,
　191, 192, 195, 196, 202, 213, 214
仏教的宇宙世界 …………………………… 172
仏陀の恩徳の祭壇 ……………………… 170, 171
仏塔 ……………………… 153, 154, 179, 180
仏法幡 ……………………………… 161, 185
プノホ …………………………………… 133
プノム・ヨーング ……………… 159, 162, 167, 185
プノング ……………… 15, 17, 44, 55, 139, 181, 182
プノンペン ……………… 8, 9, 53, 140, 146, 183, 189
プラウ… 15, 17, 90, 91, 110, 122, 132, 164, 186,
　196
プラウ・ゴグト ………………………… 164, 186
プラエ・ループ … 164, 170, 175, 186, 196, 200
プラサート …………………………………… 159
プリアイ… 58, 130, 134, 135, 137, 139, 140, 143
プリアイ・クロモム ………………………… 134
プリアイ・クロラー・プラーング ……………… 134
プリアング・コントング ………………………… 111
プルク ……………… 164, 165, 186, 200
プルク・コイ …………………………………… 164
プレアハ・カン ……………………………… 43
プレアハ・ポアン ……………………… 9, 21, 29
プレアハ・ルング ……………………… 48, 52
プレイ …… 12, 17, 20, 29, 35, 56, 100, 103, 106,
　142, 194, 197, 199
プレイの領域 …………………………… 20, 197
不老不死の甘露アムリタ ………………………… 171
プロング・ペアリー …………………………… 45
文化… 2, 3, 4, 27, 54, 104, 106, 139, 198, 200,
　201, 202, 204, 205, 214, 216
プンピアト …………………………… 95, 106

へ
ペイサーカー …………………………… 177, 191
蛇のケンコーン …………………………………… 64
ペンチ型ナイフ ……………………… 116, 130

ほ
ポア …………… 15, 17, 21, 29, 112, 124, 131,
　187, 196, 202
ポア人 …………………………………… 131
方角の祭壇 …………………………… 170, 188
宝石の指輪を掻き落とす … 168, 174, 176, 188
ポー・サト州 ……………………… 15, 17
ボー寺院 …………………………………… 40
ボッコル ……………………………… 12, 17
ポプル …… 14, 23, 25, 31, 43, 46, 47, 75, 79, 87,
　96, 111, 112, 113, 117, 125, 195
ポホ・トム …………………………… 128, 140
ポ・ポホ …………………………… 128, 140
掘り棒…… 23, 31, 49, 50, 83, 84, 87, 117, 176,
　200, 201
掘り棒の刃…… 23, 31, 49, 50, 84, 87, 117, 200
ポンツクショウガ ………………………… 22, 31
ボンティアサイ …………………………… 177, 191
ボン・パイチャイ・ブオン ……………… 146, 153

ま
埋葬地 …………………………… 165, 186
マダーイ・ダアム ……………… 20, 29, 30, 143
マホーサダ賢者 …………………………… 171, 189
魔除けの図 ……………………… 46, 57, 58

み
ミア・カー ……………… 25, 34, 111, 197
ミアン・トムゴン …………………………… 128, 140
ミアン・プテイ・ポホ …………………… 128, 140
ミアン・ポホ …………………………… 128, 140
身代わりの米 …………………………… 149, 199
右回りに 3 周 ……………… 50, 84, 95, 151
未熟な血管 …………………………… 131
水掛けの行事 …………………………… 146
水汲み容器 …………………………… 42, 112
蜜蠟で作ったろうそく ………………… 113
耳に穴を開ける ……………… 85, 89, 90
耳の穴開け …………………………………… 85
明礬 ……………………………… 76, 104

む
娘 ……………… 64, 65, 66, 67, 68, 69, 70,
　71, 72, 73, 75, 77, 78, 79, 80, 81, 82, 83, 84,
　85, 86, 87, 88, 89, 90, 91, 92, 98, 99, 100, 101,
　105, 106, 110, 119, 121, 122, 123, 128, 134,
　141, 185, 189, 197
娘を掘り出す ……………… 85, 89
村の長老 …………………… 25, 34, 154
ムロプに籠る娘 ………………………… 73

め

メーバー …… 110, 118, 119, 120, 121, 122, 123, 142, 197

メー・ムロプ ……………………… 68, 101, 102, 199

メーン ……………………… 159, 160, 167, 183

目指す ……………………… 168, 173, 174

目を開ける ……………………………… 27

も

喪に服する ……………………………… 178

モハー …… 110, 118, 119, 121, 122, 123, 126, 146, 150, 151, 153, 184, 189, 202

籾米が入った笊 ……………………… 199, 200

木綿糸の輪 …………………………… 45, 57

盛り上げた砂粒の数 …………………… 171

モングコル・カー ………………… 110, 121

モン・クメール語族 ………………… 17, 106

問答する小儀礼 ……………………… 178

モンドル・キリー州 ……………… 15, 17, 139

や

野合の妊娠 …………………………… 12, 194

ヤス …………………………………… 77, 105

野生植物 ……………………………… 198

ゆ

結納金 ………………………………… 66, 123

指輪 …… 67, 69, 90, 100, 168, 174, 175, 176, 188

よ

ヨーキー …… 126, 164, 165, 166, 169, 173, 175, 176, 184, 186, 200

ら

ラオス ………………………………… 16, 106

ラックカイガラムシの巣 … 69, 76, 80, 83, 86, 88, 90, 102, 104, 118, 126

ラックカイガラムシの巣を搗く小儀礼 ……… 126

り

リアイチ ………… 9, 21, 31, 121, 168, 188, 189

リアフー ………… 130, 140, 141, 154, 162, 163

リアム・ケー物語 ……………………… 40, 54

リアン・カオ ……………………………… 40

リアン・マー ……………………………… 40

両面太鼓 ……………………………… 107, 163

輪廻 …………………………………… 196, 199

輪廻転生 ……………………………… 196

れ

霊界の髪の毛 ……………………… 20, 26, 29

霊界の領域 ……………………………… 26

霊柩車を先導する車 …………………… 168

霊魂 ………………… 25, 26, 28, 30, 32, 34, 42, 43, 44, 48, 49, 52, 59, 67, 68, 90, 95, 96, 139, 142, 170, 174, 175, 176, 186, 189, 200

霊魂掬い …………………………………… 49

霊魂幡 ………… 170, 174, 175, 176, 200

霊魂を呼び戻す …… 43, 44, 48, 59, 95, 96, 189

レイチ・コーン ……………………… 131, 141

霊的存在 …… 17, 70, 101, 118, 139, 142, 197

ろ

ろうそく …… 23, 31, 32, 59, 67, 113, 114, 115, 125, 143, 188, 191

ローング・チャーク …………………… 151, 152

炉の火を落とす …………………… 20, 28, 136

ロング・ペリア ……………………………… 49

論蔵幡 ………………………………… 161

わ

若者 …… 13, 64, 75, 82, 91, 92, 93, 97, 98, 100, 106, 111, 119, 122, 141, 197

分かれ道に捨てた ……………………… 21

綿打ち棒 ……………………………… 80, 105

著者(写真左から右へ)
スン・チャンドゥプ：1976年、コムポン・チャーム州コホ・ソートゥン郡生まれ。
プリアプ・チャンマーラー：1975年、コムポング・チャーム州トボーング・クモム郡生まれ。
アング・チュリアン：1949年、シアム・リアプ州ソートニコム郡生まれ。
3人ともプノムペンにある王立芸術大学考古学部卒業。現在も同大学で教壇に立ちながら、伝統文化と風俗習慣の研究を続けている。

訳者
吉野 實(よしの・みのる)
1947年東京生まれ、中央大学法学部卒業。
1999～2001年カンボジアでNGO活動。
2011年と2015年に東京で「カンボジア写真展」(2人展)を開く。
訳書『ピダン・プレア』(共訳)

カンボジア人の
通過儀礼

初版第1刷発行　2019年2月20日

定価4500円＋税

著者	アング・チュリアン
	プリアプ・チャンマーラー
	スン・チャンドゥプ
訳者	吉野　實
ブックデザイン	臼井新太郎装釘室［臼井新太郎＋佐野路子］
発行者	桑原　晨
発行	株式会社めこん
	〒113-0033 東京都文京区本郷3-7-1
	電話 03-3815-1688　**FAX** 03-3815-1810
ホームページ	http://www.mekong-publishing.com
印刷	株式会社太平印刷社
製本	株式会社新里製本所

ISBN978-4-8396-0312-0 C3039 ￥4500E
3039-1805312-8347

JPCA

本書は日本出版著作権協会（JPCA）が委託管理する著作物です。本書の無断複写などは著作権法
上での例外を除き禁じられています。複写（コピー）・複製、その他著作物の利用については事前に
日本出版著作権協会（http://www.jpca.jp.net　e-mail：data@jpca.jp.net）の許諾を得てください。